Überlegungen zur partizipativen Gestaltung
digitaler Transformation von Unternehmen

Wertschöpfungsmanagement

Herausgegeben von Hans-Dietrich Haasis

Band 18

Zur Qualitätssicherung und Peer Review der vorliegenden Publikation

Die Qualität der in dieser Reihe erscheinenden Arbeiten wird vor der Publikation durch den Herausgeber der Reihe geprüft.

Notes on the quality assurance and peer review of this publication

Prior to publication, the quality of the work published in this series is reviewed by the editor of the series.

Lisa Niedermeier

Überlegungen zur partizipativen Gestaltung digitaler Transformation von Unternehmen

PETER LANG

Bibliografische Information der Deutschen Nationalbibliothek
Die Deutsche Nationalbibliothek verzeichnet diese Publikation in der Deutschen Nationalbibliografie; detaillierte bibliografische Daten sind im Internet über http://dnb.d-nb.de abrufbar.

Zugl.: Bremen, Univ., Diss., 2020

D 46
ISSN 1863-169X
ISBN 978-3-631-84238-6 (Print)
E-ISBN 978-3-631-84690-2 (E-Book)
E-ISBN 978-3-631-84691-9 (ePUB)
E-ISBN 978-3-631-84692-6 (MOBI)
DOI 10.3726/b18517

Peter Lang – Berlin · Bern · Bruxelles · New York · Oxford · Warszawa · Wien

Diese Publikation wurde begutachtet.

www.peterlang.com

Inhaltsverzeichnis

Abbildungsverzeichnis

Tabellenverzeichnis

1 Einleitung

1.1 Motivation und Relevanz der Arbeit

Das Schlagwort digitale Transformation dominiert seit einigen Jahren die Agenda von Presse, Wirtschaftsmedien, Managementdebatten sowie Unternehmen (Deekeling & Barghop, 2017; Nicolai & Schuster, 2018; Bauer & Hofmann, 2018). Beispielsweise zählt die populäre *Bain*-Studie aus dem Jahr 2017 diese Thematik zu den zehn relevantesten Managementthemen (Rigby & Bilodeau, 2018).[1] Auch in die Forschung hat die Auseinandersetzung mit der digitalen Transformation und damit eine Vielzahl neuartiger Fragestellungen Einzug gefunden (Bruhn & Hadwich, 2017). Aktualität und Relevanz der Thematik sind unbestritten.[2] Im deutschsprachigen Raum wird die Diskussion vor allem unter dem Begriff Industrie 4.0[3] geführt (Georg, Guhlemann & Katenkamp, 2018).

Die zunehmende Digitalisierung und die damit einhergehende Integration und Implementierung digitaler Technologien in das Alltagsleben verändern Märkte, Wertschöpfungsketten und schließlich ganze Geschäftsmodelle (Roth, 2016). Im Zentrum dieses Wandels stehen digitale Daten, welche erfasst, verarbeitet und ausgewertet werden, um so effektivere Vorhersagen und Entscheidungen treffen zu können. Dies ist gleichzeitig eine Grundlage für künstliche Intelligenz und entsprechende Automatisierungen, wodurch sich selbstorganisierende Systeme bilden. Die leistungsstarke Vernetzung dieser Möglichkeiten gestaltet neuartige Wertschöpfungsketten und dadurch andersgeartete Kundenzugänge. Den Kunden können innovative Produkte und Dienstleistungen

---

1 Die Arbeiten von Raskino & Waller (2015) sowie von Westerman, Bonnet & McAfee (2014) gelten als die ersten Auseinandersetzungen mit der digitalen Transformation als Unternehmenskonzept und sind in diesem Sinne Standardwerke der praktischen Managementliteratur.

2 Dies zeigt unter anderem der umfassende Studienkatalog von knapp 90 Titeln in deutscher und englischer Sprache zum Themenfeld der digitalen Transformation von Lassnig, Stabauer, Güntner & Breitfuß (2016) auf.

3 Der Begriff wurde erstmals 2011 von der *Promotorengruppe KOMMUNIKATION der Forschungsunion Wirtschaft – Wissenschaft* im Rahmen eines Zukunftsprojekts zur Digitalisierung der Industrie in Deutschland aufgegriffen und bezeichnet gleichsam einen Teilaspekt der *Hightech-Strategie 2020* der Bundesregierung (Kagermann, Wahlster & Helbig, 2013).

zur Verfügung gestellt werden (Bloching et al., 2015). Die Digitalisierung verändert sowohl die digitale als auch die physische Umwelt auf disruptive Art und Weise (Gimpel & Röglinger, 2015).

Bereits im vorherigen Jahrzehnt haben die Autoren Steinle, Eggers und Ahlers (2008) treffend ausgeführt:

> „Das griechische panta rhei (‚alles fließt') vermag die Situation sehr zutreffend zu beschreiben, der sich die Unternehmen heute ausgesetzt sehen: Die zunehmende Dynamik und Komplexität der unternehmerischen Aktivität ist [sic] nicht nur in Lehrbüchern, sondern auch in der Praxis präsent. Kürzere Produktlebenszyklen, sich häufig änderndes Kundenverhalten, neue Technologien sowie globale Märkte verlangen nach veränderten, flexibleren Handlungsstrategien von Unternehmen." (S. 1)

Dabei stellen betriebliche Umwälzungen durch technologiegetriebene Innovationen keine Neuheit dar, das Ausmaß unternehmerischer Veränderungen für Geschäftsmodelle und deren Management durch die neuartige digitale Realität jedoch durchaus (Hess & Barthel, 2017; Berghaus & Back, 2016). Fitzgerald, Kruschwitz, Bonnet und Welch (2013) sprechen in einer Studie im *MIT Sloan Management Review* darüber hinaus sogar vom digitalen Imperativ für Unternehmensstrategien. Kreutzer und Land (2016) verwenden den Begriff des digitalen Darwinismus. Dieser tritt ein, „[...] wenn sich Technologien und die Gesellschaft so schnell verändern, dass die Veränderungsfähigkeit von Unternehmen nicht Schritt halten kann" (ebd., S. 1). Daraus ist zu folgern, dass diejenigen Unternehmen vom digitalen Wandel profitieren, welche sich dessen Herausforderungen proaktiv annehmen werden.

Die Digitalisierung bedingt Veränderung. Einige Studien zeichnen jedoch ein paradoxes Bild der Wahrnehmung dieser Notwendigkeit in der Praxis auf. So gehört laut der *etventure*-Studie zur digitalen Transformation diese mit 54 % zu den drei wichtigsten Unternehmenszielen. Hingegen wird das Erfordernis, Veränderungen vorzunehmen, als gering angesehen. Bislang wenden 67 % der Großunternehmen in Deutschland weniger als 10 % ihrer Gesamtinvestitionen für Digitalisierungsprojekte auf. Dass hierbei Aufholbedarf besteht, wird auch durch den niedrigen Anteil digitaler Geschäftsmodelle am Gesamtumsatz deutlich, fast die Hälfte der Unternehmen erwirtschaften hier nur 10 % oder weniger. Gleichzeitig sind 60 % der Unternehmen zuversichtlich, die digitale Transformation gewinnbringend gestalten zu können, obwohl 72 % der befragten Unternehmen die Meinung vertreten, ihre Mitarbeiter[4] wären auf die anstehenden Veränderungen nicht ausreichend vorbereitet (etventure,

---

4 Im gesamten Text steht die männliche Form stellvertretend für Personen beiderlei Geschlechts.

2019)[5] – und dies trotz der handlungsdruckfördernden Charakteristika, welche der digitalen Transformation zugeschrieben werden: ihre Unausweichlichkeit, ihre Unumkehrbarkeit, ihre Schnelligkeit sowie die Unsicherheit bezüglich ihrer Umsetzung (Krcmar, 2018).

Ein von Reaktanz geprägtes Verhalten der Unternehmen gegenüber dem ihnen bevorstehenden tiefgreifenden Wandlungsprozess lässt sich laut Vey, Fandel-Meyer, Zipp und Schneider (2017) anhand vier Thesen erklären: So würden erstens die disruptiven Auswirkungen der Digitalisierung auf Ebene der Unternehmensführung häufig unzureichend verstanden und ungenügend anerkannt werden. Dieses gehe mit dem beispielgebenden Sachverhalt einher, dass sich Unternehmen, welche die derzeitige Marktführerschaft mit physischen Produkten und Dienstleistungen innehaben, irrtümlicherweise nicht digitalen Wettbewerbsbedrohungen gegenüberstehen sehen. Zweitens würden die Unvorhersehbarkeit der Marktentwicklungen sowie das sich schnell entwickelnde Technologieumfeld als Barrieren wahrgenommen, weshalb es Unternehmen an Entwicklungskraft für digitale Geschäftsstrategien mangelt. Die dritte These lautet, dass aufgrund der bestehenden Unternehmenskultur, -organisation und -struktur die eigene Innovationsfähigkeit nicht hinreichend gegeben sei und mangelnde Flexibilität Veränderungsprozesse verhindere. Und schließlich fehle es an passenden Management- und Führungskonzepten sowie der Befähigung der Mitarbeiter, an der digitalen Transformation im Unternehmen teilzuhaben.

Im Kontext der digitalen Transformation ist es für Unternehmen also geboten, entsprechend adäquate Strukturen und Prozesse zu entwickeln, welche die digitale Ausrichtung der Organisation zum Ziel haben. Dies sollte im Sinne einer nachhaltigen Wirksamkeit auf strategischer Ebene initiiert werden. Dabei darf eine solche Digitalstrategie nicht losgelöst von der Unternehmensstrategie gesehen werden, sondern muss vielmehr als symbiotischer Ansatz verstanden werden (Petry, 2016).

Standen zu Beginn der Diskussion um die digitale Transformation zumeist die technologischen Aspekte im Mittelpunkt (wie etwa bei Brynjolfsson & McAfee, 2014), wird gegenwärtig deutlich, dass nun die Organisation und deren Mitglieder als Erfolgsfaktoren des digitalen Wandels anzusehen sind (Schahinian, 2018; Creusen, Gall & Hackl, 2017; Henke & Hegmanns, 2017). Das Tempo und die Umfänglichkeit digitalisierungsinduzierter Veränderungen stellen Organisationen vor die Herausforderung, neue Kompetenz- und Führungsmodelle sowie neue Organisationskonzepte zu implementieren (Kohnke, 2017).

5 Zu ähnlichen Interpretationen kommt auch die Studie *Digital Business Readiness* von *Crisp Research* (Büst, Hille & Schestakow, 2015).

Dieser Aufgabenbereich wird auch durch die hier auszugsweise präsentierten empirischen Befunde des *HR-Reports 2017* von *Hays* zum Thema *Kompetenzen für eine digitale Welt* belegt. So stellen die drei zentralen Organisationsthemen aus Sicht von Führungskräften die *Flexibilisierung der Arbeitsstrukturen* (39 %), die *Vorbereitung der Mitarbeiter auf die digitale Transformation* (34 %) und die *Weiterentwicklung der Unternehmenskultur* (32 %) dar. Die Relevanz der Thematiken ist also gegeben (Eilers, Möckel, Rump & Schabel, 2017).

Zeitgemäße Anforderungen an Ansätze der Gestaltung von Veränderungsprozessen in Organisationen, die durch das Wesen der digitalen Transformation als Wandlungsprozess notwendig erscheinen, seien zusammenfassend nach Schiessler (2013) folgende: Aufgrund der Komplexitäts- und Geschwindigkeitszunahme von Veränderungen sind flexiblere Change-Projekte als sinnvoll anzusehen. Diese sind als kontinuierliche Dauerzustände zu verstehen. Hierdurch wird eine Steigerung der Anpassungsfähigkeit und -bereitschaft in Unternehmen erforderlich, um stetige Veränderungen erfolgreich meistern zu können. Als Folge dessen sei dem Umgang mit den Widerständen der Beteiligten eine weitaus größere Bedeutung beizumessen. Organisationen und deren Mitglieder sind aufgefordert sich den Herausforderungen der digitalen Transformation zu stellen oder wie es Deuse, Busch, Weisner und Steffen (2016) ausdrücken: „Das zentrale Ziel bei der Gestaltung soziotechnischer Arbeitssysteme für Industrie 4.0 muss sein, die Faktoren Mensch, Technik und Organisation in Einklang zu bringen“ (S. 160).

Von der Erreichung dieses Zieles ist man jedoch noch entfernt. Die Ergebnisse der bundesweiten Repräsentativumfrage *DGB-Index Gute Arbeit 2016* zeigen dies auf: 82 % der Beschäftigten in Deutschland sind an ihrem Arbeitsplatz direkt von Digitalisierungsprozessen betroffen. Davon sehen sich 74 % gänzlich ohne oder nur mit geringen Mitwirkungsmöglichkeiten an den Digitalisierungsprozessen beteiligt. Darüber hinaus haben insgesamt 45 % das Gefühl, dass sie sehr häufig oder oft der Digitalisierung im Unternehmen ausgeliefert sind. Hiermit wird deutlich, dass die Mitarbeiterbeteiligung ungenügend gefördert wird, obwohl Partizipation im Kontext der Digitalisierung eine Schlüsselrolle einnehmen sollte (Institut DGB-Index Gute Arbeit, 2016).

Partizipation ist keineswegs eine Errungenschaft des 21. Jahrhunderts, wurde die Thematik doch bereits 1948 durch die Arbeit von Coch und French[6] in die Organisationsforschung mitaufgenommen (Scholl, 2007). Trotz der bestehenden Historie von Partizipation fehlt ihr in vielerlei Hinsicht eine hinreichende Klarheit. So wurde der Begriff zunehmend durch andere Konstrukte,

---

6 Der Beitrag trägt den Titel *Overcoming resistance to change* (Coch & French, 1948).

welche ähnliche Gesichtspunkte aufweisen, wie beispielsweise das *Empowerment*[7], undifferenzierter (Glew, O'Leary-Kelly, Griffin & Van Fleet, 1995). Und man findet „[...] gerade in Deutschland nur wenige Unternehmen, die auf lange Sicht konsequent einem partizipativen [...] Organisationsansatz erfolgreich gefolgt sind" (Gehrckens, 2016, S. 83). Weitaus verbreiteter sind hierzulande die Formen materieller Beteiligung, wie etwa die Ertrags-, Gewinn- oder Leistungsbeteiligung (Voß, Wilke, Conrad & Hucker, 2003).

Dessen unbeschadet erfährt Mitarbeiterpartizipation, insbesondere im Führungskontext[8] in der modernen Unternehmenswelt, wieder eine höhere Beachtung (Hinkelmann & Enzweiler, 2018; Krejci, 2016). Mitarbeiter entwickeln zunehmend Erwartungen an die Mitbestimmung und Selbstorganisation ihrer Arbeit, wie z. B. an ihre Arbeitsaufgaben oder Arbeitszeiten. Zugleich steigt jedoch auch das unternehmerische Interesse an Partizipation, denn durch die Digitalisierung von Unternehmensprozessen erhöht sich die Notwendigkeit zur Interaktivität in der Belegschaft. Die digitale Transformation erfordert somit nicht nur Partizipation, sondern ermöglicht diese auch (Huchler, 2017). In diesem Kontext wird eine zunehmende *organisationale Demokratisierung*[9] bedeutsam (Schwarzmüller, Brosi & Welpe, 2017).

Der Begriff der Partizipation ist von einer überwiegend metaphorischen, weniger von einer konzeptuellen oder operationalisierten Verwendung geprägt (Schiessler, 2013) und findet ein breites Einsatzspektrum. Die fehlende Präzisierung von Partizipation erfordert von dieser Arbeit eine klärende Auseinandersetzung.

Ein Blick in die Praxis zeigt, dass auch die Flughafenbranche von einem tiefgreifenden digitalisierungsinduzierten Wandel betroffen ist. Neben der

---

7 *Empowerment* bedeutet die Ermächtigung von Mitarbeitern, damit individuelle und organisationale Ziele besser erreicht werden können. In diesem Sinne ist es als Beteiligungsinstrument zu sehen. Partizipation sei dagegen zu verstehen als die Beteiligung an Veränderungs-, Entwicklungs-, Verbesserungs- sowie Entscheidungsprozessen und ist damit als Managementkonzept aufzufassen (Henning, 2012, zitiert nach Ginnodo, 1997).

8 In der Organisationsentwicklung ist seit deren Anfängen in den 40er Jahren des vergangenen Jahrhunderts, u. a. durch Kurt Lewin, Partizipation ohnehin ein elementarer Aspekt (Gergs, 2019).

9 „Mit *organisationaler Demokratie* in Unternehmen sind Strukturen gemeint, die allen Mitgliedern einer Organisation Einfluss auf das Unternehmen, die Arbeit im Unternehmen und die Formen der Zusammenarbeit gewähren" (Welpe, Tumasjan & Theurer, 2015, S. 79 f.).

Bedeutung von Flughäfen als Verkehrsknotenpunkte und Logistikzentren wächst in dieser Industrie die Bedeutung der Informations- und Kommunikationstechnologie für den erfolgreichen Geschäftsbetrieb (Pell & Bondel, 2018; Popa, Popa & Codescu, 2016), denn Flughäfen sind über ihr wesentliches Geschäftsmodell hinaus – den Flugbetrieb – auch wichtige Wirtschaftsfaktoren. Dabei geht es neben dem Einsatz innovativer Technologien auch darum, welchen Einfluss diese auf die bestehenden Geschäftsaktivitäten haben und wie die dadurch entstehenden Auswirkungen auf die Stakeholder gestaltet werden können. Deshalb ist die digitale Transformation als umfassende Geschäftsstrategie für Flughäfen relevant (Airports Council International, 2017).

In einer Studie der *Bitkom Research* wird die positive Haltung der Luftfahrtunternehmen gegenüber der Digitalisierung deutlich. So sehen 96 % der befragten Unternehmen die Digitalisierung als Chance. Dabei stehen vor allem vier Handlungsfelder im Vordergrund: der Wandel der Customer Journey, neuartige Mobilitätskonzepte, der Einfluss der Industrie 4.0 und die Veränderungen von Geschäftsmodellen. Aus betrieblicher Sicht geht mit der Digitalisierung die Erwartung einher, die zunehmende Betriebsbelastung effizienter zu handhaben und durch den Einsatz digitaler Technologien Kostensenkungen zu generieren (Rohleder, 2016). Nichtsdestotrotz scheinen nicht wenige Unternehmen in der Branche noch keine gesamthafte Digitalisierungsstrategie zu haben, wie folgende Ergebnisse zeigen (vgl. Abb. 1):

Abb. 1: Teilergebnis der Umfrage „Digitalisierung in der Luftfahrt" (Quelle: Eigene Darstellung in Anlehnung an Rohleder, 2016, S. 13)

Um die erwarteten Vorteile der Digitalisierung zu nutzen, befinden sich Flughäfen vor einer Reihe maßgeblicher Veränderungen. Hierbei spielen die zur Verfügung stehenden digitalen Technologien und deren zweckorientierter Einsatz für den jeweiligen Betrieb eine Rolle. Auch kulturelle und organisationale Barrieren stellen Herausforderungen dar. Diese zu überwinden ist maßgeblich für den Erfolg der digitalen Transformation (Pell & Bondel, 2018; Schauer, Hirschleb & Zaddach, 2016). Es gilt: „[T]wenty years from now, the airport environment will be unrecognisable" (Amadeus, 2012, S. 5).

Es besteht allerdings ein Mangel an wissenschaftlicher Literatur, die sich mit der digitalen Transformation von Flughäfen auseinandersetzt (Jaffer & Timbrell, 2014).

1.2 Zielsetzung der Arbeit

Die einleitende Diskussion stellt drei thematische Aspekte in den Mittelpunkt, nämlich die digitale Transformation, den organisationalen Wandel und die Partizipation. In dieser Arbeit wird auf die steigende Relevanz der Synthese der genannten Gestaltungsfelder eingegangen. Dabei wird zunächst die Absicht verfolgt, den aktuellen Forschungsstand zu analysieren. Im Laufe der Arbeit wird ein eigenes Modell konzipiert, welches eine partizipative Gestaltung eines durch Digitalisierung geprägten Unternehmenswandels abbildet. Die daraus gewonnenen Erkenntnisse münden in einer anwendungsorientierten Übertragung auf ein konkretes Fallbeispiel, hier auf einen Flughafen. Dieser wird in einer idealtypischen Weise herangezogen, was insofern legitim ist, als dass Flughäfen eine weitgehend gleiche Grundstruktur aufweisen.

Das Ziel dieser Arbeit ist es, einen wissenschaftlich und praktisch ausgerichteten Beitrag zu leisten, welcher insbesondere an folgenden Eigenschaften festgemacht werden kann:

- **Theoretisch:** Durch die literaturbasierte Aufarbeitung der drei als zentral gesehenen Aspekte dieser Arbeit wird eine theoretische Fundierung intendiert.
- **Systematisch:** Die Herleitung eines Modells gründet auf einem deduktiven Vorgehen und beabsichtigt die Entwicklung eines konzeptionellen Ansatzes.
- **Praktisch:** Das Heranziehen und die Darstellung eines Fallbeispiels sowie die zweckmäßige Übertragung der gewonnenen Erkenntnisse auf dieses, verfolgt eine Anwendungsorientierung.

Diese Aspekte werden im Rahmen der vorliegenden Arbeit bei der Gestaltung eines eigenen partizipativen Modells berücksichtigt, welches die entsprechenden Erfordernisse im Zuge der digitalen Transformation von Unternehmen abbilden will. Die folgende Forschungsfrage steht im Mittelpunkt:

„Wie kann die digitale Transformation von Unternehmen partizipativ gestaltet werden?"

1.3 Methodischer Ansatz

Das methodische Vorgehen dieser Arbeit zeichnet sich durch eine qualitative Herangehensweise auf theoretischer Basis aus. Gleichzeitig wird ein anwendungsorientierter Erkenntnisgewinn verfolgt, was insofern gilt, als dass Ableitungen praxisrelevanter Maßnahmen geleistet werden. Im Fokus steht ein deduktiver Handlungsstrang, also die Schlussfolgerung von allgemeingültigen Aussagen auf den Einzelfall (Döring & Bortz, 2016).

Hierzu ist es nötig, zunächst ein tieferes Verständnis der relevanten Themenfelder dieser Arbeit zu gewinnen. Daher erfolgt die Aufarbeitung von digitaler Transformation, organisationalem Wandel und Partizipation anhand der Erkenntnisse aus Wissenschaft und Praxis. Dadurch kann der Untersuchungsbedarf identifiziert und die Modellentwicklung entsprechend begründet werden. Die hierfür gewählte Methodik ist die der Literaturrecherche. Der Einsatz und die Durchführung von Literaturübersichten werden als sinnvoll angesehen, „[...] wenn bezogen auf den ihnen zugrundeliegenden Analysefokus Unvollständigkeiten bzw. Inkonsistenzen hinsichtlich der bisher gestellten Forschungsfragen und erzielten Erkenntnisse (sowohl theoretischer als auch empirischer Natur) zu konstatieren sind" (Goldstein, Hunoldt & Walgenbach, 2018, S. 76). Dies ist bei dem hier vorliegenden Forschungsgegenstand der Fall, da die drei Themenfelder bisher wenig integrativ betrachtet werden. Da eine ausführliche und qualitativ hochwertige Vorgehensweise mit dem Ziel einer möglichst profunden Darstellung für das weitere methodische Vorgehen geboten ist, wird sich für eine systematische Literaturrecherche entschieden.

Auf Basis der gewonnenen Ergebnisse aus den ersten methodischen Schritten erfolgt die Entwicklung eines eigenen Modells. Dessen konzeptioneller Bezugsrahmen generiert sich aus den aufgeführten thematischen Gesichtspunkten und den damit in Verbindung stehenden Anforderungen an ein solches. Die Aufarbeitung einzelner Untersuchungsobjekte sowie deren Operationalisierung führen zur schrittweisen Herleitung eines integrativen, neuartigen Modellverständnisses. Die Praxisorientierung findet in Form der

Übertragung des Modells auf den Flughafen als Unternehmensgruppe statt. Es werden zudem spezifische Implikationen für diesen formuliert.

1.4 Aufbau der Arbeit

Im Anschluss an diese Einleitung erfolgt in Kapitel 2 die Einordnung der Thematik in das wissenschaftliche und wirtschaftspolitische Umfeld anhand einer Reflexion der wesentlichen Schwerpunkte (Abschnitt 2.1). Dies geschieht in drei Unterabschnitten. Der erste dieser Abschnitte beschäftigt sich mit dem Themenfeld der digitalen Transformation (Abschnitt 2.1.1). Dabei werden zunächst der Begriff und Ursprung des Terminus hergeleitet sowie auf dessen Eigenschaften und Erscheinungsformen eingegangen. Hierauf folgt die Auseinandersetzung mit dem Themenbereich des organisationalen Wandels (Abschnitt 2.1.2). Diese beinhaltet neben einer Begriffsdefinition auch die für die Arbeit zentralen Aspekte der Widerstände und Hemmnisse in Wandlungsprozessen sowie eine Einführung über die Steuerung von organisationalem Wandel in Unternehmen. Der dritte Unterabschnitt behandelt das Thema der Partizipation (Abschnitt 2.1.3). In diesem werden die Grundlagen zu Partizipation, wie etwa deren Formen, Dimensionen und Voraussetzungen, beleuchtet als auch in weiteren Kontexten näher betrachtet. Im Abschnitt 2.2 finden sich die Identifizierung des Untersuchungsbedarfs sowie die Darstellung der Modellbegründung, wodurch die Forschungsfrage hergleitet wird. Zu diesem Zweck wird eine systematische Literaturrecherche durchgeführt, welche die drei relevanten Begriffe dieser Arbeit, die digitale Transformation, den organisationalen Wandel sowie die Partizipation, zum Gegenstand hat. Aus den Ergebnissen wird die Forschungsagenda dieser Arbeit abgeleitet.

Nachdem die Grundlagen sowie die Forschungsagenda der Arbeit hinreichend dargestellt wurden, erfolgt in Kapitel 3 die Entwicklung eines partizipativen Modells für die digitale Transformation von Unternehmen. Fünf Unterabschnitte sind hierfür vorgesehen. Nach einführenden Bemerkungen zum strategischen und operativen Management im Kontext der digitalen Transformation (Abschnitt 3.1.) werden darauffolgend die Anforderungen an das Modell und dessen Zielsetzung festgelegt (Abschnitt 3.2). Es schließt sich die Darlegung der Grundelemente für das hier zu entwickelnde Modell (Abschnitt 3.3) an, die in Ebenen und Phasen abgebildet werden. Darüber hinaus erfolgt die Betrachtung des Phänomens Partizipation für den hier relevanten Kontext (Abschnitt 3.4), was in einer neuartigen dimensionenorientierten Darstellung von Partizipation als Modellelement ihren Abschluss findet. Die Ergebnisse der beiden letztgenannten Abschnitte münden in einer Synopse in

Gestalt eines partizipativen Modells, dass sich als eine Antwort auf die digitale Transformation von Unternehmen und mithin auf die Forschungsfrage versteht (Abschnitt 3.5).

Kapitel 4 übernimmt die anwendungsorientierte Aufgabe, das Modell auf den Flughafen als Unternehmensgruppe zu übertragen, der sich auf dem Weg der digitalen Transformation befindet. Dabei werden Flughäfen zunächst allgemein näher charakterisiert (Abschnitt 4.1). Im Weiteren wird auf die Einflussfaktoren eingegangen, die auf die Entwicklung von Flughäfen einwirken (Abschnitt 4.2). Darauffolgend wird die digitale Transformation von Flughäfen anhand mehrerer Unterabschnitte skizziert (Abschnitt 4.3). Dies geschieht zunächst dadurch, dass die evolutionäre Entwicklung von Flughäfen unter dem Einfluss der Digitalisierung analysiert wird. Dann werden konkrete Implikationen der Digitalisierung auf seinen Passagierbetrieb und seinen operativen Betrieb beleuchtet. Für einen weiteren Praxisbezug werden drei ausgewählte Flughäfen und deren Digitalisierungscharakteristika einer kritischen Betrachtung unterzogen. Schließlich erfolgt die praxisorientierte Konkretisierung des partizipativen Modells für die digitale Transformation von Flughäfen (Abschnitt 4.4). Zudem wird kurz auf die Besonderheiten bei der Übertragung des Modells auf den Flughafen als Unternehmensgruppe eingegangen (Abschnitt 4.5). Darüber hinaus werden ausgewählte strategische Instrumente für die digitale Transformation von Flughäfen unter Berücksichtigung der bis dahin gewonnenen Erkenntnisse angewendet (Abschnitt 4.6). Den Abschluss des vierten Kapitels bilden flughafenspezifische Schlussfolgerungen, welche auf der technologischen, organisationalen und sozialen Ebene gezogen werden (Abschnitt 4.7).

Kapitel 5 beinhaltet die kritische Zusammenfassung dieser Forschungsarbeit. Hier wird ein Resümee der wesentlichen Ergebnisse vorgenommen. Darüber hinaus werden die Limitationen dieses Forschungsvorgehens betrachtet sowie ein Blick auf zukünftige Forschungsvorhaben geworfen.

Abb. 2 gibt einen Überblick über den Aufbau dieser Arbeit.

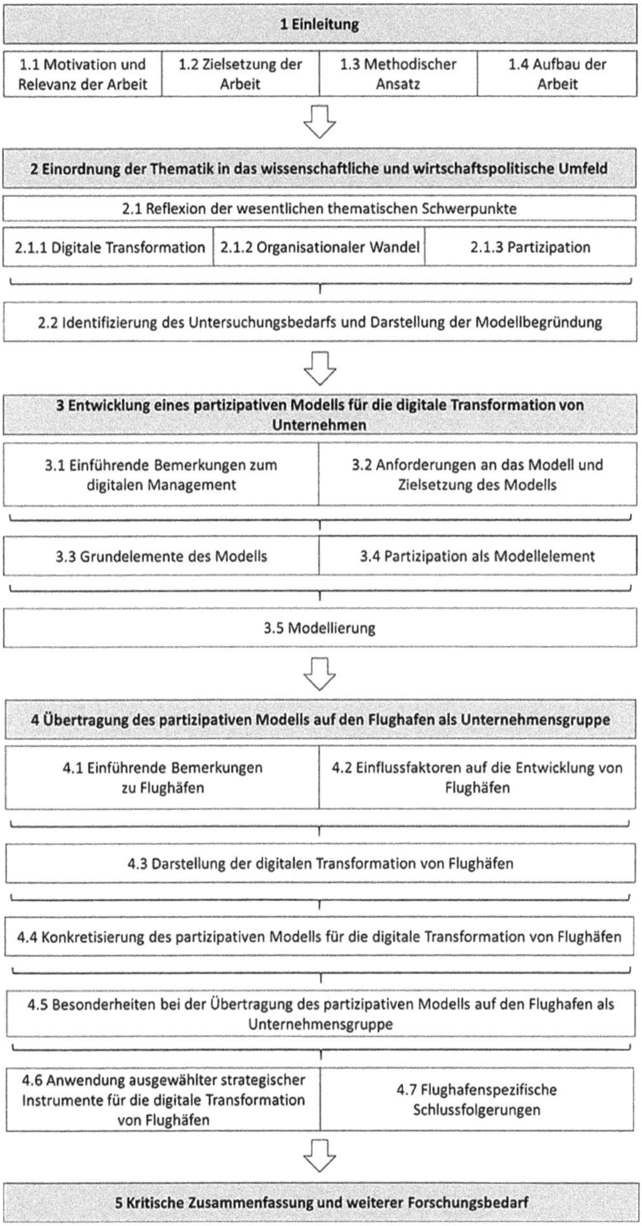

Abb. 2: Aufbau der Arbeit (Quelle: Eigene Darstellung)

2 Einordnung der Thematik in das wissenschaftliche und wirtschaftspolitische Umfeld

2.1 Reflexion der wesentlichen thematischen Schwerpunkte

2.1.1 Digitale Transformation

2.1.1.1 Einführende Bemerkungen zur digitalen Transformation

Das *Bundesministerium für Wirtschaft und Energie* (2015) betrachtet die digitale Transformation als die weitreichendste Veränderung im 21. Jahrhundert für die Industrie, die Dienstleistungswirtschaft, die Arbeitswelt sowie die Gesellschaft als Ganze. Ein Blick auf ihre Entwicklungsstadien ist geeignet, dies zu verdeutlichen.

Die Evolution der digitalen Transformation lässt sich nach Lemke, Brenner und Kirchner (2017) in vier Stufen einteilen, welche mit voranschreitenden Digitalisierungsfortschritten einhergehen (vgl. Abb. 3). Dabei ist festzuhalten, dass die entsprechenden Auswirkungen und die damit einhergehenden Herausforderungen wirtschaftlicher und gesellschaftlicher Natur zunehmen. Die erste Evolutionsstufe war vor allem durch das Aufkommen und die Verbreitung des Internets geprägt. So wurden insbesondere E-Mails, Webseiten und einfaches E-Commerce möglich. Die Nutzung fiel zu Beginn sowohl auf Unternehmens- als auch auf Individualebene gering aus. Ab der Jahrtausendwende folgte die zweite Stufe, in welcher die ersten digitalen Geschäftsmodelle auftraten. Es entstanden Unternehmen, deren gesamtes Geschäftsmodell auf Digitalisierung beruhte, wie etwa *Amazon*. Dadurch kam es zu wahrnehmbaren Veränderungen sowohl für den Einzelnen als auch für die Marktwirtschaft im Ganzen. Die Möglichkeiten der Vernetzung veränderten das wirtschaftliche und gesellschaftliche Verhalten nachhaltig. Die gegenwärtige dritte Evolutionsstufe ist durch die technologischen Entwicklungen in der Informations- und Kommunikationstechnik geprägt, welche neuartige Formen des Datenmanagements ermöglichen. Zudem geschieht ein sozialer Wandel auf gesellschaftlicher Ebene, der Unternehmen in einer bisher noch nicht da gewesenen Weise beeinflusst. Die Konnektivität erlaubt es Konsumenten, Einfluss auf unternehmerisches Handeln zu nehmen, wodurch sich ihre Machtstellung verstärkt. Durch datengetriebene neuartige Wertschöpfungsketten können sich umfassende

Veränderungsprozesse auf Unternehmensebene vollziehen. Die zukünftige vierte Stufe der digitalen Transformation wird durch eine Verschmelzung von realer und virtueller Welt sowie Selbststeuerungsprozesse und -mechanismen geprägt sein. Alle ökonomischen und gesellschaftlichen Ebenen werden durch Digitalisierungseffekte beeinflusst sein (ebd.).

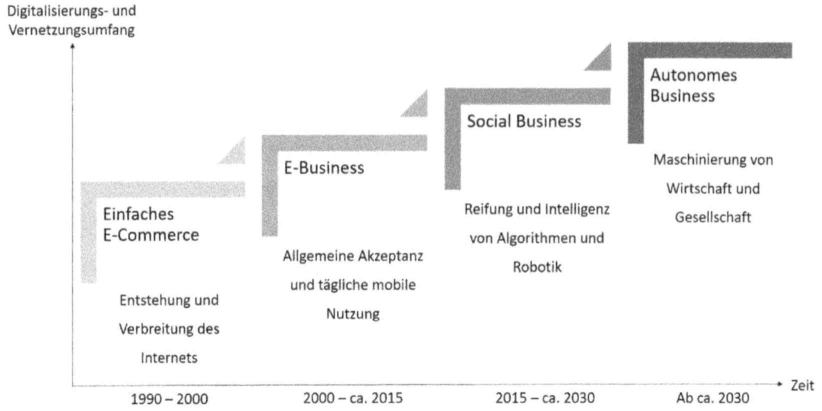

Abb. 3: Entwicklungsstufen der digitalen Transformation (Quelle: Eigene Darstellung in Anlehnung an Lemke et al., 2017, S. 200)

Auch die Industrie wird durch die Digitalisierung erheblich beeinflusst. Sie führt hier zur nächsten industriellen Revolution (BDI, 2019) (vgl. Abb. 4). Ein Blick in die Vergangenheit zeigt, dass die erste industrielle Revolution Ende des 18. Jahrhunderts durch die Mechanisierung von Produktionsanlagen gekennzeichnet war. In der zweiten industriellen Revolution kam es aufgrund der Elektrifizierung zu einer arbeitsteiligen Massenproduktion. Die sich hieran anschließende Entwicklungsstufe umfasst die Automatisierung industrieller Prozesse mittels digitaler Technologien (Bauernhansl, 2014; Ittermann & Niehaus, 2015; Ramsauer, 2013). Die vierte industrielle Revolutionsstufe zeichnet sich vor allem durch die Nutzung sog. Cyber-Physischer Systeme aus und ermöglicht die intelligent vernetzte und sich selbststeuernde Fabrik (Kagermann et al., 2013; Leimeister, 2015). Diese Stufe wird oft mit dem Schlagwort Industrie 4.0 betitelt (Kaufmann, 2015; Obermaier, 2016).[10]

10 Terminologisch analog finden sich entsprechende weitere Begrifflichkeiten, wie etwa Wirtschaft 4.0 (z. B. Kreutzer, Neugebauer & Pattloch 2017), Logistik 4.0 (z. B. Bousonville, 2017), Arbeitswelt 4.0 (z. B. Schircks, 2017), Change 4.0 (z. B. Mühlfelder, Mettig & Klein, 2017), Dienstleistungen 4.0 (z. B. Bruhn & Hadwich, 2017),

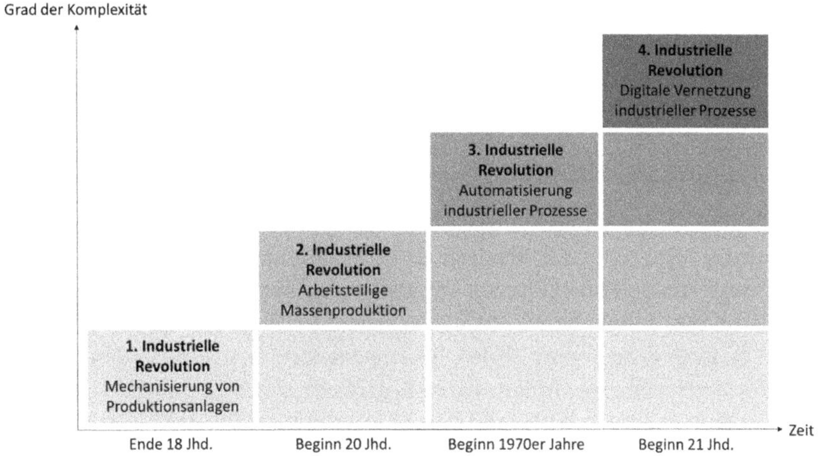

Abb. 4: Entwicklungsstufen der industriellen Revolution (Quelle: Eigene Darstellung in Anlehnung an Kreutzer et al., 2017, S. 5)

Einhergehend mit den dargestellten Entwicklungen können erste Veränderungen bei theoretisch fundierten ökonomischen Wirkprinzipien vermutet werden. So könnten sich im Sinne des Principal-Agent-Ansatzes die klassischen Austauschbeziehungen zwischen Auftraggeber und Auftragnehmer verändert haben. Hierfür spricht, dass der uneingeschränkte Zugang zu digitalen Daten und damit die Möglichkeit des Ausgleiches von Informationsvorsprüngen die bisher in der analogen Welt bestehenden Informationsasymmetrien in Informationssymmetrien modifiziert (Schneider, 2019). Dies hat zur Folge, dass sich die Zusammenarbeit der Wirtschaftssubjekte verändert, so etwa die Interaktion von Unternehmen und Kunden. Demzufolge kann behauptet werden, dass sich die von Shapiro und Varian im Jahr 1999 aufgestellte These: „Technology changes. Economics laws do not“ (S. 2) als nicht mehr gültig herausstellt.

Für das Flughafenmanagement bedeutet dies, dass sich die Principal-Agent-Beziehung, Fluggäste als Auftraggeber auf der einen Seite und Flughäfen als Auftragnehmer auf der anderen Seite, verändert darstellt. Insbesondere sind die Erwartungen an die Qualität des gesamten Leistungsprogramms angestiegen und die Kundenzentrierung ist eine maßgebliche Determinante

Management 4.0 (z. B. Henke & Hegmanns, 2017) oder Flughafen 4.0 (z. B. Nau & Benoit, 2017).

unternehmerischer Entscheidungen geworden. So sind die Ansprüche der Fluggäste hinsichtlich digitaler Leistungsinhalte in signifikanter Weise vorhanden, wie beispielsweise in Bezug auf den Check-in-Prozess, den der moderne Fluggast als durch Digitalisierung erleichtert und beschleunigt erwartet.

2.1.1.2 Begriffsdefinitionen

Der Begriff der digitalen Transformation wird unterschiedlich aufgefasst (Bounfour, 2016; Nicolai & Schuster, 2018; Schallmo, 2016). Zudem wird digitale Transformation bisweilen mit Digitalisierung per se gleichgesetzt (vgl. z. B. Henriette, Feki & Boughzala, 2015) oder durch den Begriff Industrie 4.0 ersetzt (vgl. z. B. Roth & Siepmann, 2016). Im Allgemeinen lässt sich bei den genannten Konzepten von einer inflationären Begriffsverwendung sprechen (Mertens, Barbian & Baier, 2017). Aufgrund dessen ist es notwendig, die Termini Digitalisierung, Industrie 4.0 und digitale Transformation voneinander abzugrenzen.

Der Begriff der *Digitalisierung* kann als der „[...] Wandel von analogen zu elektronisch gestützten Prozessen mittels Kommunikations- und Informationstechnik in digitaltechnischen Systemen [...]" (Schütze-Kreilkamp, 2017, S. 22) verstanden werden und bezieht sich somit auf die technologischen Entwicklungen (Hanschke, 2018). Konkret bedeutet dies die Verwendung von digitalen Geräten, wie z. B. Smartphones, zur Nutzung, Speicherung und Weiterleitung von Daten (Disselkamp & Heinemann, 2018).

Industrie 4.0[11] beschreibt die „[...] Vernetzung aller menschlichen und maschinellen Akteure über die komplette Wertschöpfungskette sowie die Digitalisierung [...], um mit intelligenten Produkten und Dienstleistungen den Kundennutzen zu optimieren" (Roth, 2016, S. 6). Sie stellt die praktisch-ökonomische Anwendung der Digitalisierung dar. Relevante Erscheinungsformen sind beispielsweise additive Fertigungstechnologien, wie der 3D-Druck, Multi-Agenten-Systeme oder Mensch-Maschine-Interaktionen, wie die Möglichkeit der Sprach- und Gestensteuerung in der Produktion (Obermaier, 2016).

Die *digitale Transformation* beschreibt die umwälzenden Auswirkungen der genannten informationstechnologischen Innovationen (Lemke et al., 2017), welche mit Blick auf ihr Wirken in Unternehmen als die betriebswirtschaftliche Implikation angesehen werden kann. Beispielhaft hierfür ist die Entwicklung neuartiger Geschäftsmodelle auf Basis digitaler Technologien, wie etwa

---

11 Im internationalen Sprachraum wird synonym der Begriff *Industrial Internet of Things* verwendet (Bächle, Daurer & Kolb, 2018).

anhand von Big Data-Anwendungen, die zu veränderten Leistungsangeboten führen (Schallmo & Rusnjak, 2017).

In Literatur und Praxis gibt es für den Terminus digitale Transformation verschiedene Begriffsinterpretationen. In Tab. 1 werden einige ausgewählte beispielhaft dargestellt.

Tab. 1: Ausgewählte Begriffsinterpretationen digitaler Transformation (Quelle: Eigene Darstellung in Anlehnung an Schallmo & Rusnjak, 2017, S. 4)

Begriffsinterpretation	**Quelle**
„Digitale Transformation verstehen wir als durchgängige Vernetzung aller Wirtschaftsbereiche und als Anpassung der Akteure an die neuen Gegebenheiten der digitalen Ökonomie. Entscheidungen in vernetzten Systemen umfassen Datenaustausch und -analyse, Berechnung und Bewertung von Optionen sowie Initiierung von Handlungen und Einleitung von Konsequenzen."	Bouée & Schaible, 2015, S. 6
„Digital Transformation: Managed adaptation of companies in light of progressing digitalization in order to assure sustainable value creation."	Gimpel & Röglinger, 2015, S. 5
„Die digitale Transformation steht auch als Überbegriff für eine Ansammlung von unternehmerischen Prinzipien oder Führungsfähigkeiten, Methoden, Tools und Instrumenten und deren organisatorische Einbindung zum Verstehen und Gestalten dieses Umbruchs."	Lemke et al., 2017, S. 194
„Der Begriff ‚digitale Transformation' beschreibt den grundlegenden Wandel der gesamten Unternehmenswelt durch die Etablierung neuer Technologien auf Basis des Internets mit fundamentalen Auswirkungen auf die gesamte Gesellschaft."	PwC, 2013, S. 9

Wenngleich damit bereits definitorische Ansätze für die digitale Transformation vorliegen, wird hier darüberhinausgehend eine eigene Definition vorgenommen. Dazu erfolgt zunächst eine etymologische Herleitung.

Digital stammt vom lateinischen *digitus*, was so viel *wie den Finger betreffend* heißt (Fischer & Hofer, 2011). Das englische Wort *digit* wird ebenfalls mit Finger übersetzt, aber auch mit Ziffer gleichgesetzt. Metaphorisch gesehen steht dieser Begriff für die zählenden Finger, welche eine begrenzte Anzahl an Ziffern darstellen können, oder etwas Zählbares, was sich in Ziffern abbilden lässt (Radermacher, 2017). Die Übersetzung ist im vorliegenden Kontext sinngebend für „[…] abstrahierte und als binäre Signale codierte, gespeicherte und dargestellte Informationen [...]" (Fischer & Hofer, 2011, S. 243). Die *MIT*-Forscher Brynjolfsson und McAfee (2014) beschreiben Digitalisierung in ihrem populären Werk *The Second Machine Age* wie folgt:

> „[...] is the work of turning all kinds of information and media – text, sounds, photos, video, data from instruments and sensors, and so on – into the ones and zeroes that are the native language of computers and their kin." (S. 61)

Der zweite Begriffsbestandteil *Transformation* entstammt dem lateinischen *transformare* und bedeutet umwandeln, umformen oder umgestalten. Sie kann als ein Prozess des Übergangs von einem Ist- in einen Soll-Zustand verstanden werden. Im betriebswirtschaftlichen Sinne ist darunter „[...] die bewusste Umsetzung tief greifender Veränderungsmaßnahmen in einem Unternehmen oder einer Organisation zu verstehen, die über Anpassungsprozesse und kontinuierliche Entwicklungen deutlich hinausgehen" (Bensberg & Buscher, 2018, S. 146).

Die beiden Basistermini *digital* und *Transformation* zusammenführend, ergibt sich hier die folgende Definitionssynthese:

> „Unter *digitaler Transformation* wird die Gesamtheit digitalisierungsinduzierter signifikanter Veränderungen von Organisationen verstanden. Hierzu gehört, dass Unternehmen ihre Produkt-, Preis-, Distributions- und Kommunikationspolitik marktgetrieben neu aufstellen, um so den entsprechenden technologischen Möglichkeiten Rechnung zu tragen. Damit geht notwendigerweise eine bedeutsame Neugestaltung der Aufbau- und Ablauforganisation des Unternehmens einher."[12]

2.1.1.3 Eigenschaften der digitalen Transformation

Das Wesen der digitalen Transformation lässt sich sowohl aus einer technologischen als auch einer wirtschaftlichen Perspektive betrachten.

In technologischer Hinsicht gilt nach Brynjolfsson und McAfee (2014), dass die digitale Transformation durch drei Merkmale geprägt ist. Zunächst ist die exponentielle Weiterentwicklung der Computertechnik zu nennen, die durch Gesetzmäßigkeiten des digitalen Zeitalters begründet werden kann (zusammengefasst nachfolgend nach Lemke & Brenner, 2015): So besagt bereits das *Moore'sche Gesetz* (Moore, 1965), dass sich die Komplexität integrierter Komponenten bei Schaltkreisen bei geringfügig steigenden Kosten regelmäßig verdoppelt. Dieser Zusammenhang gilt heute als Norm für die Leistungssteigerung der zentralen technischen Komponenten von IuK-Technologien, die sich alle 18

12 Die digitale Transformation von Flughäfen wird in Kapitel 4 näher beleuchtet.

Monate bei gleichbleibendem Preis verdoppelt. Gilder (2000) geht in diesem Zusammenhang davon aus, dass sich die Datenübertragungsrate sogar dreimal so schnell weiterentwickelt wie die technische Leistungssteigerung im Sinne von Moore. Schließlich sei das *Metcalfe-Gesetz* aufgeführt, der anerkannte Standard zur Vernetzung von Computern im Internet. Es beinhaltet die Kernaussage, dass der Wert eines Netzwerkes mit der Anzahl seiner verbundenen Nutzer im Quadrat steigt (Metcalfe & Boggs, 1976).

Hieraus folgt – und damit ist das zweite technologische Merkmal der digitalen Transformation beschrieben – die Verfügbarkeit sehr großer Datenmengen. Das dritte technologische Merkmal besteht in einer Steigerung des Innovationspotentials, die auf den Möglichkeiten von Neukombinationen beruht (Brynjolfsson & McAfee, 2014). Dies lässt sich auf die vollständige Konnektivität zurückführen, womit gemeint ist, dass Menschen, Objekte, Maschinen und Unternehmen in einer digital vernetzten Welt interagieren können und auf diese Weise neuartige Geschäftsmodelle, Produkte und Marktstrukturen entstehen (Lemke et al., 2017).

In wirtschaftlicher Hinsicht ist die digitale Transformation durch Informatisierung geprägt, die aufgrund der großen Datenmengen zu einer Steigerung von Information und Wissen führt. Die ökonomischen Implikationen der durch die Technologie ermöglichten Vernetzung von Wertschöpfungsstrukturen generieren zum einen neue wirtschaftliche Innovationen sowie eine Reduktion von Transaktionskosten, steigern aber auch gleichzeitig durch die transparenten Vergleichsmöglichkeiten am Markt den globalen Wettbewerbsdruck. Beide Wirkungsweisen führen zu einer sich verändernden Skalierung. So sinken nicht nur die Herstellkosten digitaler Produkte, sondern es steigt auch die Nutzerreichweite (Picot, Hopf & Sedlmeir, 2017).

2.1.1.4 Erscheinungsformen der digitalen Transformation

Die digitale Transformation kommt in verschiedenen Erscheinungsformen zum Ausdruck.[13] Hierzu zählt das *Internet der Dinge*. Dieses „[…] ist eine Weiterentwicklung des Internets und basiert auf der Idee, Menschen sowie alle an der Produktion beteiligten physischen Objekte, wie Maschinen, Werkstücke

13 Es handelt sich um eine hier vorgenommene Auswahl, welche keinen Anspruch auf Vollständigkeit zu erheben imstande ist. So wurden Termini gewählt, die als diskussionsfördernd gesehen werden, zumal die Interpretationen in Praxis und Wissenschaft heterogen ausfallen. Für ein umfangreiches Bild der Begrifflichkeiten wird z. B. auf Neugebauer (2018) verwiesen.

und Produkte, miteinander zu vernetzen“ (Steven & Grandjean, 2018, S. 274). Im übertragenen Sinne handelt es sich um die Vorstellung eines Gesamtnetzwerkes bestehend aus allen virtuellen und realen Objekten. Die Objekte sind durch eingebettete Sensoren und Softwareapplikationen in der Lage, selbstständig auf reale Vorgänge einzuwirken, wie das beispielhaft bei dem Einsatz von Robotikanwendungen in der Produktion der Fall ist, und kommunizieren über IuK-Technologien mit anderen Akteuren (Obermaier, 2016).[14]

Darüber hinaus ist das *Cloud Computing* zu nennen. Die *Cloud* stellt einen ubiquitären, internetbasierten Rechner- und Speicherort dar, der keine reale Verortung hat und Datenmassen jederzeit und überall zur Verfügung stellen kann (Creusen et al., 2017). Daneben ist das *Cloud Computing* als eine Dienstleistung Dritter anzusehen. Die Nutzung verschiedener Geräte und unterschiedlicher Datenquellen sowie Datensysteme bedarf für eine einwandfreie Anwendung einer Synchronisation dieser Elemente. *Cloud Computing*-Dienste liefern Hardware- sowie Softwarelösungen und passen diese an die individuellen Bedürfnisse der Nutzer an. Unternehmen setzen *Cloud*-Lösungen ein, um eine gemeinsame Nutzung von Daten für alle Mitarbeiter standortunabhängig zu gewährleisten, meist in Form von sog. Virtual Private Networks (VPN). Es ist jedoch auch möglich, eine gemeinsame *Cloud*-Lösung unternehmensübergreifend zu unterhalten (Leimeister, 2015). Für Flughäfen ist dies insofern relevant, als sie für den Flughafenbetrieb mit Dienstleistern zusammenarbeiten und im kollaborativen Sinne eine gemeinsame IT-Infrastruktur benötigen.

Die Zusammenführung der genannten Elemente mündet in *Cyber-Physischen Systemen*. Die komplexen Systeme vereinen Informations- und Softwaretechnologien mit mechanischen und elektronischen Komponenten und ermöglichen eine Kommunikation sowie Interaktion über das *Internet der Dinge* und anhand des *Cloud Computings*. Dadurch werden beispielsweise neuartige industrielle Anwendungen, wie etwa die *Smart Factory*[15], möglich (Ramsauer, 2013).

---

14 Man spricht hier auch von *Smart Products*: „Smarte Produkte sind intelligente und vernetzte Produkte, in denen z. B. Sensoren und Aktoren enthalten sind, über die diese selbstständig Daten erheben, analysieren, bewerten und mit anderen Produkten, Maschinen oder Menschen kommunizieren“ (Hanschke, 2018, S. 3).

15 Die *smarte Fabrik* stellt den intelligenten und sich selbst organisierenden Betrieb dar, welcher Informations- und Kommunikationstechnologien und das *Internet der Dinge* zur Produktion, Logistik und direkten Kommunikation mit den Kunden nutzt. Wie beim *smarten Produkt* kommunizieren Menschen, Maschinen und Ressourcen untereinander und steigern somit die Effizienz im Betrieb (Kagermann et al., 2013).

Ebenfalls in diesem Zusammenhang relevant ist der Datenmanagementansatz *Big Data*. Dabei handelt es sich um Analysekonzepte, die das Ziel beinhalten, die weltweit stetig wachsenden Datenmengen zu speichern und so zu verarbeiten, dass sich daraus fundierte Entscheidungsgrundlagen für Unternehmen ergeben (Bitkom, 2012). Durch den Einsatz von Datenanalysen erfährt das Anforderungsmanagement für Planungs- und Entscheidungsprozesse, das Demand Management, qualitative und quantitative Verbesserungen (Hanschke, 2018). Tab. 2 zeigt einschlägige Einsatzmöglichkeiten im industriellen Bereich auf.

Tab. 2: Einsatzmöglichkeiten von Big Data-Anwendungen (Quelle: Eigene Darstellung in Anlehnung an Disselkamp & Heinemann, 2018, S. 26)

Anwendungsgebiet	Prospektive Analysemethoden	Retrospektive Analysemethoden
Produktion	• Produktionsplanung • Tourenmanagement	• Analyse von Engpässen und Ausschüssen • Qualitätsmanagement
Produktmanagement	• Rapid Prototyping • vorausschauende Instandhaltung	• Market Pull • Technology Pull
Logistik	• Lagermanagement • Transportmanagement	• Betriebsmittelanpassung • Optimierung von Materialflüssen

Für ein infrastrukturelles Unternehmen, wie es der Flughafen eines ist, ergeben sich ebenso dementsprechende Einsatzmöglichkeiten, die zur Optimierung der Unternehmensführung beitragen. So können etwa anhand von Passagierdaten die Personenströme in Terminal- und Gate-Bereichen analysiert werden, um den Personaleinsatz hieran anzupassen.[16]

2.1.2 Organisationaler Wandel

2.1.2.1 Einführende Bemerkungen zum organisationalen Wandel

Die Anfänge der modernen Organisationstheorie können vor allem in dem Werk *Organizations* von March und Simon (1958) gesehen werden. Hiermit begann die umfassende Auseinandersetzung mit Organisationen als Phänomene

16 Weitere Beispiele, wie sich der Flughafenbetrieb durch die Digitalisierung verändert, lassen sich in Abschnitt 4.3 finden.

unternehmerischer Realität. Heute wird der Begriff der Organisation in dreifacher Hinsicht interpretiert (vgl. Abb. 5). Der institutionale Organisationsbegriff beschreibt Unternehmensgesamtheiten als Organisationen. Darüber hinaus können Organisation auch in einem funktionalen Sinne aufgefasst werden, womit die Sichtweise einhergeht, dass Unternehmen gestalterisch Regelungen für sich entwickeln. Schließlich gibt es den instrumentalen Organisationsbegriff, der zum Ausdruck bringt, dass man sich in Unternehmen verschiedener Regelungsinhalte bedient, um die Unternehmensziele zu erreichen (Schulte-Zurhausen, 2014). Alle drei Begriffsverständnisse spiegeln sich in dieser Arbeit wider.

Abb. 5: Organisationsbegriffe (Quelle: Eigene Darstellung in Anlehnung an Bergmann & Garrecht, 2016, S. 3, zitiert nach Gomez & Zimmermann, 1993, S. 16)

Organisationen verhalten sich nicht wie geschlossene Systeme, sondern agieren in einem dynamischen Feld verschiedener Einflussfaktoren, die zu organisationalen Änderungen führen und diese zuweilen unausweichlich machen. Die Veränderungsentscheidungen in Unternehmen basieren auf neuartigen Rahmenbedingungen in ökonomischer, technologischer, rechtlich-politischer, soziokultureller und physisch-ökologischer Hinsicht. Dabei können externe Einflussfaktoren, wie vor allem die Globalisierung, die Fragmentierung der Märkte und technologische Innovationen, eine Rolle spielen. Aber auch interne Einflussfaktoren, wie eine Unternehmensübernahme, die Notwendigkeit von Kosteneinsparungen oder Unternehmensnachfolgen, sind von Bedeutung (Bergmann & Garrecht, 2016). All dies macht einen organisationalen Wandel notwendig. Die derzeitigen durch die Digitalisierung induzierten und geprägten Rahmenbedingungen für Unternehmen kommen in drei Entwicklungen zum Ausdruck (Steinle et al., 2008):

- zunehmender Internationalisierung und Globalisierung von Märkten,
- voranschreitender Technologisierung wertschöpfungsrelevanter Bereiche aufgrund neuartiger Informations- und Kommunikationstechnologien,
- erhöhter Heterogenität von Wettbewerbsstrukturen sowie gestiegenen Kundenansprüchen.

In dieser Arbeit wird organisationaler Wandel in einem intentionalen Sinne gesehen, also als geplanter Wandel. Es geht um die bewusste Entscheidung, Veränderungen einzuleiten und zu steuern (Conrad, Staehle & Sydow, 1999).

In der wissenschaftlichen sowie praktisch-orientierten Literatur stehen für den geplanten Wandel eine Vielzahl von Begriffen und Konzepten zur Verfügung, wie etwa Reorganisation, Transformation, Organisationsentwicklung, Business Reengineering, Change Management, Restrukturierung und weitere oft synonym verwendete Bezeichnungen (Scherm & Pietzsch, 2007). Es bedarf infolgedessen einer Darstellung der Grundlagen organisationalen Wandels und einer damit einhergehenden notwendigen Spezifizierung für das hier vorliegende Forschungsvorgehen.

Das Phänomen des organisationalen Wandels kann einer semantischen Kennzeichnung zugeführt werden, indem eine Differenzierung nach der Intensität respektive dem Umfang des Wandels vorgenommen wird, wie es Steinle et al. (2008) anhand der analytischen Triade *Änderung – Wandel – Transformation* tun (vgl. Abb. 6). Unter den Begriff der *Änderung* werden Wandlungsprozesse mit niedriger Intensität und geringem Umfang eingeordnet. Diese Änderungen sind typisch für operative Prozesse. Will man Veränderungen mit mittlerer Intensität und entsprechendem Umfang begrifflich kennzeichnen, so lassen sich diese als *Wandel* im engeren Sinn beschreiben. Wandlungsprozesse, denen eine sehr umfangreiche und intensive Veränderung innewohnt, werden als *Transformation* bezeichnet.

Die Veränderungen, die mit der Digitalisierung einhergehen, sind grundlegender Art, sie sind in der dargestellten Klassifizierung in Abb. 6 folglich als Transformation anzusehen.

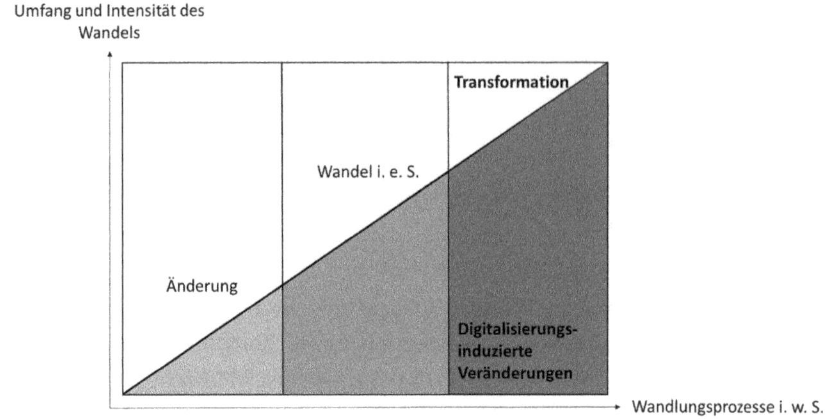

Abb. 6: Intensitätsbezogene Differenzierung von Wandlungsprozessen (Quelle: Eigene Darstellung in Anlehnung an Steinle et al., 2008, S. 13)

2.1.2.2 Begriffsdefinitionen

Der Terminus des organisationalen Wandels ist in seiner Umfänglichkeit für das hier vorliegende Forschungsvorhaben nicht hinreichend operational. Deshalb werden im Folgenden die gängigen Ansätze des Change Managements und der Organisationsentwicklung betrachtet, weil sie hier eine erhebliche inhaltliche Relevanz vorweisen.

Change Management ist ein vorwiegend betriebswirtschaftlich orientiertes Konzept, welches sich nicht holistisch auf die Unternehmensorganisation an sich bezieht, sondern als fortwährende Managementaufgabe verstanden wird. Dies kann für einzelne strategische Ziele oder Geschäftsprozesse gelten. Oftmals geschieht dies auch mithilfe einer Prozessbegleitung durch externe Dritte (Doppler & Lauterburg, 2014). Change Management zeichnet sich zudem durch einen strategisch ausgerichteten Charakter aus. So stehen die Planung und Steuerung von Unternehmensbereichen im Mittelpunkt. Dies umfasst etwa Maßnahmen zur Kostensenkung und Effizienzsteigerung sowie Bemühungen für eine erhöhte Qualität. Verbreitete Formen sind z. B. das Lean Management oder das Total Quality Management (Nerdinger, 2014).

Die *Organisationsentwicklung* ist hingegen durch ein ganzheitlicheres Organisationsverständnis geprägt und berücksichtigt neben quantitativen

Faktoren vor allem auch Aspekte wie beispielsweise Kommunikation und Führung (Doppler & Lauterburg, 2014). Geprägt sind Organisationsentwicklungsprozesse dadurch, dass die Organisationsmitglieder als aktive Träger des Wandels gesehen werden und diesen in einem partizipativen Entwicklungsprozess mitgestalten sollen. Durch ihr Verhalten wird das Voranschreiten der Veränderung sowie deren Erfolg beeinflusst. Dabei stehen Personalentwicklungsmaßnahmen, die dem Wandel zuträglich sind, im Vordergrund. Führungskräfte nehmen eine Moderatorenrolle ein und leiten die Selbstorganisationsprozesse ihrer Mitarbeiter (Walger & Neise, 2008).

Da organisationaler Wandel ein interdisziplinäres Forschungs- und Praxisfeld darstellt, können die genannten Konzepte aus verschiedenen Ansätzen und Denkweisen heraus betrachtet werden, wodurch unterschiedliche Schwerpunktsetzungen möglich sind (Schiessler, 2013). So sehen einige Autoren die Organisationsentwicklung als einen möglichen Gestaltungsansatz des Change Managements an (Müller-Stewens & Lechner, 2016; Walger & Neise, 2008; Gebert, 2007). Andere betrachten hingegen die Organisationsentwicklung als Grundlage für Change Management-Ansätze (Lauer, 2014; Gairing, 2017; Schiessler, 2013). Wieder andere sehen die Begriffe als einander diametral gegenüberstehende Konzepte an, wie z. B. Nerdinger (2014), welcher der Organisationsentwicklung das konstitutive Merkmal der Mitarbeiterpartizipation zuweist, wohingegen er dem Change Management diese Eigenschaft in Gänze abspricht.

Schließlich besteht die Auffassung, dass Change Management dadurch geprägt ist, dass es sich auf den prozessualen Charakter einer Organisationsveränderung konzentriert, während die Organisationsentwicklung den Faktor Mensch in den Mittelpunkt rückt (Kauffeld, Endrejat & Richter, 2019). Beide Konzepte beinhalten jedoch gleichsam drei zentrale Aspekte, die in Veränderungsprozessen zu betrachten sind: den Inhalt der Veränderung, die von dem Wandel betroffenen Personen und die Prozesse, die sich durch Wandel verändern. Abb. 7 illustriert die verschiedenen Schwerpunktsetzungen der beiden Konzepte.

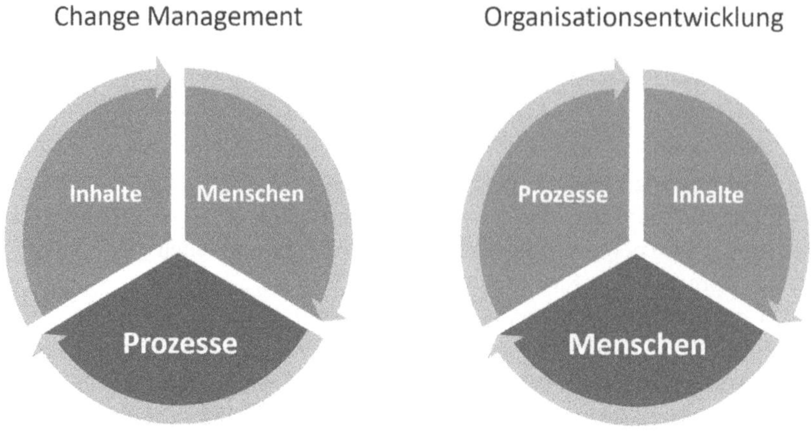

Abb. 7: Schwerpunkte des Change Managements und der Organisationsentwicklung (Quelle: Eigene Darstellung in Anlehnung an Kauffeld et al., 2019, S. 77)

Dieser Arbeit liegt das zuletzt genannte Verständnis von Change Management und Organisationsentwicklung im Sinne thematischer Schwerpunktkonzepte zu Grunde. Dies gilt insofern, als dass sich das hier vorliegende Forschungsdesign beiden Konzepten des Veränderungsmanagements zuwendet und diesbezüglich keine Präferenz vornimmt. Zurückführen lässt sich dies auf den Sachverhalt, dass für das Phänomen der digitalen Transformation im Sinne eines organisationalen Wandels derzeit keine umfassenden Belege vorliegen, welcher Ansatz erfolgversprechender ist. Vielmehr kann die Annahme aufgestellt werden, dass es zu einer zunehmenden Verschmelzung der beiden Konzepte kommt. Gleichsam sind sowohl die betriebswirtschaftlichen Implikationen der digitalen Transformation für Unternehmen als auch die psychologischen Auswirkungen auf der sozialen Unternehmensebene wesentlich.

2.1.2.3 Widerstände und Hemmnisse in organisationalen Wandlungsprozessen

Eine häufige Begleiterscheinung von Organisationsveränderung ist es, dass die Mitarbeiter innere Widerstände entwickeln und der Veränderung bisweilen mit manifestem Widerstand begegnen. Auch wenn die Notwendigkeit zur Veränderung offensichtlich ist, bleibt die Schaffung der Bereitschaft zum Wandel eine zentrale Herausforderung (Landes & Steiner, 2013). Laut einer Studie des *Hernstein Instituts* sind 38 % der Change-Projekte wenig oder gar nicht erfolgreich und als häufigster Grund hierfür (30 %) werden die Widerstände der Beteiligten genannt (Schott & Wick, 2005).

Widerstände haben unterschiedliche Ursachen und vielfältige Erscheinungsformen. So sind sie auf individuelle, organisationale oder auch wirtschaftliche Gründe zurückführbar. Auf individueller Ebene entstehen Widerstände in Gestalt psychologischer Abwehrreaktionen gegen Neuartiges, wie dies etwa bei dem bekannten psychologischen Phänomen der Vermeidung kognitiver Dissonanz[17] der Fall ist (Lauer, 2014). Bei der Veränderung von gewohnten Prozessen und vertrauten Strukturen entstehen Unsicherheiten und Verlustängste hinsichtlich der sozialen, materiellen und funktionalen Situation im Unternehmen, wodurch Widerstände forciert werden. Besonders Führungskräfte fürchten den Verlust von Macht und Status bei Veränderungen und handeln dementsprechend nicht selten opponierend (Scherm & Pietzsch, 2007). Widerstände treten jedoch nicht nur bei Individuen auf, sondern auch bei Personengesamtheiten, welche ihre Machtstruktur behalten wollen oder sich aufgrund von Autoritäts- oder Gruppendruck dem Wandel widersetzen (Landes & Steiner, 2013). Ursachen für widerständliches Verhalten lassen sich meist in der Ausgangslage der Betroffenen finden. Dabei können folgende Arten von Barrieren festgehalten werden (Frey, Gerkhardt & Fischer, 2008):

- Barriere des *Nicht-Wissens*: Betroffene sind nicht über den Veränderungsprozess und dessen Notwendigkeit informiert.
- Barriere des *Nicht-Könnens*: Betroffene kennen den Veränderungsprozess, haben aber nicht die Fertigkeiten und Fähigkeiten, ein aktiver Teil der Veränderung zu werden.
- Barriere des *Nicht-Wollens*: Betroffenen fehlt die Motivation, am Wandel teilzuhaben, weil dies ihnen zu aufwendig erscheint, in nicht hinreichendem Maße Disziplin vorhanden ist oder eine zu große Angst vor Verlusten besteht.
- Barriere des *Nicht-Dürfens/Nicht-Sollens*: Betroffene nehmen Signale aus ihrer Umgebung wahr, dass eine Veränderung nicht gewünscht ist.

Über die kausale, den Widerstand begründende Ebene hinausgehend sind dann auf der Handlungsebene verschiedene Erscheinungsformen des Widerstandsverhaltens von Mitarbeitern möglich (vgl. Tab. 3).

17 Nach dieser Theorie versuchen Menschen, die eine Dissonanz – einen unangenehmen Gefühlszustand – erleben, diesen eher zu rechtfertigen, als sich mit einer Veränderung ihres Verhaltens und ihrer Einstellungen auseinanderzusetzen (Stroebe, 2014).

Tab. 3: Erscheinungsformen des Widerstandsverhaltens von Mitarbeitern (Quelle: Eigene Darstellung in Anlehnung an Doppler & Lauterburg, 2014, S. 357)

	Verbal (Reden)	**Nonverbal (Verhalten)**
Aktiv (Angriff)	*Widerspruch* • Gegenargumentation • Vorwürfe • Drohungen • Polemik • Sturer Formalismus	*Aufregung* • Unruhe • Streit • Intrigen • Gerüchte • Cliquenbildung
Passiv (Flucht)	*Ausweichen* • Schweigen • Bagatellisieren • Blödeln • Ins Lächerliche ziehen • Unwichtiges debattieren	*Lustlosigkeit* • Unaufmerksamkeit • Müdigkeit • Fernbleiben • Innere Emigration • Krankheit

Neben den psychologischen Gründen von Wandelhemmnissen auf der Ebene der Organisationsmitglieder spielen auch strukturelle und formelle Aspekte einer Organisation eine Rolle. Exemplarisch hierfür sind ausgeprägt hierarchisch organisierte Unternehmen, die einhergehend mit ihrer meist hochgradig formalisierten Aufbauorganisation oftmals veränderungsresistent agieren. Auch in normativer Hinsicht und damit auf der Ebene der Unternehmenskultur können Ursachen für Widerstände gegen Wandel vorliegen, wie dies etwa bei sehr konservativen Unternehmenskulturen der Fall sein mag. Darüber hinaus können wirtschaftliche Gründe Veränderungsresistenz bedingen. So gehen mit Unternehmensveränderungen in betriebswirtschaftlicher Hinsicht unvermeidbare Kosten einher, während gleichzeitig die Gefahr droht, dass die bisherigen Investitionen durch den Wandel obsolet werden. Das Spannungsfeld der genannten Widerstände lässt Unternehmen in einem Zustand *organisationaler Trägheit* verharren und blockiert Veränderungsmaßnahmen (Lauer, 2014; Scherm & Pietsch, 2007).

Dem Sachverhalt entsprechend, dass Widerstände Veränderungsprozessen wesensimmanent sind, nehmen Maßnahmen zur Überwindung dieser Restriktionen in Literatur und Praxis einen hohen Stellenwert ein. Aus zahlreichen Untersuchungen geht hervor, dass das Informieren und die Beteiligung der Betroffenen sowie die Kommunikation mit ihnen konstitutive Erfolgsfaktoren organisationaler Veränderungsvorhaben sind (Scherm & Pietsch, 2007).[18] Ebenfalls decken sich die Handlungsempfehlungen für die Gestaltung eines erfolgsreichen Wandels über verschiedene Autorenmeinungen hinweg: Die Bedürfnisse von Menschen in Veränderungsprozessen sind zu berücksichtigen sowie dass, Fähigkeiten und Fertigkeiten für den Wandel zu entwickeln sind, Führungskräfte haben eine Vorbildrolle einzunehmen, die Notwendigkeit des Wandels muss vermittelt sowie Motivation und Veränderungsbereitschaft geschaffen werden (Bergmann & Garrecht, 2016; Landes & Steiner, 2013; Lauer, 2014; Doppler & Lauterburg, 2014).

Widerständen und Hemmnissen in organisationalen Wandlungsprozessen kann durch verschiedene Instrumente begegnet werden (vgl. Tab. 4). Es wird hierbei Bezug auf die zuvor erläuterten Ursachen für Widerstände genommen, und zwar im Sinne der Befähigung von Mitarbeitern für den Wandel.

Tab. 4: Ausgewählte Instrumente zur Überwindung von Widerständen und Hemmnissen in organisationalen Wandlungsprozessen (Quelle: Eigene Darstellung in Anlehnung an Klimmer, 2016, S. 242)

Kommunikationsinstrumente	**Qualifizierungsinstrumente**	**Motivationsinstrumente**
KENNEN	KÖNNEN	WOLLEN
• Mitarbeitergespräche • Info-Broschüren • Info-Tafeln • Workshops • Videos • Roadshows	• Schulungen von spezifischen Fach-, Methoden-, Sozial- und Führungskompetenzen • Training-on-the-job • Coaching • Supervision	• Klein- und Großgruppenveranstaltungen mit spezifischen Designs • Partizipationsmaßnahmen • Leistungsanerkennung • Erfolgsprämien

18 Für eine umfassende Übersicht über empirische Belege zum Thema Veränderungsprozesse wird beispielhaft auf die Arbeiten von Dinkelmann (2016) und Stegmaier (2014) verwiesen.

2.1.2.4 Steuerung von organisationalen Wandlungsprozessen

Zur Steuerung von Wandlungsvorhaben bestehen verschiedene Ansätze, die begrifflich unterschiedlich gekennzeichnet sowie konzeptionell verschiedenartig differenziert werden. Gemeinsam ist diesen, dass Wandel als ein Prozess beschrieben wird. Vor allem, wenn Wandel als ein Umgang mit Widerständen verstanden wird, ist ein Modell maßgebend (Müller-Stewens & Lechner, 2016), nämlich das Drei-Phasen-Modell von Kurt Lewin (1947). Dieser Ansatz zur Beschreibung von Veränderungen in sozialen Gruppen, welcher auf den geplanten Wandel von Organisationen übertragen wurde (Sturm et al., 2011; Schiessler, 2013), stellt das Grundprinzip von partizipativ ausgerichteten Veränderungsprozessen dar. Es dient bis heute als Ausgangspunkt vielzähliger weiterführender empirischer Arbeiten und prägt diverse Theorien (Greif, Runde & Seeberg, 2004; Gairing, 2017), wie das Sieben-Phasen-Modell von Streich (1997) oder das Acht-Stufen-Modell von Kotter (1996) (Werther & Jacobs, 2014).

Die Auseinandersetzung mit Lewins Gedanken liefert grundlegende Hinweise auf die Gestaltung von Veränderungsprozessen und deren Management. Sein Modell skizziert einen Wandel als das Aufbrechen eines Gleichgewichts *widerstrebender* (retardierender) und *treibender* (akzelerierender) Kräfte (Müller-Stewens & Lechner, 2016), welcher durch die Phasen *Auftauen* (unfreezing), *Verändern* (moving) und *Stabilisieren* (refreezing) gekennzeichnet ist (Sturm et al., 2011). Die Phasen bewegen sich dabei im Spannungsfeld von Zeit und Effizienzniveau, und zwar in der Form, dass in der Phase des *Auftauens* das Effizienzniveau zunächst relativ gering ist. In der Phase der aktiven *Veränderung* steigt das Effizienzniveau idealtypischerweise linear an, wohingegen die von der Praxis geprägte, reale Betrachtungsweise zunächst eine Verringerung des Niveaus propagiert und mit einem darauffolgenden linearen Anstieg rechnet. Die Phase des *Stabilisierens* ist dadurch geprägt, dass das Maß an erreichter Effizienz auf einem stabilen und hohen Niveau verharrt (vgl. Abb. 8).

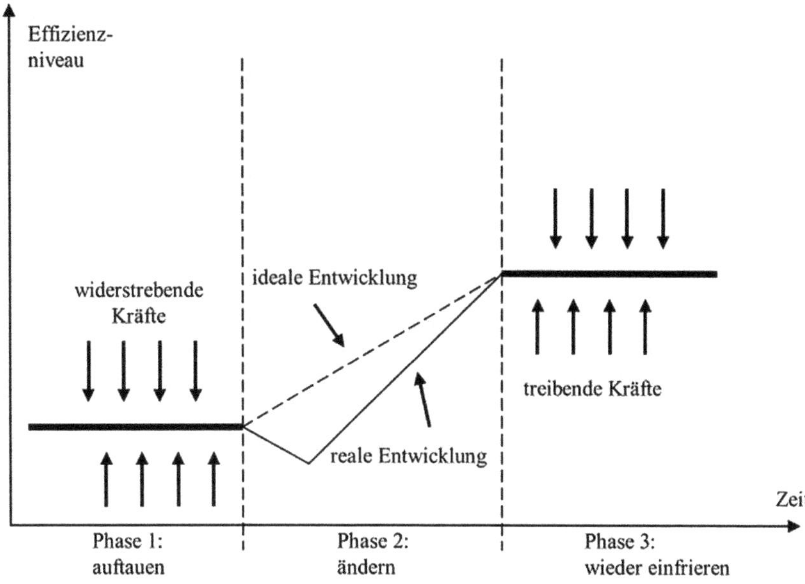

Abb. 8: Phasenmodell nach Lewin (Quelle: Scherm & Pietzsch, 2007, S. 248, zitiert nach Lewin 1963, S. 206 ff.)

Ein Blick in die Phasen offenbart zunächst, dass das *Auftauen* des Ist-Zustandes durch die Schaffung einer Veränderungsbereitschaft – Betroffene müssen die Notwendigkeit des Wandels verstehen und akzeptieren – geprägt ist. In der zweiten Phase, also bei der aktiven Gestaltung der *Veränderungen*, steht die bewusste Beteiligung von Betroffenen im Mittelpunkt. Diese Einbindung der Organisationsmitglieder geschieht mit dem Ziel, möglichen intra- und interpersonellen Konflikten vorzubeugen bzw. diese aufzulösen, soweit sie nicht im Vorfeld vermeidbar sind. Ist das intendierte Veränderungsniveau erreicht, muss sich die Organisation wieder stabilisieren, was auch als *Wiedereinfrieren* verstanden wird (Gairing, 2017; Scherm & Pietzsch, 2007).

Zielführend für die Steuerung organisationaler Wandlungsprozesse ist in dieser Arbeit der Ansatz von Krüger. Dieser basiert auf der kritischen Auseinandersetzung mit dem Acht-Stufen-Modell von Kotter (1996), das seinerseits dem Phasenmodell von Lewin entspringt und damit der zuvor erläuterten Grundlogik folgt. So liefert das Fünf-Phasen-Modell nach Krüger (2014a) einen klaren und verständlichen Bezugsrahmen für die Gestaltung des organisationalen Wandels:

- Die erste Phase, die *Initiierung*, soll ein von Förderungsbereitschaft gekennzeichnetes Bewusstsein für die anstehenden Veränderungen bei den sog. Wandlungsträgern schaffen. Darunter werden diejenigen Personen verstanden, die einen maßgeblichen Einfluss haben, den Wandlungsprozess auszulösen und zu gestalten. Daneben ist der Wandlungsbedarf durch formelle und strategisch geprägte Analysen der wirtschaftlichen Unternehmenslage aufzuzeigen.
- In der Phase der *Konzipierung* besteht das Ziel darin, für die Realisierung des Wandels förderliche Rahmenbedingungen zu schaffen. Als Wandlungsziele werden die neu gestaltete Unternehmensvision und -mission verstanden, welche die Veränderungen bedingen. Innerhalb eines abgestimmten Gesamtkonzepts sind geeignete und auf die ökonomischen, organisatorischen und sozialen Unternehmensziele ausgerichtete Maßnahmenprogramme zu entwerfen.
- Die dritte Phase wird als *Mobilisierung* bezeichnet, da an dieser Stelle die Aktivierung der Betroffenen für den Wandel im Fokus steht. Notwendig hierfür ist das Schaffen einer Wandlungsbereitschaft und einer Wandlungsfähigkeit. Erstere soll sich formen, indem das Wandlungsvorgehen transparent kommuniziert wird, die Ernsthaftigkeit des Veränderungswillens vermittelt wird und Anreize zur Veränderungsbeteiligung geschaffen werden. Der Abbau von Willens- und Wissensbarrieren ist durch die Schaffung der notwendigen Durchführungsvoraussetzungen bei den Beteiligten zu erreichen.
- Es folgt nun die Phase der *Umsetzung* der geplanten Maßnahmen in Gestalt von Projekten. Diese Phase soll sich dadurch auszeichnen, dass Aufgaben mit hohem Stellenwert priorisiert behandelt werden. Ein vorrangiges Projekt ist dabei nach verschiedenen Eigenschaften definiert, wie etwa einer sach- und gestaltbezogenen Abhängigkeit, der Dringlichkeit, dem Einführungsrisiko oder auch den hierfür notwendigen Ressourcen. An diese knüpfen Folgeprojekte an, die der Realisierung und Komplementierung des Wandels für die gesamte Organisation dienen.
- Die letzte Phase, die *Verstetigung* des neuen Zustandes, orientiert sich an Lewins Haltung. Krüger (2014a) sieht diesen jedoch nicht als Endzustand der Veränderung an, sondern als einen Ausgangspunkt der kontinuierlichen Weiterentwicklung der Organisation, wofür zwei Voraussetzungen bestehen: zum einen die nachhaltige Sicherung und Integration der Wandlungsergebnisse, so dass die weitere Umsetzung gewahrt wird, und zum anderen die Konsolidierung der erworbenen Wandlungsbereitschaft und -fähigkeit, um auf diese Weise eine Entwicklung hin zu einer sich stetig selbst wandelnden Organisation zu fördern.

2.1.3 Partizipation

2.1.3.1 Einführende Bemerkungen zu Partizipation

„Der Begriff Partizipation geht auf das lateinische Wort ‚particeps' (= ‚teilnehmend') zurück und steht für ‚Beteiligung', ‚Teilhabe', ‚Mitwirkung' und ‚Einbeziehung'" (BMZ, 2020, o. S.). Dieser Terminus hat ein breites Bedeutungs- und Einsatzspektrum in verschiedenen Forschungsdisziplinen (Wegge, 2004): In der Politikwissenschaft wird darunter die Teilhabe von Bürgern an Willensbildungs- und Entscheidungsprozessen in politischen Systemen verstanden (Ittermann, 2009) und in den erziehungswissenschaftlichen sowie pädagogischen Themenfeldern bedeutet Partizipation vorwiegend die Beteiligung von Kindern und Jugendlichen an Entscheidungs- und Problemlösungsprozessen (Abs, 2006). Aus unternehmerischer Sicht wird der Begriff der Partizipation oftmals im wirtschaftsrechtlichen Kontext gesehen, hier ist vor allem die Mitbestimmung von Arbeitnehmern durch formell geregelte Arbeitnehmervertretungsorgane, wie Betriebsräte, relevant (Hertwig, 2011). Im Gegensatz zur soziologischen Forschung, die sich auf die indirekten Formen der Mitbestimmung im Rahmen der Mitbestimmungsgesetze konzentriert (Nerdinger, Horsmann & Pundt, 2003), nimmt diese Forschungsarbeit eine organisationspsychologische Perspektive ein. In den folgenden Abschnitten wird dem Phänomen der Partizipation eine Systematisierung zugeführt. Grundlegend soll hier gelten:

> „Participation is the totality of forms, i. e. direct (personal) or indirect (through representatives or institutions) and of intensities, i. e. ranging from minimal to comprehensive, by which individuals, groups, collectives secure their interests or contribute to the choice process through selfdetermined choices among possible actions during the decision process." (Wilpert, 1998, S. 42)

An dieser Stelle sei als kurzer Exkurs auf die Berührungspunkte zwischen Digitalisierung und gesetzlicher Mitbestimmung verwiesen. Einschlägige juristische Grundlagen bestehen in Form des Betriebsverfassungsrechtes. Die Auswirkungen der Digitalisierung verändern die Ansprüche an die Technik-, Organisations- und Arbeitsgestaltung. So müssen beispielsweise Regelungen für neuartige Arbeitsformen, wie das virtuelle Arbeiten, geschaffen oder Rationalisierungsmaßnahmen im Zuge der Digitalisierung überwacht werden. Dadurch bekommen die Arbeitnehmer ein höheres Maß an Sicherheit, welches sie durch die Veränderungsprozesse trägt. Soziale und organisationale

Innovationen sollten auf dieser institutionellen Ebene begleitet werden, um die betriebliche Akzeptanz zu steigern. Die Zusammenarbeit von Betriebsräten und Unternehmen ist für digitale Transformationsprozesse förderlich, um neben der Partizipation auf individueller Ebene auch die formalrechtliche Mitbestimmung zu gewährleisten (Nettelstroth & Schilling, 2017).

2.1.3.2 Partizipationsformen

Die Formen von Partizipation lassen sich unterschiedlich einteilen. So unterscheidet Wegge (2004) die drei Partizipationsformen der personalen unmittelbaren Partizipation, der Delegation von Aufgaben durch Vorgesetzte an Mitarbeiter sowie deren finanzielle und ertragsrechtliche Miteigentümerschaft am Unternehmen. Greifenstein, Jansen und Kißler (1993) differenzieren Partizipation wiederum nach mentaler Partizipation, worunter sie die bloße Information der Mitarbeiter verstehen, nach mittelbarer Teilhabe als die Einbindung gewählter Interessenvertreter sowie nach unmittelbarer Beteiligung im Sinne einer eigenständigen Interessenwahrnehmung. Darüber hinaus besteht die Unterscheidung zwischen *materieller* und *immaterieller* Mitarbeiterbeteiligung (Zink, 2007), die in der vorliegenden Arbeit als Differenzierungssystematik gewählt wird. Die materielle Form steht für eine geldwerte Beteiligung am Unternehmen, wie z. B. durch Aktienoptionen, während die immaterielle Form die Teilhabe der Mitarbeiter an betrieblichen Informations-, Koordinations- und Entscheidungsprozessen beinhaltet. Die immaterielle Partizipation unterteilt sich weiterhin in die gesetzliche Mitbestimmung und einer durch das Unternehmen freiwillig eingeräumte Teilhabe (Nerdinger, Martins, Pundt & Horsmann, 2009). Gleichbedeutend hierzu wird auch von indirekter und direkter Teilhabe gesprochen (vgl. auch Wilpert, 1998; Szabo, 2007). Somit erfolgt die *indirekte Beteiligung* durch gewählte Arbeitnehmerrepräsentanten, meist im Kontext kollektivrechtlicher Institutionen im Unternehmen, wie etwa den Betriebsrat (Voß et al., 2003), wohingegen unter *direkter Partizipation* „[…] alle Verfahren einer unmittelbaren Beteiligung von Beschäftigten an der Gestaltung von Arbeits- und Beschäftigungsbedingungen sowie an operativen und strategischen Entscheidungen […]“ verstanden werden (Ittermann, 2009, S. 108). Die letztgenannte Beteiligungsform kann auch als die *echte Partizipation* oder *Entscheidungspartizipation* verstanden werden (Schanz, 2000).

Im Fokus dieser Arbeit steht die *immateriell-direkte Partizipation*. Ausgeschlossen werden aufgrund mangelnder Relevanz für die Zielsetzung der Arbeit die immateriell-indirekte Teilhabe sowie die materielle Teilhabe (vgl. Abb. 9). Im Weiteren wird der Begriff der Partizipation stets für die Form der immateriell-direkten Partizipation genutzt.

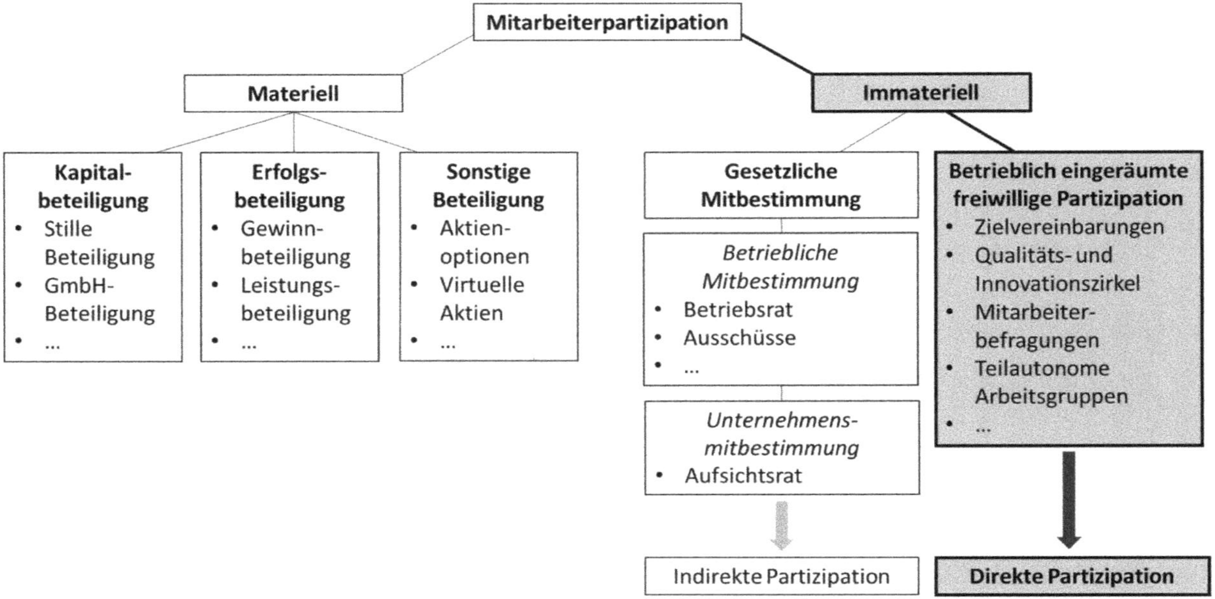

Abb. 9: Formen der Mitarbeiterpartizipation (Quelle: Eigene Darstellung in Anlehnung an Nerdinger et al., 2009, S. 15; Voß et al., 2003, S. 19)

2.1.3.3 Partizipationsdimensionen

Darüber hinaus kann Partizipation nach den drei Kriterien der *Beteiligungsintensität*, des *Gegenstandsbereichs der Beteiligung* und der *sozialen Reichweite* der Partizipation betrachtet werden (angelehnt an die Arbeiten von Voß et al. (2003), Shajek (2013a) sowie Hucker (2008) und zusammenfassend).

Die Dimension der *Beteiligungsintensität* beschreibt den Umfang der Mitarbeiterbeteiligung im Entscheidungsprozess. Dabei spielt auch der Zeitpunkt der Einbeziehung des Mitarbeiters eine Rolle: Je früher die Beteiligung stattfindet, umso höhere Einflussmöglichkeiten können erwartet werden (Voß et al., 2003; Scholl, 2004). Zudem ist die Beteiligungsdauer von Bedeutung (Zink, 2007). Es lassen sich dabei die folgenden Partizipationsgrade unterscheiden (Wegge, 2004, S. 209):

- „die Mitarbeiter werden gar nicht informiert (keine Partizipation)[19]
- die Mitarbeiter werden durch den Vorgesetzten vor einer Entscheidung lediglich informiert, dass eine Entscheidung ansteht (Information)
- die Mitarbeiter können ihre Meinung zu der anstehenden Entscheidung gegenüber dem Vorgesetzten vor der Entscheidung äußern (Konsultation)
- die Meinung der Mitarbeiter wird bei der Entscheidung auf Basis informeller oder formeller Regeln berücksichtigt (Mitwirkung)
- die Mitarbeiter werden gleichberechtigt an der Entscheidung beteiligt, z. B. in Form einer Gruppendiskussion mit dem Vorgesetzten (Mitbestimmung)"

Diese Kategorisierung kann um einen weiteren Partizipationsgrad ergänzt werden, mit dem zugleich die höchste Beteiligungsintensität einhergeht, nämlich um den der Selbstbestimmung (Weber, 1999).

Der *Gegenstandsbereich der Beteiligung* zielt auf die Art der Entscheidungen ab, bei welchen die Beteiligung stattfinden kann (Voß et al., 2003). Grundsätzlich kann hier gemäß Greifenstein et al. (1993) zwischen der sog. Konzeptionspartizipation und der sog. Korrekturpartizipation unterschieden werden. Die Konzeptionspartizipation betrifft einen noch nicht vollzogenen und relativ offenen Entscheidungsprozess. Die Korrekturpartizipation erfolgt im Rahmen einer Aus- oder Umgestaltung eines bereits bestehenden Zustandes oder einer schon getroffenen Entscheidung.

Darüber hinaus kann etwa nach Schanz (2000) Partizipation auf unterschiedlichen hierarchischen Ebenen stattfinden. Die Basispartizipation betrifft

---

19 Da hier keine Partizipation vorliegt, wird dieser Grad im Weiteren als irrelevant betrachtet.

die Ebene der individuellen Arbeitsplatzgestaltung. Die laterale Partizipation beschreibt die Entscheidungsbeteiligung in Projektgruppen. Hinzu kommt die Leitungspartizipation, die insofern umfassender ist, als dass hier eine Teilhabe an gesamtunternehmerischen Entscheidungen stattfindet.

Scholl (2004) unterscheidet den Gegenstandsbereich der Partizipation darüber hinaus nach den beiden Dimensionen Faktenwissen sowie Werte und Interessen der beteiligten Personen in vier Partizipationstypen (vgl. Tab. 5). Eine Pseudopartizipation liegt vor, wenn sowohl das Faktenwissen der Mitarbeiter als auch deren Werte und Interessen als irrelevant angesehen werden und man lediglich ein Gefühl der Beteiligung vorgeben möchte, um eine Akzeptanzbereitschaft zu erreichen. Man kann hier auch von einer unechten Partizipation sprechen (Lies, Volejnik & Mörbe, 2011). Wenn es ausschließlich um den Einbezug von Beteiligten aufgrund ihres Faktenwissens geht, handelt es sich um eine Informationspartizipation. Hingegen spielt bei der Interessenpartizipation das Faktenwissen der Mitarbeiter keine Rolle, wohl aber deren Werte und Interessen. Eine authentische bzw. echte Partizipation gibt es dann, wenn sowohl das Faktenwissen der Mitarbeiter als auch deren Werte und Interessen Gegenstand der Beteiligung sind (Scholl, 2004).

Tab. 5: Partizipationstypen (Quelle: Eigene Darstellung in Anlehnung an Scholl, 2004, S. 159)

		Werte und Interessen	
		nein	ja
Faktenwissen	nein	Pseudopartizipation	Interessen-partizipation
	ja	Informations-partizipation	Authentische Partizipation

Die *soziale Reichweite* der Beteiligung „[...] bezieht sich zum einen auf den Kreis derjenigen Mitarbeiter/-innen, die in den betreffenden Entscheidungsprozess einbezogen werden. Zum anderen bezieht sie sich auf den Personenkreis, der von den getroffenen Entscheidungen betroffen ist“ (Voß et al., 2003, S. 15). Andere Autoren sprechen im gleichen Kontext auch von der Dimension der Partizipationsakteure (Ittermann, 2009) oder von den Partizipationssubjekten (Domsch, Ladwig & Siemers, 1995).

2.1.3.4 Partizipationsvoraussetzungen

Die Umsetzung von Partizipation stellt hohe Anforderungen an die beteiligten Mitarbeiter, Führungskräfte und nicht zuletzt an die Organisation (Dinkelmann, 2016), welche sich mit den im Folgenden dargestellten Partizipationsvoraussetzungen erklären lassen. Es sind sowohl auf organisationaler als auch individueller Ebene entsprechende Bedingungen zu schaffen, um die angebotenen Maßnahmen nutzen zu können (Kerres & Roseman, 1992).

Die organisationalen Bedingungen partizipativen Handelns werden durch das *strukturelle Partizipationspotential* abgebildet. Darunter werden alle gesetzlichen und kulturellen Rahmenbedingungen einer Organisation verstanden, die partizipatives Handeln ermöglichen oder eingrenzen. Insbesondere sind hier kulturelle Normen und Wertvorstellungen, betriebliche und darüberhinausgehende Vereinbarungen, organisationsspezifische Traditionen und Interaktionserfahrungen sowie Merkmale von Arbeitsgruppen oder Abteilungen zu nennen (Kerres & Roseman, 1992). Die erfolgreiche Gestaltung partizipativer Konzepte setzt des Weiteren angemessene Kapazitäten und Ressourcen für diese voraus (Zink, 2007). Außerdem bedarf wirksame Partizipation in einem gewissen Maße organisational verankerter Autonomie. Auch das Aufbrechen starrer Hierarchien ist Bedingung für die effektive Partizipation in Organisationen (Welpe, Brosi & Schwarzmüller, 2018).

Die Voraussetzungen für *individuelles Partizipationshandeln* spiegeln sich in drei Dimensionen wider: dem Wollen, dem Können und dem Dürfen. In diesem Zusammenhang spricht man auch von Willens- und Wissensbarrieren. Das Wollen der Person, verstanden als eine grundsätzliche Partizipationsbereitschaft, ist eine erste Bedingung dafür, dass Partizipation erfolgreich stattfinden kann (Schanz, 2000). So müssen Beteiligte die partizipativen Gestaltungsspielräume wahrnehmen bzw. wahrnehmen wollen, wobei hier die subjektive Realitätswahrnehmung eine bedeutende Rolle spielen kann (Kerres & Rosemann, 1992).

Daneben gilt als Voraussetzung die Partizipationsfähigkeit, das Können (Schanz, 2000). Schlüsselfaktoren hierfür sind u. a. Personalentwicklungsmaßnahmen sowie der Ausbau der sozialen Kompetenzen der Beteiligten (Sisson, 2000; auch Dinkelmann, 2016). Das dritte Element der Partizipationsvoraussetzungen, das Dürfen, wird durch die Vorgesetzten durch die Bereitschaft zur Delegation, zur Gewährung von Freiräumen und zur Mitarbeiterförderung ermöglicht (Regber & Zimmermann, 2007).

2.1.3.5 Methoden für die Mitarbeiterpartizipation

Um zu veranschaulichen, wie die Mitarbeitereinbeziehung in der Praxis methodisch umgesetzt werden kann, werden im Folgenden einige besonders bekannte Verfahren dargestellt. Bei der Auswahl solcher Methoden spielt die zu adressierende Personengruppe eine Rolle, denn es gilt hier, nach Organisationseinheiten sowie Team- und Führungsebenen zu differenzieren. Oftmals werden die angewandten Methoden zusätzlich durch betriebswirtschaftliche Faktoren wie Zeit- und Kostenumfang beeinflusst (Klimmer, 2016). Tab. 6 zeigt auf, welche Methoden sich welchem Partizipationsgrad zuordnen lassen.[20]

Tab. 6: Ausgewählte Methoden für die Mitarbeiterpartizipation (Quelle: Eigene Darstellung in Anlehnung an Klimmer, 2016, S. 245)

Information	Konsultation	Mitwirkung	Mitbestimmung	Selbst-bestimmung
• Intranet • Mitarbeiter-zeitschrift • Roadshows • Round-Table-Gespräche	• Betriebliches Vorschlags-wesen • Besprechungen • Mitarbeiter-befragungen	• Großgruppen-veranstaltungen • Workshops • Beteiligung an Lenkungs-ausschüssen	• Projektteams • Qualitätszirkel • Innovations-zirkel • Planungs- & Controlling-beteiligung	• Selbst-organisation von Arbeits-, Prozess- und Verfahrens-weisen • Autonome Arbeitsgruppen
zunehmender Grad der Beteiligung ⟹				

An dieser Stelle werden einzelne Verfahren erläutert, deren Ordnung nach dem jeweiligen Partizipationsgehalt erfolgt. Die Darstellung verläuft in aufsteigender Reihenfolge. Im Anschluss hieran wird zudem ein kurzer Blick auf die digitalisierungsinduzierten Auswirkungen auf die Methodenseite geworfen.

Als Erstes soll das *betriebliche Vorschlagswesen* beleuchtet werden (Jung, 2016). Dieses weist einen niedrigen Partizipationsgrad auf, was insofern gilt, als den Mitarbeitern lediglich die Möglichkeit gegeben wird, Vorschläge zur

20 Der Grad „keine Partizipation" ist in diesem Zusammenhang obsolet. Der Form halber jedoch seien auszugsweise Instrumente genannt, die ohne vorherigen Informationsfluss an die Mitarbeiter eingesetzt werden, wie etwa Betriebsversammlungen oder Informationsaushänge (Klimmer, 2016).

Verbesserung betrieblicher Abläufe an die Unternehmensführung zu übermitteln und in diesem Sinne das Betriebsgeschehen mitzugestalten. Eine Teilhabe wird demnach möglich, wenn Mitarbeiter proaktiv partizipieren wollen, wobei nach dem Einreichen eines entsprechenden Vorschlags weder ein Anspruch auf dessen Umsetzung noch eine Beteiligung hieran gegeben ist.

Hinzu kommen die in der Praxis gängigen *Mitarbeiterbefragungen*. Sie haben die Eigenschaft von Analyseinstrumenten, die dazu dienen, arbeits- und betriebsbezogenes Wissen, Einstellungen, Erwartungen und Bedürfnisse der Belegschaft einzuholen. Die dadurch ermittelten Ergebnisse stehen den Entscheidungsträgern für Veränderungsmaßnahmen zur Verfügung. Die Beteiligungsintensität im Sinne einer direkten Einflussnahme auf Entscheidungen wird als mäßig eingeschätzt, da es sich lediglich um eine Konsultation handelt (Voß et al., 2003).

Auch die Methode der *Großgruppe* ist in der Praxis gängig. Hierunter versteht man eine Veranstaltung, an der eine Vielzahl von Mitarbeitern teilnimmt und in der eine gemeinsame Auseinandersetzung mit einer gegebenen betrieblichen Problemstellung gefordert wird. Beispiele hierfür sind Open Space-Konferenzen, Zukunftskonferenzen oder Real Time Strategic Change-Veranstaltungen (Zink, 2007). Entsprechend dem ihnen gegebenen Auftrag, aktiv gestalterische Lösungsansätze zu entwickeln, kann dem Verfahren eine hohe Beteiligungsintensität zugesprochen werden.

Ein ebenso häufig eingesetztes Verfahren ist der *Qualitätszirkel*. Es handelt sich dabei um eine „Gruppe von Mitarbeitern, die freiwillig zusammentrifft, um Probleme ihrer Arbeit, des Arbeitsumfeldes und Konflikte bei der Zusammenarbeit zu besprechen mit dem Ziel, Veränderungen und Verbesserungen durchzuführen " (Gewald, 1999, S. 280). In Anbetracht der Proaktivität und des formellen Charakters der Beteiligtengruppe liegt hier eine maßgebliche Partizipationsintensität vor.

Darüber hinaus werden in der Unternehmenspraxis *Projektgruppen* eingesetzt, die sich wie folgt definieren:

> „Projekte sind Vorhaben mit definiertem Anfang und Abschluss, die durch die Merkmale zeitliche Befristung, Einmaligkeit, Komplexität und Neuartigkeit gekennzeichnet sind und wegen ihres interdisziplinären Querschnittcharakters eine vorübergehende organisatorische Veränderung und damit verbunden auch eine Neufestlegung der Aufgabenbereiche im Betrieb bewirken können." (Madauss, 2017, S. 41)

Beleuchtet man dieses gängige Praxisverfahren unter dem Blickwinkel der Partizipation, lässt sich die Schlussfolgerung ableiten, dass auch hier eine hohe

Beteiligung der Akteure gegeben ist, was bereits mit Blick auf den Projektbegriff auf der Hand liegt.

Bei einer abschließenden Betrachtung von Methoden für die Mitarbeiterpartizipation, insbesondere unter dem Einfluss digitaler Technologien, lässt sich festhalten, dass Konnektivität per se eine partizipationsfördernde Wirkung mit sich bringt. So können etwa *Innovation Communities*[21] in ihrer Eigenschaft als innovationsschaffende Gruppen von digitaler Technologie dergestalt profitieren, dass durch die ermöglichte Konnektivität mehr Personen intensiver am Gesamtprozess partizipieren können (Lindermeir, 2016). Ein weiteres Beispiel ist *Jam*, eine virtuelle Form des Workshops zur Generierung von Lösungsansätzen zu einem bestimmten Thema, welcher ausschließlich über eine Online-Plattform stattfindet, was die Unabhängigkeit von Zeit, Ort und Gruppengröße mit sich bringt. Auch hier wird Partizipation gefördert. Zudem gibt es *Hackathons*[22], die zu schnellen und umsetzungsorientierten Problemlösungen führen können und ebenso partizipativ ausgestaltet sind (Petry & Jäger, 2018).

2.1.3.6 Partizipation im Führungskontext

Grundlegend kann nach Vroom und Jago (1991) von zwei unterschiedlichen Betrachtungsweisen hinsichtlich Partizipation im Führungskontext ausgegangen werden: der normativen und der deskriptiven Betrachtungsweise. In dieser Arbeit spielt das erstgenannte Verständnis die bestimmende Rolle. Der normative Ansatz versucht darzustellen, wie sich Führungskräfte in verschiedenen Führungssituationen verhalten sollten. Es wird hierbei davon ausgegangen, dass die Führungskräfte Partizipation in unterschiedlichem Ausmaß zulassen. Hieraus resultieren unterschiedliche positive Effekte, wozu z. B. eine höhere Entscheidungsqualität zählt. Allgemein gilt, dass hier selbstredend kein deterministischer Zusammenhang bestehen kann. Vielmehr sind die Ergebnisse durch eine Reihe situativer Einflussfaktoren geprägt, die in ihrer Gesamtheit wahrscheinlichkeitsbehaftete

---

21 „Mit Hilfe von Innovation Communities werden Innovationen durch die Zusammenarbeit mehrerer Abteilungen, Bereiche, Organisationen oder unter Einbeziehung der potentiellen Kunden entwickelt, anstatt durch eine singuläre F&E-Abteilung" (Lindermeir, 2016, S. 543).

22 Bei einem *Hackathon* handelt es sich um ein Eventformat, genauer gesagt einen zeitlich begrenzten kollaborativen Innovationsprozess, der sich mit der Lösung eines konkreten Problems beschäftigt und parallel in der physischen als auch in der digitalen Realität stattfindet (Schroll, 2017).

Ursache-Wirkungs-Zusammenhänge beschreiben. Im Fokus steht die Frage nach dem im Rahmen möglicher Partizipation potentiellen besten Entscheidungsverhalten (Weinert, 2004). Der Ansatz leistet bis heute einen wichtigen Beitrag zur Führungsforschung (Wegge & Rosenstiel, 2007) und zeigt auf, dass „[d]er Modus des Entscheidens [...] bei unterschiedlichen Entscheidungsarten und -situationen für Führungseffizienz [...]" förderlich ist (Weinert, 2004, S. 495).

Partizipation stellt an Führungskräfte hohe Anforderungen. So müssen Führungskräfte ihre Mitarbeiter vor einer Überforderung und einer zu hohen Erwartungshaltung hinsichtlich des Aufgreifens etwaiger Vorschläge bewahren (Lies et al., 2011). Daneben bedarf es für Partizipationsmöglichkeiten der Bereitstellung zeitlicher, finanzieller und sachlicher Ressourcen durch die Entscheidungsträger. Zudem sollten psychologische Bedingungen erfüllt sein, wie eine positive Einstellung zu Partizipation oder die hierfür notwendige Sozialkompetenz bei den Führungskräften (Thul, Zink & Kötter, 2015). Im Umkehrschluss können Führungskräfte auch für das Nichtgelingen von Partizipation verantwortlich sein (Scholl, 2007). Dies gilt etwa dann, wenn die Führungskräfte opponierend handeln.[23] Ursächlich hierfür kann beispielsweise sein, dass der Vorgesetzte eine Mitarbeiterbeteiligung als Gefährdung seines eigenen Status wahrnimmt. Darüber hinaus ist es denkbar, dass Partizipation mögliche Fehler der Führungskraft aufdeckt. Ebenso kann die Befürchtung bestehen, dass Partizipation die Anzahl der Führungspositionen im Unternehmen verringert. Schließlich ist ein Szenario vorstellbar, in dem Führungskräfte entgegen ihrer traditionellen Führungsgewohnheiten zu neuartigen und bisher nicht vertrauten Beteiligungstechniken aufgefordert werden (Strauss, 1998).

Partizipation als Führungsaspekt wird von mehreren Autoren aufgegriffen. So thematisiert das bekannte Führungsstilkontinuum von Tannenbaum und Schmidt (1958) Mitarbeiterbeteiligung. Dies gilt insofern, als die beiden Autoren sieben Führungsstile unterscheiden, die sich eindimensional in Bezug auf ihren jeweiligen Partizipationsgrad auszeichnen (vgl. Abb. 10).

Der eine Pol des Kontinuums, der autoritäre Führungsstil, ist durch eine Abwesenheit von Partizipation gekennzeichnet, wohingegen der hierzu diametrale Pol, nämlich der teilautonome Führungsstil, durch einen großen Entscheidungsspielraum der Mitarbeiter geprägt ist (Schirmer & Woydt, 2016).

---

23 Vgl. hierzu Abschnitt 2.1.2.3: Widerstände und Hemmnisse in organisationalen Wandlungsprozessen.

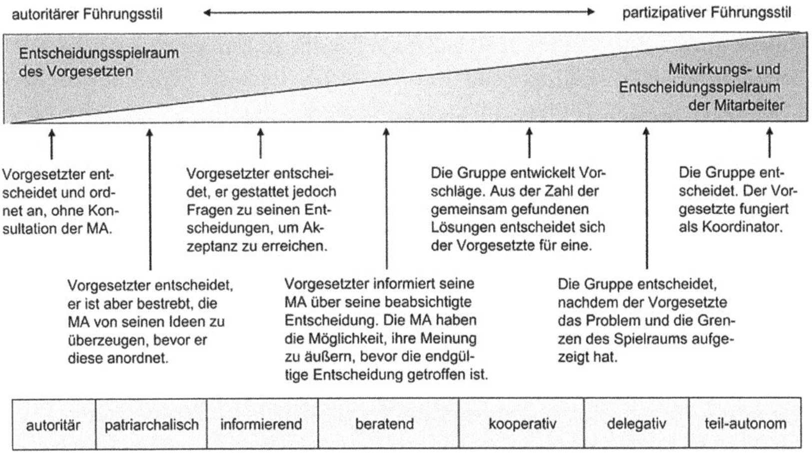

Abb. 10: Führungsstilkontinuum nach Tannenbaum & Schmidt (Quelle: Schirmer & Woydt, 2016, S. 167, zitiert nach Wunderer, 2011, S. 209)

Auch bei anderen Führungskonzepten ist Partizipation als Teilaspekt zu finden. So ist Partizipation beispielsweise dem kooperativen Führungsstil wesensimmanent (Wunderer, 2011). Desgleichen geht mit der Führungstechnik *Management by Objectives* Partizipation explizit einher, da hier die Führungskraft gemeinsam mit dem Mitarbeiter Ziele für diesen festlegt und der Mitarbeiter auf den Wegen seiner Zielerreichung selbstverantwortlich handelt (Weinert, 2004). Darüber hinaus finden sich auch in der modernen Führungsforschung Axiome partizipativer Führung, wie dies bei den *New Leadership*-Konzepten der Fall ist – beispielhaft hierfür kann der Ansatz des *Shared Leadership*[24] genannt werden (Petry, 2016).

2.1.3.7 Wissenschaftliche Erkenntnisse zu Partizipation

Partizipation in Organisationen lässt sich zunächst aus drei bestimmten Perspektiven theoretisch begründen: So gilt nach Strauss (1998), dass Partizipation aus einer humanistischen, einer demokratischen sowie einer effizienzorientierten Perspektive gesehen werden kann. Die humanistisch geprägte Sichtweise betont, dass Partizipation eine zutiefst menschlich individuelle Wirkung

24 „[…] shared leadership as a dynamic, interactive influence process among individuals in groups for which the objective is to lead one another to the achievement of group or organizational goals or both“ (Pearce & Conger, 2003, S. 1).

entfaltet, da sie in der Lage ist, Bedürfnisse von Mitarbeitern nach Selbstwirksamkeit und selbstbestimmter Arbeit zu befriedigen. Darüber hinaus lässt sich Partizipation auch dahingehend interpretieren, dass sie eine Machtteilung in der Organisation fördert. In diesem Sinne hat sie einen organisationalen Demokratisierungseffekt. Schließlich kann Partizipation die Organisationseffizienz erhöhen. Dies gilt insofern, als dass Partizipation die Kommunikation und Kooperation verbessert, die Motivation steigert, die Notwendigkeit von Kontrolle verringert und zu besseren Entscheidungen führt, womit insgesamt ein besseres Verhältnis zwischen Organisationsergebnissen und den in der Organisation eingesetzten Mitteln entsteht.

Eine weitere Kategorisierung von Partizipation unterscheidet verschiedene nach Disziplinen differenzierte Perspektiven der Mitarbeiterbeteiligung in Organisationen. So unterscheiden Conrad und Hucker (2003) Folgendes (vgl. Abb. 11):

Betriebswirtschaftliche Perspektive:	**Industriesoziologische Perspektive:**	**Arbeitspsychologische Perspektive:**	**Arbeitspolitische Perspektive:**
• Ressourcen-orientierte Ansätze, wie Human Resources Management • Transaktionskosten-theorie • Anreiz-Beitrags-Theorie	• Partizipation als strategisches Management-instrument • Subjektivierung der Arbeit • Partizipative Arbeitsformen	• Persönlichkeits-fördernde Arbeitsgestaltung • Sachorientiert: Verbesserung der Entscheidungsqualität • Personenorientiert: Arbeitszufriedenheit und -motivation	• Betriebliche Personalpolitik • Nutzung des Humankapitals • Betriebspolitische Prozesse

Abb. 11: Nach Disziplinen differenzierte Perspektiven der Mitarbeiterbeteiligung (Quelle: Eigene Darstellung in Anlehnung an Conrad & Hucker, 2003, S. 23 ff.)

Dem Sachverhalt der Interdisziplinarität von Partizipationsforschung Rechnung tragend, gibt es „[…] bislang keine integrierte Theorie der Mitarbeiterbeteiligung“ (Conrad & Hucker, 2003, S. 23). Was allerdings vorliegt, sind einzelne psychologische Ansätze, die eine Erklärung für partizipatives Handeln zu leisten im Stande sind.[25]

25 Im Folgenden nach Frey & Fischer (2007) zusammengefasst.

Hier ist zunächst der Selbstwirksamkeitsansatz von Bandura (1986) zu nennen, welcher besagt, dass Menschen bewusst erleben wollen, wie ihr Handeln ihre Umwelt beeinflusst, was durch Partizipation möglich wird. Die Theorie der Selbstdetermination von Deci und Ryan (1985) zeigt auf, dass Menschen drei Grundmotive eigen sind. Diese sind das Streben nach Autonomie, Kompetenz und sozialer Bezogenheit, womit partizipatives Handeln als Konsequenz einhergeht. Ein weiterer diesbezüglicher Ansatz ist die Reaktanztheorie von Brehm und Brehm (1981). Hiernach haben Menschen, die eine Einschränkung ihrer Freiheit erleben, das Bedürfnis, diesen Zustand zu beseitigen. Dies gelingt ihnen durch partizipatives Handeln. Zudem gibt es die Theorie der gelernten Hilflosigkeit von Seligman (1975). Dieser Ansatz konzentriert sich darauf, dass bei Menschen das Gefühl von stetiger Hilflosigkeit entsteht, wenn sie erleben, dass ihre Bemühungen nicht zu den erhofften Ergebnissen führen. Partizipation wirkt dabei als geeigneter Mechanismus, diesen Zustand aufzuheben.

In einer prozessualen Sichtweise kann Partizipation als ein Wirkungsmuster aufeinander einwirkender Effekte verstanden werden (vgl. Abb. 12). Hiernach gilt folgender Zusammenhang (Vroom, 1959; Strauss, 1963): Der Prozess beginnt mit Partizipation, welche zu einer Verbesserung der Entscheidungsqualität führt, da durch die Beteiligung bisher verborgen gebliebene Fehler aufgedeckt und zusätzliche oder alternative Ideen in den Entscheidungsprozess miteingebracht werden können. Dies hat wiederum einen Anstieg der Innovationsrate zur Folge, was in einem nächsten Schritt bewirkt, dass mögliche Widerstände, die gegen Veränderungen in der Organisation bestehen könnten, verringert werden. Dies begünstigt ein Klima, das partizipative Strukturen fördert, womit der Kreislauf erneut beginnt (Rosenstiel & Comelli, 2003).

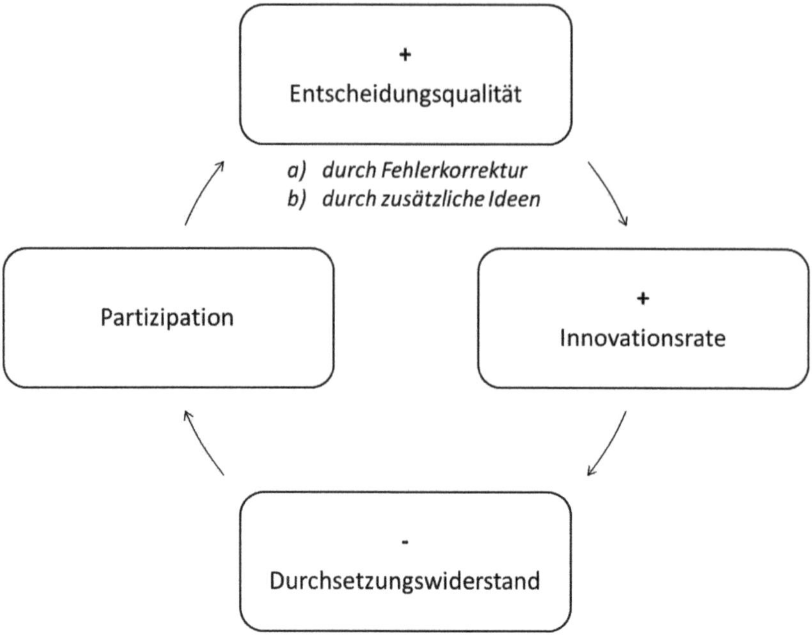

Abb. 12: Wirkungsmuster von Partizipation (Quelle: Eigene Darstellung in Anlehnung an Rosenstiel & Comelli, 2003, S. 150)

Im Weiteren wird auf zwei wesentliche Faktoren von Partizipation eingegangen, die Gruppe der kognitiven Implikationen sowie die Kategorie der motivationalen Implikationen.[26]

Ein kognitiver Faktor stellt die Zunahme von Informationen, Wissen und Kreativität als das Ergebnis einer gestiegenen Kommunikation zwischen den Beteiligten im Prozess dar. Darüber hinaus ergibt sich als weiterer kognitiver Faktor ein konkreteres Verständnis der Arbeitsanforderungen bei den Mitarbeitern, da durch die Beteiligung an Entscheidungsprozessen deren Ziele verdeutlicht werden sowie die Anwendung bestimmter Arbeitsmethoden verstanden und hierdurch im Gesamtresultat ein umfassenderes Begreifen organisatorischer Änderungen geschaffen wird (Locke & Schweiger, 1979). Es wird angenommen, dass sich durch diese kognitiven Faktoren die Arbeitsleistung

26 Basierend auf Locke & Schweiger (1979).

verbessert und sich infolgedessen positive Sekundäreffekte, wie beispielsweise eine höhere Anerkennung, einstellen, welche die Arbeitszufriedenheit steigern (Wegge, 2004).

So konnten Miller und Monge (1986) in ihrer Meta-Analyse empirischer Studien eine mittlere Korrelation von r =.34 zwischen Partizipation und Arbeitszufriedenheit nachweisen. In einer späteren Meta-Analyse von Wagner, Lena, Locke und Schweiger (1997) wurde eine ähnliche Korrelation (r =.30) beobachtet. Allerdings zeigen beide Arbeiten auch auf, dass zwischen Partizipation und Produktivität ein geringer empirischer Zusammenhang besteht, womit ein Ergebnis vorliegt, das so nicht unbedingt erwartet werden konnte (Miller & Monge, 1986; Wagner et al., 1997). Die Autoren Scully, Kirkpatrick und Locke (1995) zeigten dagegen in einem Laborexperiment, dass die Arbeitsleistung einer Führungskraft besonders gut ausfällt, wenn die beteiligten Mitarbeiter nützliche Informationen in ein Projekt miteinbringen konnten. In einer europaweiten Studie von Sisson im Jahr 2000 gaben zwischen 92 % bis 95 % der befragten Manager an, dass die Beteiligung einen positiven Einfluss auf die Arbeitsqualität im Gesamten hat. Und Blume und Gerstlbeger (2007) konnten in einer groß angelegten Studie positive Effekte bei Produkt- und Prozessinnovationen durch partizipative Arbeitsgestaltung und beteiligungsorientiertes Wissensmanagement finden. Kurz resümierend gilt, dass Partizipation die Arbeitszufriedenheit wohl stärker fördert als die Produktivität (Shajek, 2013b; Nerdinger, Horsmann & Pundt, 2003).

Der motivationale, durch Partizipation ausgelöste Wirkmechanismus zeichnet sich durch die folgenden Erscheinungsformen aus. So führt Partizipation dazu, dass der Mitarbeiter ein höheres Vertrauen in die Organisation als Ganzes entwickelt, womit einhergeht, dass sich mögliche Widerstände gegen Veränderungen verringern. Des Weiteren hat Partizipation die Steigerung von persönlichem Engagement und Identifikation zufolge, was wiederum in einer erhöhten Akzeptanz von Veränderungen resultiert (Locke & Schweiger, 1979). So spricht Wegge (2004) von einer Erhöhung der gelebten Verpflichtung gegenüber Entscheidungen, da man den Entscheidungsprozess mitgestalten durfte.[27] Eine internationale Studie aus dem Jahr 2011 bekräftigt diese These. Es konnte nachgewiesen werden, dass direkte Formen der Mitarbeiterbeteiligung einen signifikanten Einfluss auf das affektive organisatorische Engagement der

27 In einer Studie von Erez, Earley & Hulin (1985) wurde auch nachgewiesen, dass die Beteiligung an der Zielsetzung die Zielakzeptanz und die Leistung, das entsprechende Ziel, erhöht.

Beschäftigten ausüben (Bhatti, Nawab & Akbar, 2011). Auch in einer Untersuchung von Lohmann und Prümper (2006) konnten ein stärkeres Commitment und höheres Involvement aufgrund direkter Partizipation nachgewiesen werden. Lines und Selart (2013) verweisen ebenso auf die mehrfach in der Literatur beschriebenen positiven Zusammenhänge zwischen den Faktoren und Partizipation.

Darüber hinaus ist der Prozess der gemeinsamen Zielfindung geeignet, anspruchsvollere Ziele zu definieren, was wiederum in einer verbesserten Arbeitsleistung resultieren kann (Antoni, 1999). Partizipation fördert die Mitarbeitermotivation ebenfalls dadurch, dass die elementaren Entwicklungsbedürfnisse des Menschen, wie etwa nach Selbstentfaltung und Anerkennung, befriedigt werden (Streicher & Frey, 2010). Insgesamt lässt sich der motivationale Wirkmechanismus, neben den bereits genannten psychologischen Wirkansätzen, auch auf die Erkenntnisse populärer Motivationstheorien wie der Theorie der Bedürfnishierarchie nach Maslow (1943) oder der Zwei-Faktoren-Theorie von Herzberg, Mausner und Snyderman (1959) zurückführen.[28]

Den von einer positiven Wirkung geprägten Ergebnissen stehen empirische Befunde entgegen, die von negativen Partizipationseffekten berichten. So kann Partizipation in manchen Fällen auch Leistung, Entscheidungsqualität und Arbeitszufriedenheit verringern. Ebenso können Konflikte und Frustration entstehen sowie Prozesse verzögert oder nachhaltig behindert werden (vgl. detailliert in Lohmann & Prümper, 2006). Von negativen Partizipationseffekten berichtet gleichfalls Wegge näher (2004). Die Forschungsergebnisse legen nahe, dass der individuelle Kontext und die gegebenen Rahmenbedingungen eine zentrale Rolle für das Gelingen von Partizipation spielen.

Die hohe Zahl empirischer Befunde, die positive Effekte von Partizipation in Organisationen nachweisen konnten (vgl. ebenfalls Lohmann & Prümper, 2006), legitimiert, diese hier in den Mittelpunkt zu stellen, insbesondere da in einer Fallstudie von Lines (2004) konkret der Einfluss der Partizipation auf strategischen Wandel nachgewiesen werden konnte: So besteht ein positiver Zusammenhang zwischen der Partizipation im Veränderungsprozess und dem organisatorischen Engagement nach dem Wandel. Darüber hinaus liegt ein negativer Zusammenhang zwischen Partizipation und Widerständen gegenüber Veränderungen vor. Es wird hier der Standpunkt vertreten, dass Partizipation und erfolgreiche strategische Veränderungen korrelieren.

28 Für die Erläuterungen der genannten Motivationstheorien wird beispielhaft auf Holling & Kanning (2007) verwiesen.

Nachdem die wesentlichen Themenschwerpunkte dieser Arbeit im Einzelnen reflektiert worden sind, also die digitale Transformation, der organisationale Wandel und die Partizipation, erfolgt im nächsten methodischen Schritt die Untersuchung des aktuellen Forschungsstandes zur Synopse der drei Gesichtspunkte.

2.2 Identifizierung des Untersuchungsbedarfs und Darstellung der Modellbegründung

2.2.1 Einführende Bemerkungen zur systematischen Literaturrecherche

Die Überprüfung der einschlägigen Literatur zum Untersuchungsgegenstand erfolgt im Rahmen einer systematischen Literaturrecherche. Diese zeichnet sich durch eine strukturierte Datensammlung und einen ebensolchen Analyseprozess aus (Hochrein, Bogaschewsky & Heider, 2014). Kennzeichnend ist darüber hinaus insbesondere:

> „Systematic reviews allow us to draw conclusions, though, of course, with varying levels of certainty, consistency, and confidence about what is known and not known about the answer to the review question." (Briner & Denyer, 2012, S. 115)

Die vorliegende Literaturrecherche folgt dem systematischen Ansatz der Autoren Brocke et al. (2009) – den *Guidelines for Literature Reviews*.[29] Diese Art der Richtlinien ist aus einer Meta-Studie entstanden, mittels derer die Autoren Schwächen bei Literature Review-Publikationen gefunden und auf Basis der gewonnenen Ergebnisse ein eigenes Vorgehensmodell entwickelt haben. Die Methodik besticht dadurch, dass sie für die Suche relevanter Literatur einen exakten Prozess vorgibt. Sie besteht aus fünf aufeinanderfolgenden Schritten (vgl. Abb. 13), deren Charakteristika und Umsetzung in den nächsten Abschnitten beschrieben werden.

---

29 Auch andere Autoren verwenden diesen methodischen Ansatz im betriebswirtschaftlich orientierten Kontext: Niemöller, Bärtling & Thomas (2015) wenden das Vorgehen zu einer State-of-the-art-Abbildung zum Thema Nachhaltigkeit in der Hybriden Wertschöpfung an, Cocchia (2014) für einen umfassenden Überblick zum Thema smarte Städte und die Autoren Wittstruck & Teuteberg (2010) zur Konzeptionierung eines Referenzmodells für ein Sustainable Supply Chain Management.

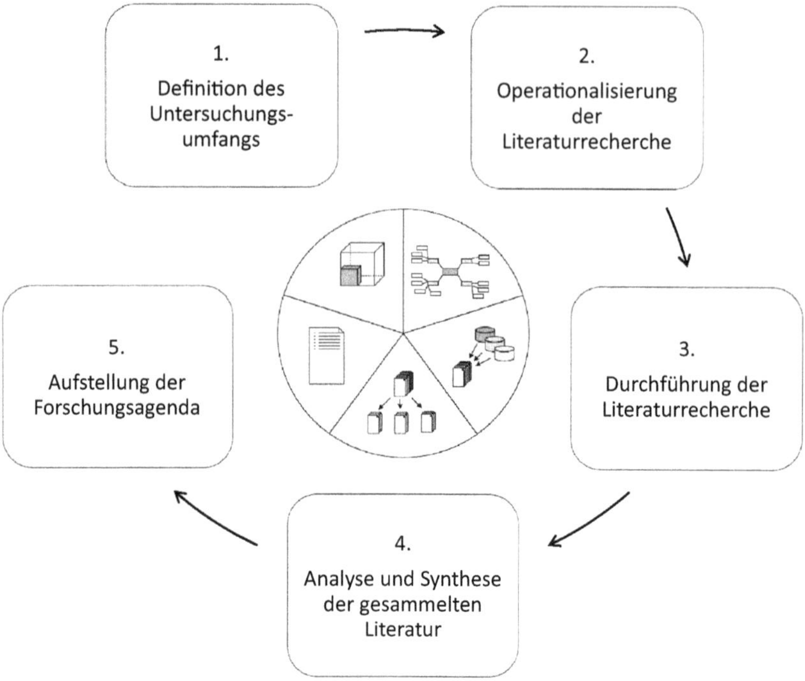

Abb. 13: Vorgehensweise der systematischen Literaturrecherche (Quelle: Eigene Darstellung in Anlehnung an Brocke et al., 2009, o. S.)

2.2.2 Definition des Untersuchungsumfangs

Die Durchführung der Literaturrecherche bedarf einer vorangehenden Festlegung des Untersuchungsumfangs (Booth, Papaioannou & Sutton, 2012). Laut Brocke et al. (2009) empfiehlt es sich, hierbei auf das Klassifikationsschema von Cooper (1988) zurückzugreifen.[30] Diese sog. Taxonomie besteht aus sechs konstitutiven Merkmalen, welche in Tab. 7 zu finden sind.

30 Auch andere Autoren empfehlen den Einsatz der Taxonomie, wie Randolph (2009) und Torraco (2016).

Tab. 7: Definition des Untersuchungsumfangs nach der Taxonomie von Cooper (Quelle: Eigene Darstellung in Anlehnung an Cooper, 1988, S. 109)

<table>
<tr><th colspan="2">Merkmale</th><th colspan="6">Merkmalsausprägungen</th></tr>
<tr><td>(1)</td><td>Fokus</td><td>Forschungs-
ergebnisse</td><td colspan="2">Forschungs-
methoden</td><td colspan="2">Theorien</td><td>Praktische
Anwendung</td></tr>
<tr><td>(2)</td><td>Ziel</td><td colspan="2">Integration
verschiedener
Literaturquellen</td><td colspan="2">Kritische Analyse
von Literatur-
quellen</td><td colspan="2">Identifikation
verschiedener
Problemstellungen</td></tr>
<tr><td>(3)</td><td>Perspektive</td><td colspan="3">Neutrale Betrachtung</td><td colspan="3">Einnahme einer Position</td></tr>
<tr><td>(4)</td><td>Abdeckung</td><td>Vollständig</td><td colspan="2">Vollständig mit
Selektierung</td><td colspan="2">Repräsentativ</td><td>Zentral</td></tr>
<tr><td>(5)</td><td>Organisation</td><td colspan="2">Historisch</td><td colspan="2">Konzeptuell</td><td colspan="2">Methodisch</td></tr>
<tr><td>(6)</td><td>Publikum</td><td>Spezialisierte
Wissenschaftler</td><td colspan="2">Fach-
übergreifend
tätige
Wissenschaftler</td><td colspan="2">Praktiker</td><td>Allgemeines
Publikum</td></tr>
<tr><td colspan="8">Legende: Grau schattierte Zellen stellen die für die vorliegende Literaturrecherche gewählten Merkmalausprägungen dar.</td></tr>
</table>

Der *Fokus* des zu sammelnden Materials bezieht sich auf *Forschungsergebnisse* sowie deren *praktische Anwendung*. Ebenfalls können *Theorien* – soweit vorhanden – betrachtet werden, um bestehende Ansätze und Konzepte identifizieren zu können. Übergeordnetes Ziel der Literaturrecherche ist die *Integration verschiedener Literaturquellen* zu einem Thema, also die Zusammenfassung existierender Literatur, um zentrale Aussagen zu einem bestimmten Forschungsgebiet treffen zu können. Als weiteres Ziel besteht die *Identifikation verschiedener Problemstellungen*. Unter der *Perspektive* wird die Haltung des Forschers zur wissenschaftlichen Diskussion verstanden. Es wird hier eine *neutrale Position* eingenommen, da zu diesem Zeitpunkt keine Notwendigkeit besteht, Stellung zum Forschungsstand zu nehmen. Hinsichtlich des Grades der *Abdeckung* der Literatur wird in dieser Arbeit die *vollständige, selektive Zitierung* gewählt, welche auf die Gesamtheit einer Literatur eingeht, es werden jedoch nur ausgewählte Werke zitiert und beschrieben. Die *Organisation* der Literatursuche ist *konzeptuell*: Die gemeinsam betrachteten Arbeiten sollen sich auf die gleiche abstrakte Idee beziehen bzw. der gleichen konzeptuellen Grundlage folgen. Aufgrund des angestrebten wissenschaftlichen und praktischen Erkenntnisgewinns und der Interdisziplinarität dieser Arbeit richten sich die Ergebnisse an das *Publikum der fachübergreifend tätigen Wissenschaftler* und das der *Praktiker*.[31]

An diesem Punkt angekommen wird es als notwendig angesehen, Leitfragen aufzustellen, um den Untersuchungsumfang der Literaturrecherche noch weiter zu konkretisieren. In diesem Sinne liegt eine Ergänzung der Richtlinien der Autoren Brocke et al. (2009) vor. Die hier zugrunde gelegten Leitfragen lauten:

Leitfrage 1: „Welche Besonderheiten weisen organisationale Wandlungsprozesse auf, die der digitalen Transformation Rechnung tragen?"

Leitfrage 2: „Welche Besonderheiten weist Partizipation von Mitarbeitern bei organisationalen, digitalen Transformationsprozessen auf?"

2.2.3 Operationalisierung und Durchführung der Literaturrecherche

Da die Begriffe digitale Transformation, organisationaler Wandel und Partizipation in der vorliegenden Arbeit von Relevanz sind und diese bereits in den Abschnitten 2.1.1 bis 2.1.3 bearbeitet wurden, liegt somit der Untersuchungsgegenstand der Literaturrecherche vor. Die Schritte der Operationalisierung und Durchführung werden daher in einem Abschnitt zusammengefasst.

Für die Durchführung der systematischen Literaturrecherche wurden die folgenden fünf wissenschaftlichen Datenbanken herangezogen: *Business Source Premier, EconBiz, ScienceDirect, Springer Link* und *WISO-Datenbank.* Die Schlagwortsuche (Brocke et al., 2009) findet ausgehend von den zugrundeliegenden Leitfragen anhand von Schlüsselbegriffen statt (Fink, 2005).[32] Es ist sinnvoll, sich den Themen sowohl in verschiedenen Kombinationen (Schlagwortliste 1 und 2) als auch in einer ganzheitlichen Betrachtung (Schlagwortliste 3) zu nähern (vgl. Tab. 8).

---

31 Vgl. Cooper (1988).

32 Um dem Sachverhalt Rechnung zu tragen, dass organisationaler Wandel einen in dieser Arbeit die Termini Organisationsentwicklung und Change Management umfassenden Begriff darstellt, der aber als solcher für die Zwecke einer Literaturrecherche nicht hinreichend genau ist, werden die beiden einzelnen Konzepte als Schlüsselbegriffe für die Suchvorgänge gewählt.

Tab. 8: Schlagwortlisten (Quelle: Eigene Darstellung)

Schlagwortliste 1	(„Digitale Transformation“) UND („Organisationsentwicklung“ ODER „Change Management“) („digital transformation“) AND („organizational change“ OR „change management“)
Schlagwortliste 2	(„Digitale Transformation“) UND („Partizipation“) („digital transformation“) AND („participation“)
Schlagwortliste 3	(„Digitale Transformation“) UND („Organisationsentwicklung“ ODER „Change Management“) UND („Partizipation“) („digital transformation“) AND („organizational change“ OR „change management“) AND („participation“)
Für eine Präzisierung bei den Ergebnissen wurden bei der Suche die *Bool'schen Operatoren* (UND, ODER bzw. AND, OR) zwischen den einzelnen Schlagwörtern eingesetzt (Töpfer, 2012).	

Zudem wurde eine Vorwärts- und Rückwärtssuche vorgenommen (Brocke et al., 2009). Die Vorwärtssuche dient der Überprüfung der als relevant identifizierten Quellen hinsichtlich ihrer Zitation in anderen Beiträgen, wohingegen die Rückwärtssuche die Überprüfung älterer Literatur, die in den relevanten Beiträgen zitiert wird, beinhaltet (Webster & Watson, 2002). Daraus kann sich ein Zugewinn von Suchergebnissen ergeben.

Da es sich bei der Thematik um ein internationales Forschungs- und Anwendungsfeld handelt, wurde sowohl deutsch- als auch englischsprachige Literatur berücksichtigt. Die Literaturrecherche wurde zunächst im Zeitraum von April 2018 bis Juni 2018 durchgeführt. Zudem wurde ein zweiter Durchlauf im August 2019 vorgenommen. Hinsichtlich des Veröffentlichungszeitraums der Literaturquellen wurde auf eine Eingrenzung verzichtet, da zeitlich jüngere Beiträge oftmals auf älterer Primärliteratur aufbauen oder diese erweitern (Galipoglu & Wolter, 2017). Um ein möglichst breites Wissensfeld abzudecken, wurde bei der Publikationsart ebenfalls keine Reduktion etwa aufgrund von Zeitschriftenrankings oder Ähnlichem vorgenommen. Angesichts der Aktualität der Thematik wurde vermutet, dass auch graue Literatur substantielle Informationen liefern kann. Die einzelnen Recherchevorgänge wurden insofern limitiert, als eine Überprüfung der ersten 100 Suchtreffer bzw. der ersten zehn Trefferseiten in den Datenbanken vorgenommen wurde. Diese Begrenzung wurde als zielführend angesehen, da eine noch weitergehende Fassung des quantitativen Untersuchungsumfangs keine zusätzlichen Erkenntnisse zu Tage gefördert hätte. Die Auswahl von möglichen maßgeblichen Beiträgen fand anhand der Schlagwörter in den Titeln, Abstracts oder Keywords der Quellen statt. Teilweise war auch eine Volltextarbeit nötig.

Ziel war es also, die relevanten Themenschwerpunkte dieser Arbeit, die digitale Transformation, den organisationalen Wandel und die Partizipation, nicht in ihrer Einzelheit, sondern in einer symbiotischen Form auf Basis einer möglichst umfassenden Literaturrecherche zu untersuchen, da hier ein unzureichender Forschungsstand unterstellt wird.

Insgesamt wurden 22 Beiträge als relevant identifiziert und genauer analysiert. Dabei konnten 18 Beiträge durch die Suchvorgänge 1 – 3 gefunden werden, vier weitere Quellen durch eine Vorwärts- und Rückwärtssuche. Tab. 9 stellt die Suchergebnisse unter Verwendung der Schlagwortlisten in den jeweiligen Datenbanken dar.

Tab. 9: Ergebnisse der Suchvorgänge nach Datenbanken (Quelle: Eigene Darstellung)

Datenbanken	**Suchtreffer der Schlagwortliste 1 (DE & EN)**	**Suchtreffer der Schlagwortliste 2 (DE & EN)**	**Suchtreffer der Schlagwortliste 3 (DE & EN)**
Business Source Premier (via EBSCO Host)	**3** (83)	**1** (34)	**1** (15)
EconBiz	**3** (154)	**1** (22)	**0** (0)
ScienceDirect	**0** (119)	**0** (282)	**0** (43)
Springer Link	**8** (854)	**3** (1335)	**0** (236)
WISO-Datenbank	**0** (509)	**2** (301)	**0** (26)
Summe Beiträge Schlagwortlisten	11	6	1
Summe Beiträge Vor- & Rückwärtssuche	3	1	0
Summe relevanter Beiträge = 22	**14**	7	**1**
Die in Klammern angegebenen Werte sind die Anzahl der Treffer; die fett markierten Werte sind die Summen der als relevant identifizierten Beiträge.			

2.2.4 Analyse und Synthese der gesammelten Literatur

Nach der zuvor beschriebenen Literatursammlung wird sie an dieser Stelle analysiert und synthetisiert. Die Beschreibung der gewonnenen Ergebnisse erfolgt nach einem deskriptiven Ansatz, welcher prägnante Daten, Merkmale oder Beispiele der ausgewählten Literaturquellen in kohärenter Weise – sowohl narrativ als auch tabellarisch – zusammenfasst (Evans, 2007).

Abb. 14 zeigt die relative Verteilung der Ergebnisse der Literaturrecherche nach unterschiedlichen Publikationsarten. Den größten Anteil machen die *Beiträge in Sammelbänden* mit 32 % sowie die *Beiträge in Fachzeitschriften* mit 27 % aus. Erstgenannte sind häufig Beiträge von Praktikern, so dass sich erkennen lässt, dass die Thematik sowohl von wissenschaftlicher als auch praktischer Relevanz ist.

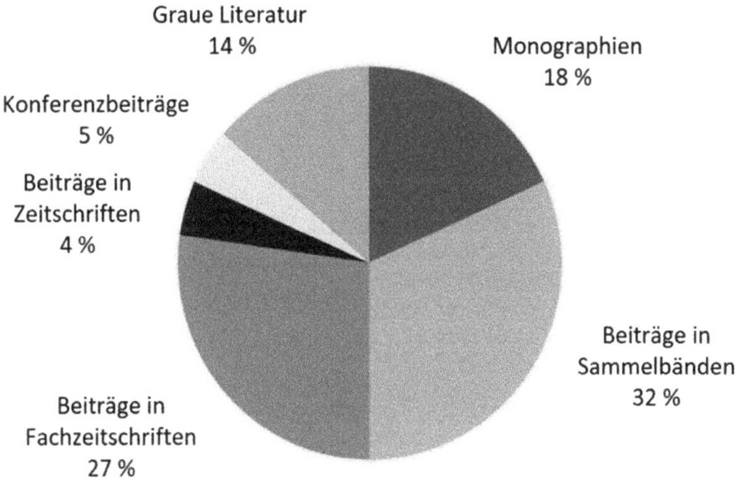

Abb. 14: Verteilung der Ergebnisse der Literaturrecherche nach unterschiedlichen Publikationsarten (Quelle: Eigene Darstellung)

Bei allen drei Suchverläufen überwiegt die Auswahlquote bei den deutschsprachigen Literaturquellen (n = 15); insgesamt waren lediglich sieben englischsprachige Beiträge aus den identifizierten Quellen zu verzeichnen (n = 7).

Da die Suchverläufe der Schlagwortlisten 2 (n = 7) und 3 (n = 1) im Vergleich zu der Schlagwortliste 1 (n = 14) eine geringe Anzahl an relevanten Quellen vorweisen (vgl. Tab. 10), wird angenommen, dass der Aspekt der Partizipation im Zusammenhang mit der digitalen Transformation an sich sowie im Kontext eines digitalisierungsinduzierten organisationalen Wandels eine bisher eher untergeordnete Rolle in wissenschaftlichen und praktischen Auseinandersetzungen spielt.

Tab. 10: Verteilung der Ergebnisse der Literaturrecherche nach Publikationsarten und Schlagwortlisten (Quelle: Eigene Darstellung)

Publikationsart	Gesamt	Schlagwortliste 1	Schlagwortliste 2	Schlagwortliste 3
Monographien	4	Kreutzer & Land (2016); Weinreich (2016)	Buhse (2014); Petry (2016)	
Beiträge in Sammelbänden	7	Bauer & Hofmann (2018); Gehrckens (2016); Kohnke (2017); Pfeiffer, Held, Lee & Hofmann (2018)	Bruckner & Werther (2018); Welpe, Tumasjan & Theurer (2015); Zeuch (2017)	
Beiträge in Fachzeitschriften	6	Bennett & Lemoine (2014); Gergs (2019); Müller, Schröder & von Thienen (2018); Nicolai & Schuster (2018); Vey, Fandel-Meyer, Zipp & Schneider (2017)	Hansen, Kraemmergaard & Mathiassen (2011)	
Beiträge in Zeitschriften	1		Fischer, Görner & Engels (2017)	
Konferenzbeiträge	1			Trübswetter, Zettl & Glende (2018)
Graue Literatur	3	Gimpel & Röglinger (2015); Solis (2017); Zeichhardt (2016)		
Gesamt	**22**	**14**	**7**	**1**

Insgesamt konnten für die Schlagwortliste 1 ((„Digitale Transformation") UND („Organisationsentwicklung" ODER „Change Management")) bzw. ((„digital transformation") AND („organizational change" OR „change management")) 14 relevante Artikel identifiziert werden. Drei der 14 Quellen wurden aufgrund einer Vorwärts- und Rückwärtssuche als einschlägig erkannt. Überwiegend handelt es sich bei den Publikationsarten um *Beiträge in Fachzeitschriften* (n = 6), so wie Bennett und Lemoine (2014) oder Gergs (2019).

Bei den Ergebnissen der Schlagwortliste 2 ((„Digitale Transformation") UND („Partizipation")) bzw. ((„digital transformation") AND („participation")) wurden sechs Beiträge durch den originären Suchlauf gefunden und ein weiterer durch die Vorwärts- und Rückwärtssuche (n = 1). Drei der insgesamt sieben Quellen sind der Kategorie *Beiträge in Sammelbänden* zuzuordnen (z. B. Zeuch, 2017). Daneben gibt es zwei *Monographien*, wie beispielhaft Buhse (2014).

Die Schlagwortliste 3 ((„Digitale Transformation") UND („Organisationsentwicklung" ODER „Change Management") UND „Partizipation")) bzw. ((„digital transformation") AND („organizational change" OR „change management") AND („participation")) beinhaltet mit einer Quelle die wenigsten Treffer. Hierbei handelt es sich um einen *Konferenzbeitrag* von Trübswetter, Zettl und Glende (2018). Es bestätigt sich insgesamt die Annahme, dass die drei Themenfelder bisher nicht ausreichend integrativ betrachtet wurden.

Abb. 15 umfasst die zeitliche Verteilung der Ergebnisse der Literaturrecherche und lässt den Schluss zu, dass die Thematik in Forschung und Praxis erst in den letzten Jahren ein signifikantes Interesse erfahren hat, da sich die Zahl der Publikationen seit 2014 erhöht hat. Eine weitere Zunahme an Publikationen wird erwartet.

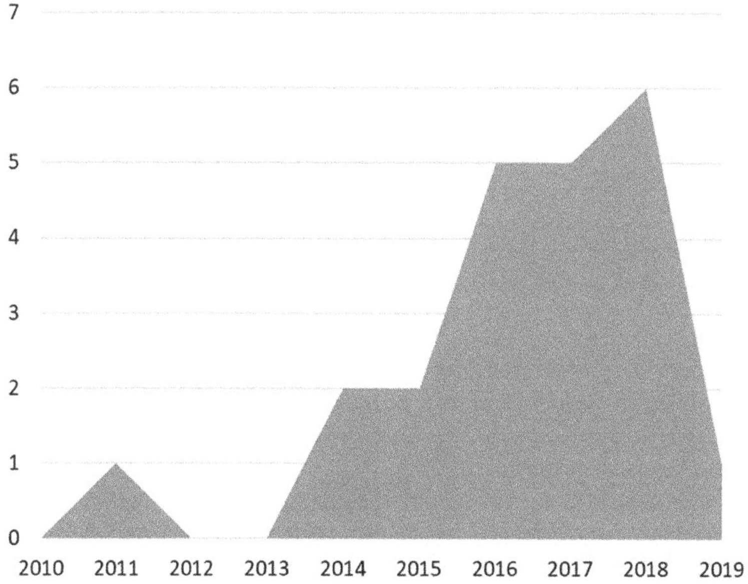

Abb. 15: Veröffentlichungszeitraum der Ergebnisse der Literaturrecherche (Quelle: Eigene Darstellung)

Darüber hinaus wurde die methodische Ausrichtung der gefundenen Beiträge untersucht (vgl. Tab. 11). Die meisten Veröffentlichungen sind *literaturbasierte Arbeiten* (32 %) und *Beiträge aus der Praxis* (32 %). Insgesamt wird angenommen, dass bisher wenig umfassende empirische Untersuchungen durchgeführt worden sind, was auch im Zusammenhang mit der Aktualität des Untersuchungsgegenstandes steht.

Tab. 11: Verteilung der Ergebnisse der Literaturrecherche nach methodischer Ausrichtung (Quelle: Eigene Darstellung)

Methodische Ausrichtung	Anzahl (%)	Literaturquellen
Beitrag aus der Praxis	7 (32 %)	Bauer & Hofmann (2018); Buhse (2014); Fischer, Görner & Engels (2017); Gehrckens (2016); Kreutzer & Land (2016); Zeichhardt (2016); Zeuch (2017)
Fallstudie	1 (5 %)	Hansen, Kraemmergaard & Mathiassen (2011)
Literatur-basierter Beitrag	7 (32 %)	Bruckner & Werther (2018); Gergs (2019); Kohnke (2017); Nicolai & Schuster (2018); Petry (2016); Weinreich (2016); Vey, Fandel-Meyer, Zipp & Schneider (2017)
Modellbasierter Beitrag	3 (14 %)	Bennett & Lemoine (2014); Müller, Schröder & von Thienen (2018); Trübswetter, Zettl & Glende (2018)
Qualitative Forschung	2 (9 %)	Gimpel & Röglinger (2015); Solis (2017)
Quantitative Forschung	1 (5 %)	Welpe, Tumasjan & Theurer (2015)
Mixed Method-Forschung	1 (5 %)	Pfeiffer, Held, Lee & Hofmann (2018)
Gesamt	**22**	

Nachdem die Literaturanalyse hiermit abgeschlossen ist, erfolgt die Literatursynthese in Gestalt einer sog. Konzeptmatrix. Es handelt sich dabei um eine Zusammenführung eines verfasserzentrierten sowie themenorientierten Ansatzes (Webster & Watson, 2002[33]).

Die Themenfelder der in Tab. 12 dargestellten Matrix wurden nach eingehender Literaturanalyse als jeweils gemeinsame inhaltliche Schwerpunkte identifiziert. Zusätzlich wurde eine Einschätzung getätigt, in welchem Umfang

33 Ursprünglich wurde die Konzeptmatrix von Salipante, Notz & Bigelow (1982) entwickelt.

die Beiträge die jeweiligen Themenfelder behandeln. Ebenso wurden die Themengebiete nach Maßgabe ihrer jeweiligen inhaltlichen Relevanz den beiden Leitfragen zugewiesen, wodurch sich auch die Beantwortung dieser ergibt.

Tab. 12: Konzeptmatrix zur Übersicht der gefundenen Literatur (Quelle: Eigene Darstellung in Anlehnung an Webster & Watson, 2002, S. 17; Labes, Erek & Zarnekow, 2013, S. 453)

Legende:

Themenkomplex wird abgedeckt	■
Themenkomplex wird erwähnt	▒
Themenkomplex kommt nicht vor	□

Autoren	Jahr	Leitfrage 1					Leitfrage 2		
		Fundamentaler Wandel	Agilität	Digital Change Agents	Ambidextrie	VUKA -Umwelt	Partizipation als Teil der Unternehmensstrategie	Partizipation als Erscheinungsform organisationaler Demokratie	Partizipation im Lichte des VOPA-Ansatzes
Bauer & Hofmann	2018	□	■	□	□	□			
Bennett & Lemoine	2014	□	▒	□	□	■			
Bruckner & Werther	2018	▒	▒	□	□	□			
Fischer, Görner & Engels	2017	□	▒	□	▒	▒			
Gehrckens	2016	▒	■	□	□	□			
Gergs	2019	□	■	□	□	□			
Gimpel & Röglinger	2016	■	▒	□	□	▒			
Kohnke	2017	▒	□	▒	□	□			
Kreutzer & Land	2016	▒	□	▒	□	□			
Müller, Schröder & von Thienen	2018	□	▒	■	▒	□			
Nicolai & Schuster	2018	▒	■	□	□	□			
Petry	2016	□	▒	□	■	■			
Solis	2018	□	□	■	□	□			
Vey, Fandel-Meyer, Zipp & Schneider	2017	▒	□	■	□	■			
Weinreich	2016	□	■	□	▒	■			
Zeichhardt	2016	■	■	□	□	■			
Buhse	2014						□	□	■
Hansen, Kraemmergaard & Mathiassen	2011						■	□	□
Pfeiffer, Held & Lee	2018						■	□	□
Trübswetter, Zettl & Glende	2018						■	□	□
Welpe, Tumasjan & Theurer	2015						□	■	□
Zeuch	2017						□	■	□

Im Weiteren werden auf Basis der erstellten Konzeptmatrix die Leitfragen 1 und 2 beantwortet.

Leitfrage 1: „Welche Besonderheiten weisen organisationale Wandlungsprozesse auf, die der digitalen Transformation Rechnung tragen?"

<u>Fundamentaler Wandel</u>
Eine Besonderheit, die Wandlungsprozesse im Kontext der digitalen Transformation zu eigen ist, besteht darin, dass es sich hierbei um einen fundamentalen Wandel handelt. In verschiedenen Literaturquellen wird auf die Intensität der digitalen Revolution für Organisationen hingewiesen (wie z. B. bei Zeichhardt, 2016). Als dessen Konsequenz hat ein Bewusstseinswandel zu erfolgen, der sich sowohl auf das Wirtschafts- als auch das Gesellschaftsleben sowie auf bestehende Welt- und Menschenbilder bezieht: „Der in diesem Zusammenhang eingeleitete Bewusstseinswandel ist eine der größten Herausforderungen der aktuellen Organisationsentwicklung und damit der digitalen Transformation" (Gehrckens, 2016, S. 85). Im organisationalen Kontext ist von einem Kulturwandel zu sprechen (Bruckner & Werther, 2018) und dabei konkret von einem *digitalen Kulturwandel* (Zeichhardt, 2016). Andere Autoren verwenden in diesem Kontext den Begriff *digital mindset*, um die notwendige Etablierung einer Denkweise, die digitale Bedürfnisse und Chancen als Spiegelbild der Unternehmenskultur in den Fokus stellt, zu beschreiben (wie z. B. Gimpel & Röglinger, 2015; Kohnke, 2017).

<u>Agilität</u>
Eine weitere Besonderheit digitalisierungsinduzierter Veränderungsprozesse ist deren Agilität. Darunter kann in einem weiteren Sinne ein ganzes Managementkonzept verstanden werden, welches sich „[...] darauf fokussiert, dass sich Organisationen immer wieder sukzessive, flexibel und ganzheitlich an die dynamischen Veränderungen und neuen Bedingungen der technologischen Umwelt anpassen [...]" (Zeichhardt, 2016, S. 402). Die Notwendigkeit hierfür ergibt sich aus dem Wesen der digitalen Transformation an sich – maßgeblich beeinflusst durch das Erfordernis, auf sich schnell verändernde Marktentwicklungen zu reagieren, die Innovations- und Adaptionsfähigkeit zu steigern sowie die Wettbewerbsfähigkeit durch verbesserte Effektivität und Effizienz zu bewahren (Gehrckens, 2016). Die hierfür erforderliche Unternehmensorganisation bedarf agiler und flexibler Strukturen, welche durch partizipative Arbeitsbedingungen und -formen ermöglicht werden (Bauer & Hofmann, 2018). Bruckner und Werther (2018) vertreten sogar die Auffassung, dass das Prinzip der Agilität in den Rang eines strategischen Ansatzes zu heben sei. Dementsprechend beinhaltet eine agile Organisation neben der unternehmensinternen Veränderung zugleich auch eine Öffnung der Organisation für

die externe Umwelt. Mindestens wird sich jedoch das Management organisationaler Wandlungsprozesse zunehmend mit agilen Prozessen und Methoden auseinandersetzen und sich in seiner Art und Weise partiell an diese anpassen (Gergs, 2019).

Die tatsächliche Umsetzung agiler Organisationsformen sieht sich aber, dies vor allem in hierarchisch geprägten Unternehmen, formalen Herausforderungen gegenüberstehen. Die hier gefundene Literatur führt den Vorschlag an, sich an Start-up-Strukturen zu orientieren, da diesen eine wesensimmanente Agilität zu Grunde liege. So lässt sich ein Trend beobachten, dass Start-ups als eigenständige Abteilungen in Großunternehmen eingegliedert werden, um erste agile Veränderungsprozesse anzustoßen (Bauer & Hofmann, 2018; Zeichhardt, 2016). Man spricht hier auch von sog. Corporate Start-ups (Weinreich, 2016). Nicolai und Schuster (2018) argumentieren darüber hinaus, dass die digitale Transformation und die Entrepreneurship-Forschung direkt miteinander verbunden seien (das sog. Corporate Entrepreneurship). Müller et al. (2018) dagegen vertreten die Annahme, dass gerade bestehende Fachabteilungen und -experten einen Erfolgsfaktor für die digitale Transformation im Unternehmen darstellen, da diese im Gegensatz zu Start-ups langjährige Erfahrung vorweisen können.

<u>Digital Change Agents</u>

Die vorliegenden Ergebnisse zeigen, dass bei digitaler Transformation als Wandlungsprozess der Einsatz von sog. Change Agents als wichtig erachtet wird. Dabei handelt es sich um Personen, die Veränderungen in der Organisation mit neuen Arbeitsformen und -methoden initiieren und dauerhaft im Sinne eines Beraters begleiten (Vey et al., 2017). Kreutzer und Land (2016) sprechen im gleichen Kontext von *Promotoren*, Kohnke (2017) von *digital champions* und Müller et al. (2018) von *Entdeckern* und *Pionieren*. Zeichhardt (2016) empfiehlt, dafür einen „[…] innovative[n] Querdenker aus der Start-up-Szene als ‚Change Agent' in das Unternehmen zu integrieren und dort losgelöst von der formalen Struktur und vorherrschenden Kultur nach eigenen Regeln gewähren zu lassen" (S. 405). Allerdings bedarf es nach Solis (2017) einer begrifflichen Präzisierung hin zu den *Digital Change Agents*. Dabei handelt es sich nicht um externe Personen, sondern um Mitarbeiter, die eine digitale Affinität aufweisen. Diesen digitalen Innovatoren kommt durch ihr Engagement für die Digitalisierung eine tragende Rolle zu. Da sie Veränderungen meist informell und ohne konkreten Auftrag seitens der Organisation vorantreiben, fehlen ihnen häufig Führungs- und Change Management-Erfahrungen. Es gilt daher, diese Personen zu identifizieren und sie auf individueller Ebene zu befähigen sowie ihnen ein offizielles Mandat zu geben, um den digitalen Fortschritt voranzutreiben.

Ambidextrie

Für das Gelingen organisationaler digitaler Transformationsprozesse ist es notwendig, dass Ambidextrie, auch als beidhändige Führung bezeichnet, gefördert wird (Petry, 2016; Müller et al., 2018). Ein von Ambidextrie geprägtes Management steuert zum einem das bestehende Tagesgeschäft (*Exploitation*) und fördert gleichzeitig die Neuausrichtung im Unternehmen (*Exploration*). Dessen Umsetzung ist mit einer Reihe von organisationalen Herausforderungen verbunden, wie z. B., dass die existierenden Strukturen die neuen Vorgehensweisen ablehnen oder dass sich Abteilungen sogar rivalisierend gegenüberstehen (acatech, 2016[34]). Eine beidhändige Führung lässt sich derzeit insofern finden, als dass Stabsabteilungen und Projektgruppen für Digitalisierungsinitiativen eingesetzt werden, aber wie bereits erwähnt auch durch die Integration von Start-up-Strukturen im Unternehmen (Bauer & Hofmann, 2018). Petry (2016) sieht die Beidhändigkeit als notwendige Führungshaltung in Zeiten der digitalen Ökonomie.

VUKA-Umwelt

Eine weitere Besonderheit lautet, dass sich die Unternehmen mit digitalisierungsinduzierten Eigenschaftsmerkmalen auseinandersetzen sollten, die mit dem Begriff *VUKA* umschrieben werden. Das Akronym, welches sich in der angelsächsischen Managementforschung bereits durchgesetzt hat, charakterisiert eine Umwelt, die durch die Schlagworte Volatilität, Unsicherheit, Komplexität und Ambiguität geprägt ist (Vey et al., 2017; Zeichhardt, 2016; Fischer et al., 2017; Gimpel & Röglinger, 2015) und sich wie folgt darstellt: Volatilität bezeichnet die zunehmend instabilen und unberechenbaren Wettbewerbssituationen; Unsicherheit ist der Mangel an adäquaten Informationen und dem Wissen darüber, welche Konsequenzen eine Unternehmensentscheidung bzw. ein Ereignis am Markt haben wird; Komplexität besteht in der Vielzahl von Informationen und Variablen sowie deren wechselseitiger Verknüpfung. Schließlich führt dieser Umstand zu einer Ambiguität, da keine eindeutigen Ursache-Wirkungs-Beziehungen mehr festgestellt werden können (Bennett & Lemoine, 2014; Petry, 2016). Der Begriff beschreibt damit buchstäblich die „aktuellen Management-Herausforderungen“ (Weinreich, 2016, S. 12).

Die Ergebnisse der Literaturrecherche heranziehend, widmet sich die Arbeit nun der Beantwortung der Leitfrage 2.

---

34 Die Quelle acatech (2016) wurde zum Zweck einer inhaltlichen Erläuterung genutzt. Diese stellt keine originäre Fundstelle der Literaturrecherche dar.

Leitfrage 2: „Welche Besonderheiten weist Partizipation von Mitarbeitern bei organisationalen, digitalen Transformationsprozessen auf?"

Partizipation als Teil der Unternehmensstrategie

Partizipation von Mitarbeitern hat bei organisationalen, digitalen Transformationsprozessen eine strategische Bedeutung. Hansen et al. (2011) haben beispielsweise ein *Partizipatives Prozessmodell (PPM)* entwickelt, dessen Kern darin besteht, die ökonomisch ausgerichteten Geschäftsführer und die technisch veranlagten IT-Führungskräfte zusammenzubringen. Ziel dieser Integration ist es, gemeinsame Diskussionen und den Ideenaustausch auf strategischer Ebene zwischen allen Entscheidungsträgern zu ermöglichen und zu fördern.

Die Autoren Pfeiffer et al. (2018) veröffentlichten Ergebnisse einer fallbasierten Untersuchung, mittels derer sie zeigen konnten, dass Partizipation in der gelebten Unternehmenspraxis hinter ihrem strategischen Potential oftmals zurückbleibt. Dies gilt in mehrfacher Hinsicht. So werden Mitarbeiter zu spät in den Beteiligungsprozess aufgenommen. Zudem werden zu wenige Mitarbeiter miteinbezogen. Hinzu kommt, dass ihre Partizipation in inhaltlicher Hinsicht reduziert bleibt. Dabei gilt durchaus, dass Partizipation erwünscht ist, deren Umsetzung jedoch begrenzt stattfindet. Insgesamt werden der Beteiligung an Industrie 4.0-Entwicklungen aber ein hohes Potential sowie eine hohe Notwendigkeit zugeschrieben.

Einen weiteren partizipativen Ansatz mit strategischem Charakter haben Trübswetter et al. (2018) mit ihrem Konzept des nutzerzentrierten Wandels (*User-centred Change*) entwickelt. Ihre nutzerzentrierte Perspektive basiert auf der Sichtweise, dass Veränderungsprozesse, insbesondere solche, die digitalisierungsinduziert sind, in erster Linie technologisch umgesetzt und dabei menschliche Faktoren vernachlässigt würden. Der Ansatz stellt daher Mitarbeiter und Führungskräfte in den Mittelpunkt und geht von einem soziotechnischen Systemcharakter aus. Um den an die Beteiligten gestellten Anforderungen sowie deren Bedürfnissen gerecht zu werden und eine höchstmögliche kollektive Akzeptanz des Wandels zu erzielen, gilt es, folgende Grundprinzipien einzuhalten: echte Partizipation, die stattfindet, wenn die Beteiligten tatsächlich in die Prozesse des Wandels und der Entscheidungsfindung einbezogen werden; greifbare Erfahrungen durch erfahrungsbasiertes Lernen und direkte Interaktion; Förderung der Agilität sowie ein schrittweises Herangehen durch entsprechend veränderte Arbeitsbedingungen und insbesondere das Aufbrechen einer organisationalen Silomentalität, um eine Teilhabe am digitalen Transformationsprozess zu ermöglichen.

Partizipation als Erscheinungsform organisationaler Demokratie

Darüber hinaus kommt dem organisationalen, digitalen Transformationsprozess eine Bedeutung zu, die mit dem Konzept der organisationalen Demokratie beschrieben werden kann. „Mit *organisationaler Demokratie* in Unternehmen sind Strukturen gemeint, die allen Mitgliedern einer Organisation Einfluss auf das Unternehmen, die Arbeit im Unternehmen und die Formen der Zusammenarbeit gewähren" (Welpe et al., 2015, S. 79 f.). Eine Demokratisierung von Unternehmensstrukturen kann als soziale Innovation der digitalen Transformation verstanden werden, da sie nicht hierarchisch organisierte soziale Handlungsräume sowie agile und flexible Unternehmensstrukturen zu schaffen versucht (Zeuch, 2017).

Partizipation im Lichte des *VOPA*-Ansatzes
Eine weitere Besonderheit lässt sich anhand des von Buhse (2014) aufgestellten *VOPA*-Ansatzes beschreiben. Das Akronym wird als Antwort auf die Herausforderungen der bereits beschriebenen *VUKA*-Umwelt verstanden. *VOPA* steht für folgende Begrifflichkeiten, die zugleich Erfolgsfaktoren in der digitalisierten Welt darstellen: Vernetzung, Offenheit, Partizipation und Agilität (Fischer et al., 2017[35]). Vernetzung beschreibt die durch Technik vermehrt mögliche Dialogfähigkeit und Kommunikation im Unternehmen; Offenheit steht für uneingeschränkte Informationsverteilung und die offene Haltung gegenüber innovativen Ideen; Partizipation bedeutet sowohl den Einbezug von externem Wissen, beispielsweise dem der Kunden, als auch die Teilhabe der Mitarbeiter an Entwicklungs- und Entscheidungsprozessen; Agilität steht für Flexibilität und Schnelligkeit in einer zunehmend komplexeren Umwelt. Die Implementierung dieser Aspekte in den digitalisierten Betrieb obliegt vornehmlich den Führungskräften und bezieht sich somit auch auf die Gestaltung von Führung in der digitalen Arbeitswelt (Buhse, 2014; Eggers & Hollmann, 2018[36]).

2.2.5 Forschungsagenda

Der letzte Schritt der systematischen Literaturrecherche nach Brocke et al. (2009) besteht in dem Aufstellen einer Forschungsagenda. Dementsprechend ist anhand der bisherigen aufgeführten Inhalte eine Forschungsfrage zu definieren.

---

35 Die Quelle Fischer et al. (2017), die bereits zur Beantwortung der Leitfrage 1 mitherangezogen wurde, wurde hier lediglich zum Zweck einer inhaltlichen Ergänzung verwendet.

36 Die Quelle Eggers & Hollmann (2018) wurde hier lediglich zum Zweck einer inhaltlichen Erläuterung verwendet. Diese stellt keine originäre Fundstelle der Literaturrecherche dar.

Die hier durchgeführte Literatursuche hat gezeigt, dass die digitale Transformation im Sinne eines organisationalen Wandlungsprozesses Besonderheiten aufweist, wie eine erhöhte Agilität oder die Fähigkeit zu einer beidhändigen Führung. Insgesamt zeigt sich, dass es sich bei der digitalen Transformation um einen fundamentalen Wandel handelt, dem als solchen in seiner Umfänglichkeit und Intensivität auch begegnet werden sollte. Damit gehen maßgebliche Anforderungen an das Wandlungsmanagement einer.

Dies steht im Einklang mit dem Ergebnis, dass Partizipation im organisationalen, digitalen Transformationsprozess in die Ebene des strategischen Managements einzuordnen ist. Das ist insofern der Fall, als es sich hierbei um einen langfristig wirksamen und zudem das Erfolgspotential des Unternehmens determinierenden Veränderungsprozess handelt. Daher findet die strategische Komponente Eingang in das Forschungsdesign. Nicht zuletzt erfolgt auch eine soziale Transformation in Organisationen, welche nach einer stärkeren organisationalen Demokratie verlangt. Partizipation ist als zentraler Erfolgsfaktor für den Unternehmenswandel in der digitalisierten Welt anzusehen.

Die Ergebnisse der Literaturrecherche sind im Einzelnen per se nicht unbedingt als Neuheiten in Praxis und Wissenschaft zu bewerten, allerdings fehlt eine Synopse dergestalt, dass digitale Transformation, organisationaler Wandel und Partizipation bisher nicht ausreichend in einem gemeinsamen Kontext betrachtet wurden. Daraus folgt, dass auch das Themenfeld der Partizipation als forschungsleitend für diese Arbeit angesehen wird. Dabei gilt insbesondere, dass ein bis hierhin festgestellter Mangel einer konzeptuellen Ausgestaltung von Partizipation zu Gunsten der Entwicklung eines entsprechend geeigneten Konzepts aufzulösen ist.

Abgeleitet aus den gefundenen Ergebnissen besteht das übergeordnete Ziel darin, ein partizipativ geleitetes Vorgehen digitaler Transformation für Unternehmen zu entwickeln, welches sich in folgender Forschungsfrage abbilden lässt:

„Wie kann die digitale Transformation von Unternehmen partizipativ gestaltet werden?

Zur Beantwortung dieser Forschungsfrage soll ein Modell entwickelt werden, welches anschließend auf ein Praxisbeispiel übertragen wird. In einem ersten Schritt werden die Anforderungen an das Modell sowie dessen Zielsetzung definiert. Die herauszuarbeitenden Ansprüche werden dann in einem weiteren Schritt modellhaft abgebildet, was als solches die Modellierung beschreibt. Schließlich bedarf es des Schrittes der Konkretisierung, der in dem Sinne gegangen wird, als dass das theoriegeleitete Vorgehen auf den Anwendungsfall Flughafen übertragen wird. Abb. 16 illustriert die Forschungsagenda.

Anforderung & Zielsetzung:

Welche Ansprüche bestehen an eine partizipative Gestaltung einer digitalen Transformation von Unternehmen?

Modellierung:

Wie können die festgestellten Bedingungen modellhaft abgebildet werden?

Konkretisierung:

Wie stellt sich das entwickelte Modell in seiner Übertragung auf das Fallbeispiel Flughafen dar?

Abb. 16: Forschungsagenda im Überblick (Quelle: Eigene Darstellung)

3 Entwicklung eines partizipativen Modells für die digitale Transformation von Unternehmen

3.1 Einführende Bemerkungen zum digitalen Management

Die Wirkungsweisen der digitalen Transformation werden meist als „tief greifend" (Kirchgeorg & Beyer, 2016, S. 400), „disruptiv" (Deekeling & Barghop, 2017, S. 6) oder „fundamental" (Lemke et al., 2017, S. 3) beschrieben und betreffen gleichsam Gesellschafts-, Technologie-, Wirtschafts- und Politikebenen (Kollmann & Schmidt, 2016[37]). Innerhalb dieser Arbeit sind die Verengung sowie Übertragung auf den Unternehmenskontext geboten.

Die Ein- und Auswirkungen der digitalen Transformation führen zu umfassenden Veränderungen in Unternehmen oder wie es Raskino und Waller (2015) in ihrem gleichnamigen Werk auf den Punkt bringen: *Digital to the Core*. Unternehmerisches Handeln wird maßgeblich durch die technologischen Fortschritte und parallel hierzu durch die wirtschaftlichen und gesellschaftlichen Entwicklungen beeinflusst (Erner & Böhm, 2019). Auch die Arbeitswelt erfährt demzufolge signifikante Implikationen (Bauer & Hofmann, 2018). Durch die digitalisierungsinduzierten Einflüsse wandeln sich die Geschäftsmodelle ganzheitlich. Damit einhergehend sind das Nutzenversprechen und somit die Angebote an die Kunden sowie die gesamte Wertschöpfungskette von Veränderungen betroffen und folglich im Wesentlichen auch die Erbringung von Leistungen, was zu einer Neugestaltung der Umsatzstruktur führt (Gassmann & Sutter, 2019). Diese Veränderungen haben wiederum zur Folge, dass sich Aufbau- und Ablauforganisation wandeln, neue Anforderungen an die Belegschaft und deren Kompetenzen gestellt werden, sich die Führungs- und Organisationskultur weiterzuentwickeln hat und die IT-Infrastruktur sowie der IT-Betrieb als Basis aller Unternehmensaktivitäten dient (Kofler, 2018). Dadurch wird deutlich, dass Unternehmen gefordert sind, eine hierfür passende, erfolgversprechende digitale Transformationsstrategie zu entwickeln. Ebenso ist mit gestiegenen Ansprüchen an den operativen Betrieb zu rechnen. Die digitale Transformation kann somit auch als Managementkonzept für Unternehmen verstanden werden (Hess, 2019).

Tab. 13 gibt in Auszügen einen Überblick darüber, durch welche zentralen Bestimmungsfaktoren der Digitalisierung auf welchen Ebenen Unternehmen

37 Diese Quelle beschreibt die im Einzelnen genannten Ebenen ausführlich.

beeinflusst werden, welche Herausforderungen sich damit für das Management ergeben und welche unternehmerischen Gestaltungsfelder letztlich tangiert sind.

Tab. 13: Übersicht Determinanten, Herausforderungen und Handlungsebenen für das Management im Kontext der digitalen Transformation (Quelle: Eigene Darstellung in Anlehnung an Erner & Böhm, 2019, S. 91 f.)

Determinanten der Digitalisierung	**Herausforderungen für das Management**	**Unternehmerische Gestaltungsfelder**
Technologie		
Cyber-Physische Systeme	Exponentielles Technologiewachstum	Technologie
Industrie 4.0	Mensch-Maschine-Interaktionen	Technologie, Organisation
Big Data	Datenanalysen	Technologie, Geschäftsmodell
Cloud Computing	Kollaboration	Technologie
Wirtschaft		
Transformation des Unternehmensmodells	Disruptive Veränderungen	Geschäftsmodell
Multiplikatoreffekt	Entwurf einer Digitalstrategie	Unternehmensstrategie
Veränderung der Wettbewerbssituation	Identifikation branchenfremder Wettbewerber	Unternehmensstrategie
Veränderung des Kundenverhaltens	Individualisierung und Einbezug von Kundenansprüchen	Geschäftsmodell
Gesellschaft		
Wissensgesellschaft	Veränderung der Unternehmenskultur	Unternehmenskultur
Generation Y und Z	Wertewandel Veränderung der Ansprüche an die Arbeit	Personal, Unternehmenskultur
Arbeitswelt		
Steigende Innovationskultur	Veränderung hierarchischer Strukturen hin zu einer VOPA-Mentalität	Organisation, Unternehmenskultur
Neue Beschäftigungsformen	Erkennen zukünftig nötiger Fähigkeiten	Organisation
Änderung von Qualifikationsanforderungen	Digitale Aus- und Weiterbildung von Mitarbeitern	Personal
Steigender Anspruch der Mitarbeiter an Mitbestimmung und Demokratie	Partizipative Führung	Personal

3.1.1 Strategisches Management im Kontext der digitalen Transformation

Um einen definitorischen Bezugsrahmen für die Thematik zu schaffen, werden zunächst einige Termini des Themenfeldes Unternehmensstrategie kurz erklärt. Der Begriff der Strategie umfasst die „[...] grundsätzliche und langfristig ausgerichtete Verhaltensweise eines Unternehmens und relevanter Teilbereiche gegenüber der Umwelt mit der Absicht, die angestrebten Ziele zu realisieren" (Schuh, Boos, Kampker & Gartzen, 2011, S. 66). In der hier vorliegenden Arbeit kann von einer Gesamtunternehmensstrategie – auch Corporate Strategy genannt (Steinmann & Schreyögg, 2005) – gesprochen werden, da die digitale Transformation nicht nur einzelne Geschäftsfelder betrifft. Die umfassende Gestaltung der Unternehmensstrategie wird als strategisches Management bezeichnet. Hierunter versteht man die Planung, Umsetzung und Kontrolle von Strategien, die sich über alle Organisationseinheiten und Personengruppen erstrecken. Klassischerweise handelt es sich dabei um einen Top-down-Prozess. Dieser läuft innerhalb technologischer, ökonomischer, politischer sowie sozialer Rahmenbedingungen ab, wobei die Entscheidungsträger sowohl ihren Blick auf das Wettbewerbsumfeld als auch auf die interne Struktur sowie die Prozesse richten (Welge & Al-Laham, 2001). Abb. 17 zeigt einen beispielhaften schematischen dreiphasigen Prozess des strategischen Managements.

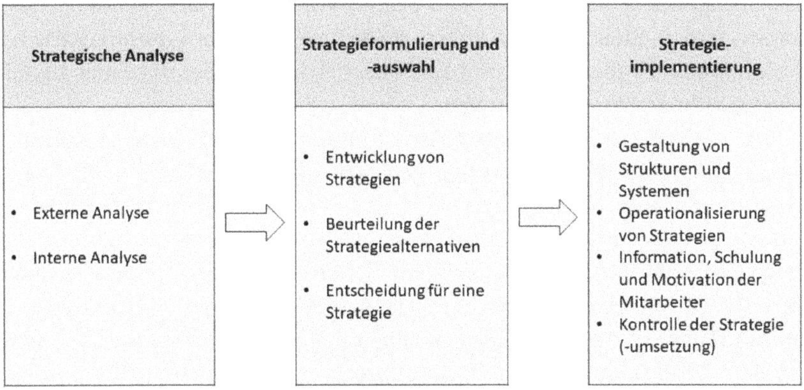

Abb. 17: Prozess des strategischen Managements (Quelle: Eigene Darstellung in Anlehnung an Hungenberg, 2014, S. 9)

In Wissenschaft und Praxis sind der digitalen Transformation Rechnung tragende strategische Ansätze entwickelt worden. Stellvertretend für wissenschaftliche strategische Ansätze werden im Folgenden zwei Arbeiten angeführt und einer kurzen Kritik unterworfen.

Der erste dieser wissenschaftlichen Gestaltungsansätze findet sich in der Arbeit von Bharadwaj, El Sawy, Pavlou und Venkatraman (2013)[38], welche vier Schlüsselthemen strategisch orientierter digitaler Transformation von Unternehmen thematisiert. Das erste Kernthema besteht in dem Schaffen eines Verständnisses für den Umfang der angestrebten digitalen Geschäftsstrategie. Dieser ist gegenüber traditionellen Strategien insofern höher, als die Digitalisierung funktionsübergreifend wirkt und das Leistungsangebot des Unternehmens signifikant verändert. Das zweite Schlüsselthema ist die neuartige Skalierbarkeit eines Geschäftsmodells. Hier gilt, dass Digitalisierung dem Unternehmen eine erhebliche Steigerung der Economies of Scale eröffnet. Hinzu kommt als weiterer Aspekt der Sachverhalt maßgeblich beschleunigter Anpassungsprozesse, welche eine höhere Geschwindigkeit von Produkteinführungen und Entscheidungsprozessen implizieren. Zudem sehen die Autoren ein weiteres wesentliches Thema in der Neukonzeption der unternehmerischen Wertschöpfungskette.

Der Beitrag nähert sich der Thematik aus einer konzeptionellen Perspektive heraus und präsentiert letztlich rahmengebende Strategieaspekte. Der Gestaltungsansatz konzentriert sich primär auf die digitalen Veränderungen des Geschäftsmodells und lässt angrenzende Themenkreise wie organisationale Gesichtspunkte außen vor. Damit fehlt eine betriebliche Gesamtschau digitalisierungsinduzierter Veränderungen.

Ein weiterer wissenschaftlicher Ansatz ist der von Matt, Hess und Benlian (2015). Hier wird die Kernaussage getroffen, dass sich eine digitale Transformationsstrategie notwendigerweise über alle strategischen Aspekte des Unternehmens zu erstrecken hat, womit deutlich über eine reine Auseinandersetzung mit den Effekten des digitalen Technologieeinsatzes hinausgegangen wird. Die Autoren präsentieren ein Rahmenmodell mit vier Dimensionen, die ihrer Auffassung nach strategiebestimmend für Unternehmen sein sollten. Die erste Dimension stellt den Technologieeinsatz dar. Dieser bedingt in weiterer Konsequenz betriebswirtschaftliche Veränderungen, die als solche die zweite Dimension repräsentieren. Beide Dimensionen führen zur Dimension der strukturellen Veränderungen in der Organisation, denen strategisch und

38 Der unter der Bezeichnung *Digital Business Strategy* von den Autoren veröffentlichte Ansatz entspricht semantisch einem digitalen Transformationsstrategieprozess.

darauffolgend operativ begegnet werden sollte. Letztendlich seien diese Veränderungen jedoch nur erfolgreich umzusetzen, wenn die dafür notwendigen finanziellen Mittel im Unternehmen, die vierte Dimension, zur Verfügung gestellt werden.

Im Gegensatz zum erstgenannten Gestaltungsansatz liegt bei Matt et al. (2015) eine holistische Herangehensweise vor. Darüber hinaus wird in diesem theoretischen Modell von einem interdependenten Zusammenspiel relevanter Dimensionen ausgegangen. Allerdings wird auch hier kein Vorgehen beschrieben, das im engeren Sinn des Wortes als strategisch zu qualifizieren ist.

Aus dem Bereich der Praxisansätze sollen drei Arbeiten stellvertretend angeführt werden, die ebenso kurz kritisch betrachtet werden.[39]

Der erste Ansatz ist der von Bloching et al. (2015). Die Autoren präsentieren als Handlungsimplikation der digitalen Transformation ein dreiphasiges Vorgehen. Es sei erwähnt, dass es sich hierbei um einen industrieorientierten Ansatz handelt. Die erste Phase besteht darin, den Einfluss digitaler Technologien auf die betreffende Industrie respektive das Unternehmen zu erfassen. Ziel ist es, eintretende Veränderungen sichtbar zu machen und Prognosen zu treffen. Auf Grundlage dieser Analysen folgt als zweiter Schritt der Abgleich mit der aktuellen Position des Unternehmens, durch welchen Umsetzungs- und Kompetenzlücken aufgedeckt werden sollen. Der dritte Schritt ist die Erarbeitung einer Umsetzungslandkarte, welche die zukünftig notwendigen Kompetenzen sowie die erforderlichen Unternehmensentwicklungen festlegt.

Dieser praktische Gestaltungsansatz empfiehlt ein prozessuales Vorgehen. Das Modell greift allerdings dahingehend zu kurz, als dass die technologischen Aspekte dominieren und dabei andere unternehmerische Handlungsfelder wenig beleuchtet werden. Darüber hinaus endet dieser Strategieprozess mit der Festlegung notwendiger Handlungsschritte. Die Strategieimplementierung bleibt außer Betracht.

Der Ansatz von *Capgemini* beschreibt die Entwicklung des produzierenden Gewerbes hin zur Entwicklung der Industrie 4.0. Um dem digitalen Wandel strategisch adäquat zu begegnen, wird hierfür ein sechsphasiger Prozess empfohlen. Die erste Phase beinhaltet die Bewertung der digitalen Reife des Unternehmens. Ziel ist es, den Status quo der derzeitigen Digitalisierung zu erfassen und somit den Ausgangspunkt der Veränderungen festzulegen. Im zweiten Schritt erfolgt die Identifikation von Chancen und Risiken im

39 Vgl. Schallmo (2016), der ebenfalls wie hier die Ansätze von Bloching et al. (2015) und von PwC (2013) anführt.

Wettbewerbsumfeld. Auf diesen Analysen aufbauend findet die Strategiedefinition statt. In der vierten Phase wird die notwendige Priorisierung von Transformationsprojekten vorgenommen. Die Phase fünf beinhaltet die Ableitung einer Roadmap, also die detaillierte Ausgestaltung der einzelnen Transformationsschritte. Im letzten Schritt erfolgen Implementierung und Aufrechterhaltung des Strategiewandels (Bechtold, Kern, Lauenstein & Bernhofer, 2014).

Der Ansatz liefert im Gegensatz zum vorherigen Konzept ein umfänglicheres Strategievorhaben. Allerdings wird kritisiert, dass ein Einbezug von organisationalen und sozialen Ein- und Auswirkungen fehlt.

PwC (2013) schlagen ebenfalls einen sechsphasigen Ansatz vor. Die erste Phase besteht darin, die Auswirkungen der Digitalisierung auf das eigene Unternehmen zu erfassen. Darüber hinaus beinhaltet dieser Schritt die Neupositionierung des Unternehmens sowie die Erarbeitung eines entsprechenden Geschäftsmodellentwurfs. Anschließend wird die Roadmap zur Gestaltung des digitalen Wandels erarbeitet. Dem schließt sich die Entwicklung einer digitalen Geschäftsplattform an, welcher eine organisationale Anpassung an das veränderte Geschäftsmodell folgt. Sodann wird dieses in Betrieb genommen. Die letzte Phase besteht aus der Ergebnisüberwachung und sich hieraus ergebenen Korrekturmaßnahmen.

Gleichfalls wie der zuvor dargestellte Ansatz liefern auch diese Überlegungen ein umfangreiches Phasenkonzept. Kritisch ist anzumerken, dass das Modell hinter einer unternehmensganzheitlichen Betrachtung zurückbleibt. Darüber hinaus geht mit diesem Konzept eine Reduktion auf eine Extremsituation einher, da es das Geschäftsmodell als Ganzes in Frage stellt und nicht eine Weiterentwicklung des Bestehenden zum Ziel hat.

Zusammenfassend gilt, dass die vorangestellten wissenschaftlichen und praktischen Ansätze Mängel aufweisen, wie etwa das Außenvorlassen organisationaler und sozialer Implikationen, womit einhergeht, dass sie der digitalen Transformation und ihren Merkmalen nicht in Gänze gerecht werden. Sich zunächst den beiden wissenschaftsorientierten Ansätzen widmend, handelt es sich hierbei nicht um konkrete Vorgehens- oder Phasenmodelle, sondern lediglich um die Sammlung thematischer Schwerpunkte, die es bei einer digitalen Transformationsstrategie einzubeziehen gilt. Sie beschreiben somit nur förderliche Rahmenbedingungen der Strategieentwicklung. Die Praxisansätze werden dahingehend kritisiert, dass sie zwar eine Prozessabfolge beinhalten, allerdings diese nicht ausreichend agil gestaltet sind, denn sie berücksichtigen nicht, dass nach einem gegangenen Schritt möglicherweise auch ein Zurückkehren zu einem vorherigen Schritt geboten sein kann. Es wird von einem sich stetig linear entwickelnden Prozess ausgegangen – eine Eigenschaft, die der digitalen Transformation abgesprochen wird.

Zudem berücksichtigt kein Ansatz in expliziter Weise die betroffenen Mitarbeiter. Infolgedessen finden sich in diesen Strategieansätzen keine konkreten organisationalen Veränderungsinhalte und damit einhergehend auch keine Überlegungen zur partizipativen Gestaltung des digitalisierungsinduzierten Wandels strategischer Art.

Da sich Geschäftsmodelle sowie Management- und Führungsansätze durch die digitale Transformation verändern (Petry, 2016), ist jedoch „[...] mit einem weitreichenden organisationalen Wandel [...]" (Nicolai & Schuster, 2018, S. 16) zu rechnen. Die digitale Transformation geht über die bisher bekannten Veränderungsausmaße hinaus und stellt demzufolge ein signifikantes Bedrohungspotential für die Beteiligten dar. Es sind somit umfassende Veränderungen in Denk- und Verhaltensmustern erforderlich (Kreutzer et al., 2017). In diesem Sinne ist von hohen Widerständen gegen den Wandel auszugehen. Wie bereits erwähnt wird der Erfolg von Wandlungsprozessen erheblich durch individuelle und organisatorische Widerstände beeinflusst (vgl. Abschnitt 2.1.2.3).

Bereits 1980 beschrieb der Organisationspsychologe Edgar H. Schein den technologischen und sozialen Wandel als kaum vorhersehbar. Organisationen sollten hiernach flexibel auf Veränderungen reagieren, wobei deren Erfolg „[...] letztlich auf den menschlichen Ressourcen einer Organisation [...]" (Schein, 1980, S. 32) beruht. Die Intensität und Beschleunigung notwendiger Veränderungsprozesse nehmen unter den derzeitigen Rahmenbedingungen zu, es kann sogar davon ausgegangen werden, dass sich Organisationen in den nächsten Jahrzehnten stärker zu verändern haben, als es in den vorherigen Jahrhunderten notwendig war (Pirker, 2007). Somit ist die digitale Transformation als ein historisch intensiver Wandlungsprozess aufzufassen: Es handelt sich um tiefgreifende und umfassende Veränderungen von organisationalen Prozessmustern sowie um einen langfristigen und ergebnisoffenen Prozess (Deekeling & Barghop, 2017). Dem Management von Wandlungsprozessen kommt damit eine in strategischer Hinsicht maßgebliche Rolle zu (Mühlfelder et al., 2017), woraus zu folgern ist, dass es dementsprechend auf strategischer Ebene aufbauorganisatorisch und damit institutionell zu verankern sei.

Die Schlussfolgerung aus den bisherigen Ausführungen lautet, dass das zu entwickelnde Vorgehensmodell strategische Kernprozesse und darüber hinaus Inhalte des organisationalen Wandels zu thematisieren hat.

3.1.2 Operatives Management im Kontext der digitalen Transformation

Dem obigen strategischen Management folgt dessen Umsetzung auf der operativen Ebene. Dabei kommt dem operativen Management eine Vollzugsfunktion zu. Für die Realisierung der Strategie werden erforderliche Maßnahmen entwickelt und durchgeführt. Das operative Management ist dabei in einem höheren Maße von situativen Rahmenbedingungen abhängig und durch flexiblere Handlungsspielräume geprägt. Darüber hinaus nimmt das operative Management im Verhältnis zu den strategischen Entwürfen eine Kontroll- und Feedbackfunktion ein (Steinmann & Schreyögg, 2005). Operative Ziele werden aus den strategischen Zielen abgeleitet und anhand festgelegter Indikatoren auf die Organisationseinheiten des Unternehmens übertragen (Sternad, 2015).

Die digitale Transformation durchdringt die Funktionsbereiche eines Unternehmens vielseitig und stellt die operative Unternehmenssteuerung vor neuartige Herausforderungen. Nachfolgend werden kurz ausgewählte Auswirkungen in einigen klassischen Gestaltungsfeldern betrachtet.

Zunehmend sehen sich Unternehmen kürzer werdenden Produktlebenszyklen und äußerst dynamischen Märkten gegenüber, wodurch der Innovations- und Effizienzdruck in den Forschungs- und Entwicklungsabteilungen steigt. Daher sollte es insbesondere ein umfassenderes F&E-Controlling geben, welches zu jeder Zeit realistische Leistungskennzahlen liefert. Für die Nachverfolgung unmittelbarer Input-Output-Relationen ist es notwendig, die Mitarbeiter bei der Datengewinnung zu involvieren (Artelt & Leonhard, 2017). Die Digitalisierung verstärkt auch den Aspekt der kollaborativen Arbeit, was insofern gilt, als sie im Stande, ist heterogene Akteure, wie die Mitarbeiter des Unternehmens, dessen Kunden und seine sonstigen Partner, miteinander zu verbinden. So steigen etwa die Möglichkeiten für sog. Knowledge Communities, also virtuelle Wissensgemeinschaften, auf Basis webbasierter Unternehmensportale. Die Datenmenge sowie die Frequenz der Dateninteraktion wachsen durch den Einsatz verfügbarer Internet-Technologien und damit die Kommunikation sowie die Förderung von Wissensaustausch zwischen unternehmensinternen wie externen Akteuren. Dadurch wird es möglich, nach innen gerichtete *Workplaces* und nach außen gerichtete *Marketplaces* zu schaffen und gewinnbringend zu nutzen (Kreeb & Haasis, 2017).

Unternehmen sind durch die neuartige Wettbewerbssituation herausgefordert, digitale Produkte zu entwickeln. Dabei kann es vorkommen, dass bestehende physische Produkte durch digitale Komponenten angereichert werden, wie dies beispielsweise in der Automobilindustrie der Fall ist. Ebenso geht es mit den digitalisierungsinduzierten veränderten Marktgegebenheiten einher, dass Unternehmen versuchen, den Kunden digitale Produktgesamtheiten anzubieten. Gemein haben diese Entwicklungen die Schaffung kundenindividueller Produktlösungen. Dies führt meist zu höheren Kosten bei der Produktentwicklung, bietet aber zugleich die Möglichkeit, zielgruppenadäquater zu agieren und damit die Wahrscheinlichkeit zu erhöhen, sich im wettbewerbsintensiven Umfeld zu behaupten (Appelfeller & Feldmann, 2018).

Die Dynamik der technologischen Entwicklungen ist auch im Bereich der Logistik spürbar. Spielt die direkte Einbindung von Kunden und Unternehmenspartnern in arbeitsteiligen Wertschöpfungsprozessen des Supply Chain Managements bereits länger eine tragende Rolle, so ergeben sich nun Anreicherungen durch die Möglichkeiten der Industrie 4.0. Durch den Einsatz von RFID-Technologien ist beispielsweise eine Realtime-Verfolgung von Gütern für die Zulieferer möglich. Sie können frühzeitig über die zu erwartenden Ankunftszeiten sowie die Inhalte nach Art, Abmessungen und Menge informiert werden. Ebenso haben die Kunden durch Omni-Channel-Zugänge die Option, in die Auftragserstellung, -fertigung und -verfolgung integriert zu werden. Darüber hinaus ist es möglich, einen Direktvertrieb als zusätzliches Geschäftsmodell auf Basis von Echtzeitinformationen über Lager- und Materialbestände anzubieten (Scheer, 2016). Damit einher gehen ein steigendes Maß an Dezentralisierung und Selbstorganisation sowie ein exponentieller Anstieg der Informationsmengen. Es bedarf infolgedessen dezentraler Managementansätze, welche die Agilität und Wandlungsfähigkeit für diese Veränderungen fördern (Ten Hompel & Henke, 2014).

Diese digitalisierungsinduzierten Veränderungen haben schließlich einen maßgeblichen Einfluss auf den Bereich des Personal- und Organisationsmanagements. So ändern sich Arbeitsmittel und Tätigkeiten, wie dies durch den steigenden Einsatz von Robotik in Produktions- und Dienstleistungsprozessen der Fall ist. Zudem nimmt die Mobilisierung von Arbeitsgeräten und -orten zu, wie anhand von mobiler Arbeit zu erkennen ist, womit eine Flexibilisierung von Beschäftigungsformen einhergeht. Dies bedingt einen erhöhten Kommunikations- und Koordinationsaufwand sowie durch die zeitlichen und räumlichen Entgrenzungen mehr aktive Beteiligung der Mitarbeiter. Für diese veränderten Arbeitsbedingungen braucht es entsprechende Organisationsformen und Führungskonzepte (Bauer & Hofmann, 2018).

Die maßgeblichen Veränderungen, die sich durch die Digitalisierung auch auf die laufenden Geschäftstätigkeiten auswirken, machen deutlich, dass ein Modell ebenfalls operative Inhalte einzubeziehen hat.

3.2 Anforderungen an das Modell und Zielsetzung des Modells

Als Ergänzung zu den bereits identifizierten, erläuterten und analysierten Themenkomplexen dieser Arbeit bedarf es nun der Darstellung von Anforderungen an die Entwicklung eines partizipativen Modells und dessen Zielsetzung.

Die bisherigen Ausführungen haben gezeigt, dass die digitale Transformation maßgebliche Auswirkungen auf Unternehmen hat. Diese werden in der Praxis sowohl breitflächig als auch tiefgehend in allen Bereichen mit Unternehmen, Politik, Verbänden und Forschungseinrichtungen im Dialog diskutiert. Im Mittelpunkt der Debatten stehen die mit der Digitalisierung einhergehenden Veränderungen auf die Arbeitswelt. So wird im *Weißbuch „Arbeit 4.0“* der Bundesregierung deutlich, dass die Digitalisierung umfassende Gestaltungsaufgaben für die Arbeitswelt mit sich bringt, die vorrangig durch neuartige Flexibilitätsanforderungen an die Betriebe, zunehmende Selbstbestimmungswünsche der Beschäftigten und Forderungen nach Teilhabe am betrieblichen Geschehen geprägt sind. Neben der gesetzlich verankerten Mitbestimmung gilt als Erfordernis die Stärkung partizipatorischer Elemente auf betrieblicher Ebene. Dies ist basierend auf dem Wissen gegeben, dass die Einführung und Akzeptanz neuer Technologien nur dann erfolgreich sein können, wenn die Mitarbeiter einbezogen werden (BMAS, 2017). Einhergehend damit entstehen auch in der Betriebswirtschaftslehre und den interdisziplinär angrenzenden Fachgebieten eine Vielzahl an Forschungsvorhaben, welche diese Aspekte in den Mittelpunkt stellen. So untersucht etwa das Forschungsprojekt *DIAMANT* (Digitalisiertes Ideen- und Arbeitsmanagement in Produktion, Logistik und Handel) innovative Organisations- und Gestaltungsmöglichkeiten in digitalisierten Arbeitssystemen unter der Prämisse des aktiven Einbezugs verschiedener Arbeitnehmergruppen. Hierbei spielt neben der integrativen Prozess- und Organisationsoptimierung auch die Kompetenzentwicklung eine Rolle (Ruiner, Debbing, Schaper & Hagemann, 2019). Dass auch von Seiten der Arbeitnehmer der Wunsch nach Partizipation vorhanden ist, zeigen etwa die Ergebnisse einer Studie der *Friedrich-Ebert-Stiftung*: So wünschen sich 66 % der Befragten mehr Mitbestimmung bei der Digitalisierung an ihrem Arbeitsplatz. Darüber hinaus stimmen 60 % der Befragten für eine Stärkung der Rechte von Betriebsräten und Beschäftigten (Kirchner, 2019).

Partizipation ist als ein maßgeblicher Aspekt bei digitalisierungsinduzierten Veränderungsprozessen anzusehen. Für das Modell stellt diese daher einen grundlegenden und erfolgsbestimmenden Bestandteil dar.

Modelltragend ist des Weiteren der Sachverhalt, dass die digitale Transformation einen organisationalen Wandel im Unternehmen bedingt. Dieser ist aufgrund der Umfänglichkeit der Veränderungen zunächst auf strategischer Ebene zu betrachten, weshalb strategische Kernprozesse und Inhalte des organisationalen Wandlungsmanagements für das Modell von wesentlicher Bedeutung sind. Basierend auf dem Wissen der strategischen Planung können dann nötige Aktivitäten für die Funktionsbereiche definiert werden. Ein Top-down-Vorgehen ist zwar wie in der klassischen Strategieentwicklung gegeben, jedoch ist eine beteiligungszentrierte Entwicklung der Strategie anzustreben. Diese Arbeit berührt die unternehmerischen Handlungsfelder des strategischen Managements sowie die Auswirkungen auf die Organisation, die Führung, die Unternehmenskultur sowie das Personalmanagement im Kontext digitaler Veränderungen.

Im Folgenden wird nun ein Bezugsrahmen für diese Forschungsarbeit dargelegt (vgl. Abb. 18). Dieser soll die Anforderungen an die Modellentwicklung und deren Operationalisierung veranschaulichen. In der betriebswirtschaftlichen Forschung dienen Bezugsrahmen dazu, „[…] Voraussetzungen zu schaffen, [um] zu konkreten, relativ strukturierten Modellen zu gelangen" (Kirsch, Seidl & Aaken, 2007, S. 28).

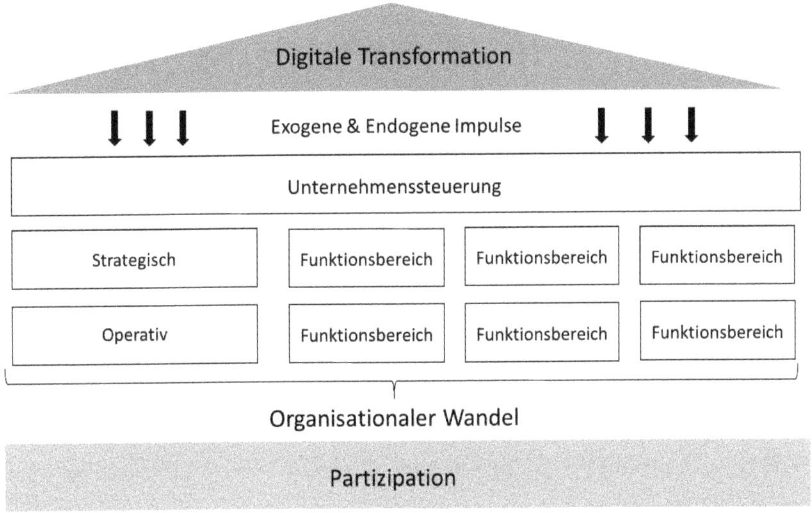

Abb. 18: Bezugsrahmen für die Entwicklung eines partizipativen Modells für die digitale Transformation (Quelle: Eigene Darstellung)

Die nächsten Abschnitte widmen sich der Entwicklung eines partizipativen Modells als eine Antwort auf die digitale Transformation von Unternehmen. Dies geschieht auf Basis der bisher gewonnenen Erkenntnisse und der daraus resultierenden Forschungsagenda (vgl. Abschnitt 2.2.5). Die Herleitung des Modells erfolgt dabei in mehreren Schritten. Zunächst werden die strategisch bedeutsamen Ebenen herausgearbeitet. Darauffolgend findet eine Auseinandersetzung mit dem prozessualen Charakter des Modells statt. Sodann wird Partizipation als Modellelement eingeführt. Diese Abschnitte münden in einer dimensionenorientierten Darstellung von Partizipation, was als Alleinstellungsmerkmal des Modells angesehen wird. Zum Schluss werden die entwickelten und zusammengetragenen Gesichtspunkte in ein selbst erarbeitetes Modell integriert.

Ziel ist es, ein deduktiv-modellhaftes Vorgehen zu entwickeln, in welchem die direkte Partizipation von Mitarbeitern in jeder Phase eines digitalen, organisationalen Transformationsstrategieprozesses situativ zum Tragen kommen kann. Dabei soll das Modell sowohl einen allgemeingültigen Charakter haben als auch auf Praxisfälle übertragbar sein.

3.3 Grundelemente des Modells

3.3.1 Ebenen des Modells

Das in dieser Arbeit entwickelte Modell ist von drei im strategischen Wandlungsmanagement bedeutsamen Ebenen[40] bestimmt, welche sich interdependent zueinander verhalten. Auf diese werden die hier als maßgeblich betrachteten Erfolgsfaktoren digitaler Transformation, namentlich die Technologie, die Organisation sowie die Mitarbeiter, übertragen. Hierdurch wird gleichsam ein geeignetes System von Ebenen für den nachfolgenden Phasenprozess geschaffen. Es liegen folgende Ebenen vor (vgl. Abb. 19):

<u>Der Wandlungsbedarf: technologische Ebene</u>

Der Ausgangspunkt eines Transformationsprozesses ist der sachlich notwendige Wandlungsbedarf. In Zeiten der vierten industriellen Revolution wird der Wandlungsbedarf durch die voranschreitende Digitalisierung und die sich dadurch entwickelnden Technologien generiert. Auf der technologischen Ebene werden solche digitalisierungsbedingten Elemente und Aspekte verstanden,

---

40 Die Wahl dieser Ebenen orientiert sich am *3W-Modell* von Krüger (2014b) sowie an der soziotechnischen Systemgestaltung, dem *MTO-Konzept*, von Ulich (2005). Letzteres besagt, dass Arbeitstätigkeiten unter der Berücksichtigung und Abhängigkeit von Mensch, Technik und Organisation gleichermaßen zu gestalten sind.

die auf das Unternehmen und dessen Steuerung einwirken und notwendige Veränderungen mit sich bringen.

In der Unternehmenspraxis kommt es hiermit zu mehreren konkreten Veränderungen. Zu diesen zählen etwa die Einrichtung einer digitalen Infrastruktur, die Anpassung des Geschäftsmodells sowie dessen operative Umsetzung, die Förderung von innovationsgetriebenen Projekten. Zudem geht es um die Implementierung digitaler Anwendungen und digitaler Plattformen. Darüber hinaus sind Kundenbeziehungs-, Kern- und Lieferantenprozesse digital neu zu organisieren. Auch der Einsatz von Innovationstechnologien und die Öffnung der Wertschöpfungsketten gegenüber dem externen Umfeld sind bedeutsam.

Die Wandlungsfähigkeit: organisationale Ebene

Unter der Wandlungsfähigkeit versteht man die Fähigkeit eines Unternehmens, Veränderungsprozesse organisatorisch erfolgreich durchzuführen. Hierfür bedarf es sowohl personeller als auch struktureller Voraussetzungen, die wandlungsfördernd sind. Die digitalisierungsbedingten disruptiven und sich schnell vollziehenden Entwicklungen sind von einem entsprechend dynamischen Wandlungsmanagement zu begleiten.

Hiermit geht eine Reihe betrieblicher Aspekte einher, wie beispielswese die Schaffung agiler und flexibler Arbeitsstrukturen, ein modernisiertes Kundenbeziehungs- und Projektmanagement sowie die dafür erforderlichen personalwirtschaftlichen Investitionen. Weitere maßgebliche Gesichtspunkte dieser Ebene sind der Einsatz von Digital Change Agents und die Initiierung eines Wandels der Unternehmenskultur, insbesondere der Aufbau einer partizipativ geprägten Organisation. Auch die Schaffung einer modernen Fehlerkultur ist in diesem Zusammenhang bedeutsam.

Die Wandlungsbereitschaft: soziale Ebene

Eine weitere konstitutive Voraussetzung gelungenen Wandels ist die Wandlungsbereitschaft der beteiligten Personen. Dabei gilt, dass technologisch geprägte Organisationsveränderungen, wie sie mit solchen der digitalen Transformation Rechnung tragenden organisationalen Veränderungen vorliegen, in besonderem Maße soziale Aspekte miteinbeziehen sollten. In diesem Sinne enthält diese Ebene Aspekte sozialer Art.

Hierzu gehören etwa eine transparente Kommunikation des Wandels, den digitalen Wandel unterstützende Personalentwicklungsmaßnahmen und die Partizipation der Mitarbeiter an digitalisierungsbedingten Entscheidungs- und Veränderungsprozessen. Darüber hinaus ist eine Neudefinition der Führungskräfterolle geboten, was insofern gilt, als der digitale Wandel ein anderes und neuartiges Führungsverständnis fordert.

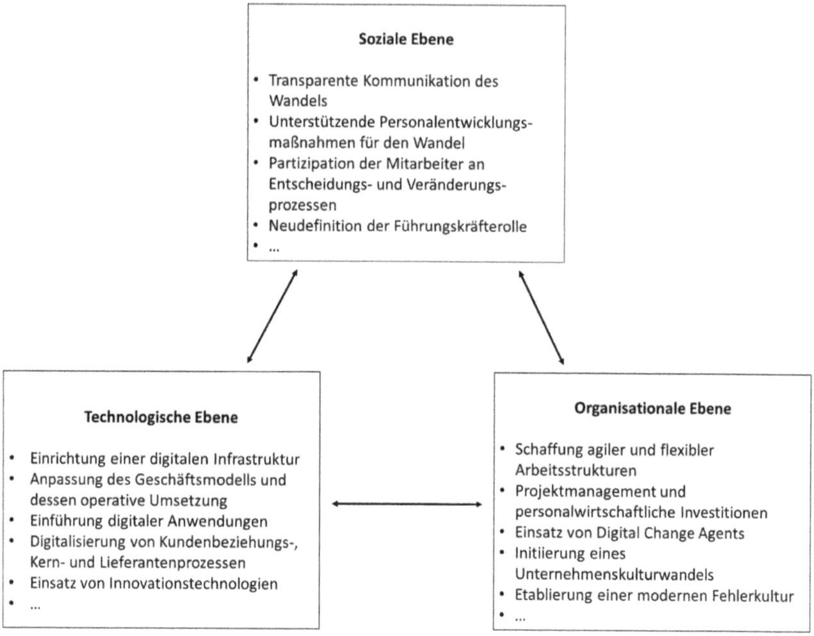

Abb. 19: Ebenen des partizipativen Modells für die digitale Transformation (Quelle: Eigene Darstellung)

3.3.2 Phasen des Modells

Das hier entwickelte Modell beinhaltet fünf Phasen, welche jeweils zu gleichen Teilen aus den Aspekten zweier Herangehensweisen bestehen: aus dem kernstrategischen Prozessvorgehen[41] sowie dem wandlungsbezogenen Prozessvorgehen[42] (vgl. Abb. 20).

Diese Zusammenführung und beidhändige Umsetzung basieren auf der Notwendigkeit, bisheriges strategisches Vorgehen weiterzuentwickeln und dem Aspekt des Wandlungsmanagements einen maßgeblichen Stellenwert zukommen zu lassen. Die einzelnen Phasen werden in den weiteren Abschnitten beschrieben und an den Forschungskontext angepasst. Für jede Phase werden die Transferimplikationen Ebenen konform dargestellt. Darüber hinaus stehen die Phasen in einem interdependenten Verhältnis zueinander.

41 Diese Phaseninhalte orientieren sich an den erarbeiteten Erkenntnissen über digitale Transformationsstrategien in Wissenschaft und Praxis.

42 Diese Phaseninhalte orientieren an Krüger (2014a).

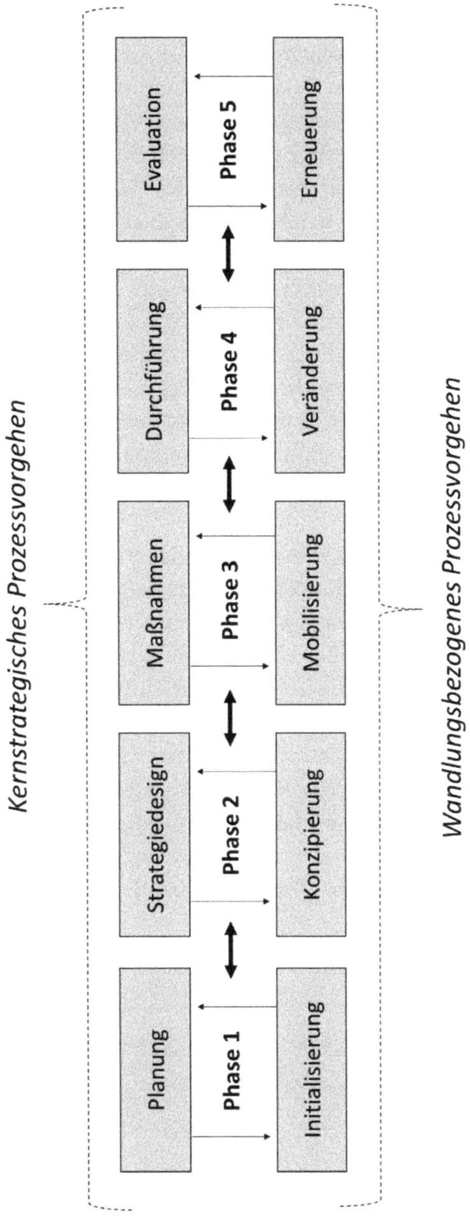

Abb. 20: Phasen des partizipativen Modells für die digitale Transformation (Quelle: Eigene Darstellung)

3.3.2.1 Phase 1: Planung & Initialisierung

Die erste Phase umfasst den strategischen Aspekt der *Planung* und wandlungsseitig die *Initialisierung.*

Der Schritt der *Planung* ist zunächst durch die Analyse der Ist-Situation und die Definition der Soll-Situation des Unternehmens geprägt, für welche eine Reihe etablierter Methoden zur Verfügung stehen, wie etwa die SWOT-Analyse. Im Mittelpunkt dieser Überlegungen findet sich zum einen die Betrachtung des unternehmenseigenen Digitalisierungsgrades.[43] Diese Auseinandersetzung führt idealerweise zu einer unternehmenskollektiven Wahrnehmung einer realistischen Ausgangslage für das weitere Strategiedesign. Zum anderen soll aber auch dem digitalen Innovationsniveau außerhalb des Unternehmens Rechnung getragen werden, was darin zum Ausdruck kommt, entsprechend hervorragend aufgestellte Unternehmen als Benchmarks anzusehen, wie es durch Wettbewerbsanalysen möglich ist. In dieser Phase werden Zukunftsszenarien erarbeitet, um potentielle Entwicklungen in die weiteren Prozesse einfließen lassen zu können. Der Einfluss digitaler Technologien auf das Geschäftsmodell und die Organisation ist dabei der maßgebliche Treiber der strategischen Veränderungen.

Unter *Initialisierung* wird das Anstoßen des Wandlungsvorhabens verstanden. Die von den Entscheidungsträgern als notwendig festgestellten Veränderungen sind dergestalt in das Unternehmen einzufließen, als hier in aller Breite des Betriebs eine emotional-soziale Kommunikation greifen sollte. So gilt es, in einem ersten Schritt die Veränderungsnotwendigkeit in einem Top-down-Vorgehen zu vermitteln, um alle Mitarbeiterebenen hinreichend zu informieren, wie dies etwa durch Informationsveranstaltungen in Form von Road Shows geschehen kann. Hier ist die Belegschaft über die angestrebten Veränderungen in Kenntnis zu setzen. Im Idealfall ist bereits ein Entwurf zu präsentieren, der offenlegt, wie sich der Wandlungsprozess vollziehen wird. Damit wird das Ziel verfolgt, die Wandlungsbereitschaft in der Organisation entstehen zu lassen.

---

43 Vgl. beispielsweise Berghaus & Back (2016), welche ein Reifegradmodell zur Evaluierung der digitalen Reife von Unternehmen entwickelt haben.

Die einzelnen Ebenen enthalten eine Reihe von Fragen, die nachstehend exemplarisch skizziert sind:

Technologische Ebene:
- Welchen Digitalisierungsgrad weist das Unternehmen auf?
- Wie sieht das aktuelle Geschäftsmodell aus und welcher Zukunftsentwurf besteht?
- Worin liegen die technologischen Stärken und Schwächen und welche technologischen Chancen und Risiken sind für das Unternehmen zu verzeichnen?

Organisationale Ebene:
- Wie wandlungsfähig ist die Organisation?
- Wie soll das zukünftige Organisationskonzept aussehen?
- Wie soll sich der organisationale Wandel vollziehen?

Soziale Ebene:
- Wie kann Wandlungsbereitschaft bei den Organisationsmitgliedern erzeugt werden?
- Wie soll sich der soziale Wandel vollziehen?
- Wie sieht das Kommunikationskonzept für die Initiierung des Wandels aus?

3.3.2.2 Phase 2: Strategiedesign & Konzipierung

In der zweiten Phase sind das *Strategiedesign* sowie die parallele *Konzipierung* der organisationalen Veränderungen zu entwickeln.

Im Rahmen des *Strategiedesigns* werden die zuvor in der internen und externen Unternehmensanalyse ermittelten Ergebnisse zu einer erfolgreichen digitalen Transformation herangezogen, um sich dann der entsprechenden Strategieentwicklung anzunehmen. Dabei spielen auch die potentiellen Zukunftsszenarien, wie sie etwa durch eine Szenario-Analyse abgebildet werden können, eine bedeutsame Rolle sowie auch die Frage, welche Anforderungen an die Kompetenzen im Unternehmen damit einhergehen. In diesem Zuge wird hierauf aufbauend die Vision und daraus abgeleitet die Mission des Unternehmens definiert, welche sich dadurch auszeichnet, dass die voranschreitende Digitalisierung auf der organisationspsychologischen Ebene vordergründig als Chance und weniger als Risiko wahrgenommen wird. Schließlich wird eine Roadmap für den digitalen Wandel erstellt. Diese beinhaltet die zu verfolgenden Ziele im Sinne von Leitmaximen und enthält darüber hinaus operative Pläne zur technologischen, organisationalen und nicht zuletzt zur sozialen Umsetzung der digitalen Transformation.

Hinsichtlich des wandlungsbezogenen Prozessvorgehens gilt, dass der Wandel in organisationaler Hinsicht konkret gestaltet werden muss, womit im Idealfall auch ein hohes Maß an Verbindlichkeit für alle Organisationsmitglieder einhergeht. Es schließt sich die *Konzipierung* des Wandels an. So erfolgt hier nun eine Überprüfung dahingehend, inwieweit die zuvor definierten Ziele und entwickelten Pläne, diesem Ansatz von Organisationsveränderungen folgend, mitarbeiterorientiert umgesetzt werden können. Die Intention dieses Vorgehens ist es nicht zuletzt, Akzeptanz und Wandlungsbereitschaft in der Belegschaft zu schaffen. Sachlogisch richtig ergeben sich aus den entsprechenden Veränderungsplänen die individuell wirksamen Personalentwicklungsimplikationen des digitalen Wandels. Hierbei ist auch das potentiell opponierende Handeln der Organisationsmitglieder zu berücksichtigen.

Es werfen sich folgende beispielhafte Fragen auf:

<u>Technologische Ebene:</u>
- Welche strategischen Überlegungen sind in Bezug auf den Einsatz von Technologien im Unternehmen anzustellen?
- Welche Technologie wird an welcher Stelle in der Organisation implementiert?
- Welche Auswirkungen haben die neuen Technologien auf die bestehenden Prozesse?

<u>Organisationale Ebene:</u>
- Welche organisatorischen Ressourcen werden für den Wandel benötigt?
- Welche Auswirkungen haben die neuen Technologien auf die Aufbau- und Ablauforganisation?
- Welche strukturellen Bedingungen müssen hierfür gegeben sein?

<u>Soziale Ebene:</u>
- Welche Restriktionen und Widerstände könnten auf Seiten der Belegschaft bestehen?
- Wie soll der Wandlungsprozess auf personeller Ebene gestaltet werden?
- Wie sieht das weitere Partizipationskonzept für Mitarbeiter und Führungskräfte aus?

3.3.2.3 Phase 3: Maßnahmen & Mobilisierung

Die dritte Phase des Modells besteht auf Seiten des kernstrategischen Prozessvorgehens aus dem Ergreifen von *Maßnahmen* sowie auf der wandlungsbezogenen Seite aus der *Mobilisierung* der Organisation für die Veränderung.

An dieser Stelle werden konkrete *Maßnahmen* aus den zuvor definierten Zielvorstellungen abgeleitet. Dabei gilt es, projektbasiert vorzugehen und die Projekte zu priorisieren. Die Realisierung der digitalen Transformation im Unternehmen ist komplex, daher wird eine schrittweise Umsetzung angestrebt. Die Schritte sind unter Berücksichtigung aller Ebenen detailliert auszugestalten. Ebenso gilt es, die Ein- und Auswirkungen von Maßnahmen auf die externe Unternehmenswelt zu beachten, um entsprechende Rückkopplungen in die interne Unternehmenswelt steuern zu können. Im Sinne einer systematischen Vorgehensweise sollte eine durch Ambidextrie gekennzeichnete Gestaltung ermöglicht werden, so dass der digitale Wandel nicht alle Unternehmensebenen zugleich beschäftigt, sondern sich die Organisation und deren Mitglieder den Veränderungen sukzessive anpassen können, ohne dabei die für die Digitalisierungsprojekte notwendige Schnelligkeit und Flexibilität einzubüßen. Dies ist beispielsweise möglich, indem einzelne Organisationseinheiten vergleichbar wie Start-ups agieren dürfen, wohingegen der Rest der Aufbauorganisation das Tagesgeschäft weiter betreibt. Hierdurch wird Innovation Raum gegeben, ohne die notwendige Routine der unternehmerischen Abläufe zu gefährden.

Um die Maßnahmen erfolgreich durchführen zu können, ist es erforderlich, die Organisationsmitglieder umfänglich zu mobilisieren. Unter dem Terminus *Mobilisierung* wird hier die Förderung der Akzeptanz des Wandels sowie der Wandlungsfähigkeit in individueller Hinsicht verstanden. Die Mobilisierung geht mit einer transparenten Kommunikation der Maßnahmen einher und stellt zugleich sicher, dass die Organisationsmitglieder in die Prozesse aktiv einbezogen sind. Die Sinnhaftigkeit und Machbarkeit der Maßnahmen sind aus operativer Sicht zu bewerten. Nach der Entscheidung für ein Maßnahmenkonzept bedarf es der Schaffung der hierfür nötigen technologischen, organisationalen und sozialen Bedingungen, um der Belegschaft die Teilhabe am Veränderungsprozess zu ermöglichen.

Fragen, die sich in dieser Phase stellen, sind:

<u>Technologische Ebene:</u>

- Welche technologischen Maßnahmen erfolgen?
- Wie werden die digitalen Projekte priorisiert?
- Welche digitalen Anwendungen, Prozesse und Plattformen müssen implementiert werden?

Organisationale Ebene:

- Welche organisatorischen Maßnahmen müssen eingeleitet werden?
- Wie sind diese im Einzelnen umzusetzen?
- Welches die digitale Transformation fördernde Arbeitsumfeld muss geschaffen werden?

Soziale Ebene:

- Welche sozialen Maßnahmen müssen ergriffen werden?
- Wie können die unternehmenskulturverändernden Faktoren implementiert werden?
- Welche Personalentwicklungsmaßnahmen sind hierfür geeignet?

3.3.2.4 Phase 4: Durchführung & Veränderung

Die vierte Phase setzt sich aus dem strategischen Aspekt der *Durchführung* sowie den tatsächlichen *Veränderungen* im Bereich des Wandlungsprozesses zusammen.

Hier findet nun die *Durchführung* der Maßnahmen und Projekte im Unternehmen statt – der operative Rollout der digitalen Transformationsstrategie beginnt. Damit einhergehend sollten auch Kontrollfunktionen geschaffen werden, um bereits während der Durchführung von Maßnahmen fehlende Ressourcen und Kompetenzen oder etwa eine möglicherweise gegebene mangelhafte Machbarkeit zu identifizieren sowie entsprechende Anpassungen vorzunehmen. Dabei kann die Durchführung auch von exogenen Faktoren beeinflusst werden, was eine Korrektur der Prozesse notwendig machen würde. Hierzu bietet sich z. B. die PDCA-Methode[44] an, die das Nacharbeiten auf Basis festgestellter partieller Defizite beinhaltet.

Die vierte Phase stellt für die Organisationsmitglieder die *Veränderung* per se dar. Mit der Realisierung der Veränderungen einhergehend, besteht das Ziel, den festgestellten Wandlungsbedarf zu decken und ein erfolgreiches Wandlungsmanagement auf organisationaler und sozialer Ebene zu gewährleisten. Die Phase ist vornehmlich durch instabile Verhältnisse im Unternehmen geprägt, da Überforderung und Unsicherheit gegenüber den

44 Das PDCA-Verfahren ist eine Methodik des Vorgehens des Qualitätsmanagements und ebenso der operativen Qualitätssicherung, häufig auch Deming-Zyklus genannt. Ziele sind eine angemessene Überwachung der Leistungserbringung sowie kontinuierliche Verbesserungen durch das Prozessvorgehen: Plan-Do-Check-Act (Neumann, 2017).

Maßnahmen bestehen. So bedarf es ausreichender Ressourcen, damit die Beteiligten am Prozess wirklich teilnehmen können. Auch Organisationsstrukturen, die nicht direkt von digitalisierungsbezogenen Veränderungen tangiert sind, können betroffen sein, was insofern gilt, als sich das Unternehmen gesamthaft in einer alle Ebenen umfassenden dynamischen Situation befindet. Insgesamt ist es von Bedeutung, den Ängsten und Widerständen der Beteiligten auf persönlicher und emotionaler Ebene zu begegnen. Dabei unterstützen konkrete Maßnahmen wie Coaching, Mentoring oder außerordentliche Teammeetings.

Wie zuvor seien auch an dieser Stelle beispielhafte Fragen für die einzelnen Ebenen präsentiert:

Technologische Ebene:
- Können die geplanten Pilotprojekte realisiert werden?
- Wie interagieren die digitalen Veränderungen mit der externen Umwelt der Organisation?
- Ist das Geschäftsmodell hinreichend digitalisiert?

Organisationale Ebene:
- Wie erfolgreich gestalten sich die operativen Veränderungen in der Organisation?
- Fördert die neue Unternehmenskultur die Effizienz der Organisation?
- Kann das Innovationsmanagement neben dem fortlaufenden Betrieb erfolgreich durchgeführt werden?

Soziale Ebene:
- Wie werden die Veränderungen von den Organisationsmitgliedern angenommen?
- In welcher Art und Weise können die Organisationsmitglieder unterstützt und motiviert werden?
- Wie kann die Mitarbeiterzufriedenheit aufrechterhalten bzw. gesteigert werden?

3.3.2.5 Phase 5: Evaluation & Erneuerung

Die fünfte Phase beinhaltet die *Evaluation* der strategischen Maßnahmen sowie die *Erneuerung* der Organisation.

Die ergriffenen Maßnahmen sind umfassend zu evaluieren. Eine derartige Bewertung hat neben der betriebswirtschaftlichen Überprüfung auch auf der organisationalen und sozialen Ebene zu erfolgen: Demgemäß ist sowohl eine quantitative als auch eine qualitative Evaluation durchzuführen, wie sie etwa durch Audits möglich ist. Durch ein Monitoring können weitere notwendige Verbesserungen für den operativen Betrieb offengelegt werden. So ist beispielsweise zu überprüfen, ob die digitalisierungsbasierten Neuerungen hinreichend implementiert und funktional sind. Dies geschieht etwa durch das Qualitätsmanagement des Unternehmens. Ebenso notwendig ist die Befragung der Belegschaft, ob und inwieweit die Maßnahmen akzeptiert worden sind. So sollte das grundsätzliche Verständnis für eine systematische Digitalisierungsstrategie bereits in den Anfängen des Wandels bei den Beteiligten gesichert werden, da ansonsten die weiteren Phasen in sozialer Hinsicht gefährdet sein könnten.

Auf Seiten des Wandlungsmanagements folgt nun die Herstellung von Stabilität in der Organisation im Sinne des *Refreezing* nach Kurt Lewin. In dem hier entwickelten Modell wird jedoch der Terminus der *Erneuerung* verwendet, weil die digitale Transformation keinen einmaligen Wandel darstellt, sondern vielmehr einen Zustand andauernder Veränderung beschreibt. Bei der verfolgten Strategie kann es aufgrund verschiedener Einflüsse zu Anpassungsnotwendigkeiten kommen, welche wiederum die erneute Wandlungsbereitschaft und -fähigkeit der Organisation erfordern. Eine positive Einstellung gegenüber kontinuierlichen Veränderungsprozessen sowie die hierfür strukturell passenden Gegebenheiten gelten als Merkmale dieser Phase.

Ausgewählte Fragestellungen lauten hier:

<u>Technologische Ebene:</u>
- Wie erfolgreich sind die digitalen Projekte?
- Welche Schwachstellen bestehen und wie können diese behoben werden?
- Welche Korrekturmaßnahmen müssen getroffen werden?

<u>Organisationale Ebene:</u>
- Wie erfolgreich ist der neue organisatorische Ablauf?
- An welchen Stellen gibt es noch Wandlungsbedarf?
- Wie kann die Wandlungsfähigkeit der Organisation beibehalten werden?

Soziale Ebene:

- Haben die Organisationsmitglieder die Veränderungen akzeptiert?
- Wie bewertet die Belegschaft die Veränderungen?
- Welche Probleme gibt es und wie können die Mitarbeiter dazu befähigt werden, diese zu lösen?

3.3.3 Zwischenfazit

Abb. 21 veranschaulicht die Zusammenführung der Ebenen und Phasen.[45] Die Ebenen sind strukturstiftend für das gesamte Phasenmodell und für jede einzelne Phase. Darüber hinaus gilt, dass ein zirkuläres Verständnis zugrunde gelegt wird. Ein anschauliches Beispiel hierfür liegt vor, wenn man etwa Projekte betrachtet, die auf der technologischen und organisationalen Ebene realisiert wurden, bei denen die sozialen Aspekte aber vernachlässigt wurden und damit das gesamte Projekt mit Widerständen belastet ist. In diesem Falle wäre es notwendig, den idealtypischen Ablauf zu verlassen, um wieder in eine vorgelagerte Phase zurückzukehren. Ebenfalls ist zu berücksichtigen, dass selbst nach dem Durchlaufen aller Phasen dies nicht das Ende der organisationalen Veränderungen darstellt, sondern vielmehr ein neuer Organisationsveränderungszyklus beginnt. Die digitale Transformation wird einen stetigen und schnellen Wandel bedeuten, so dass nicht davon ausgegangen werden kann, dass es sich um einen einmaligen Veränderungsprozess handelt. Unternehmen müssen sich demnach als in einem dauerhaften Wandlungsstatus befindlich verstehen, ohne jedoch die Erfolgsfaktoren von Technologie, Organisation und Mensch zu vernachlässigen.

45 Zum Zweck einer geeigneten Darstellung wurden die Ebenen untereinander angeordnet, ohne dass dies eine Gewichtung zum Ausdruck bringen soll.

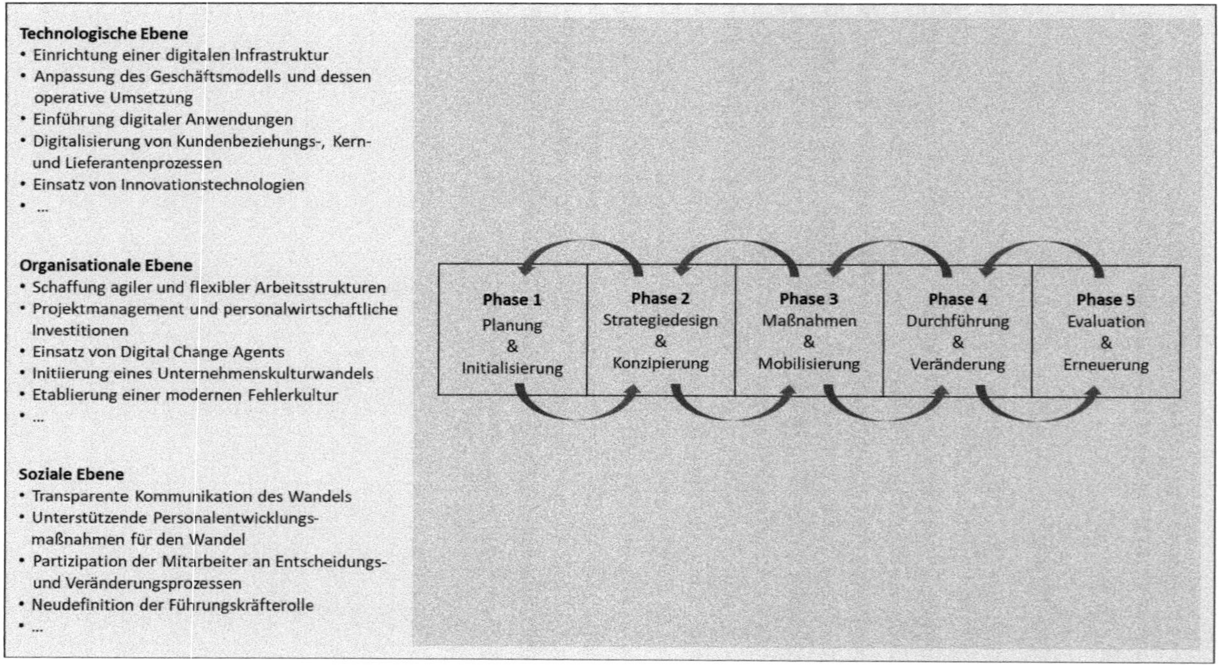

Abb. 21: Zusammenführung von Ebenen und Phasen des partizipativen Modells für die digitale Transformation (Quelle: Eigene Darstellung)

3.4 Partizipation als Modellelement

3.4.1 Digitale Transformation und partizipative Führung

Im Folgenden gilt es nun, das Themenfeld der Digitalisierung mit der Partizipation als Führungselement zusammenzuführen. Diese Symbiose beschreibend, gilt zunächst die Feststellung, dass die technologische Umsetzung von digitalisierungsinduzierten Projekten zumeist nicht den ausschlaggebenden Erfolgsfaktor einer digitalen Transformation darstellt. Vielmehr ist es das hierfür erforderliche Management organisationskultureller und strategischer Implikationen, das erfolgsbestimmend ist. Die digitale Transformation stellt somit primär eine Managementaufgabe dar (Kane, Palmer, Phillips, Kiron & Buckley, 2015; Hess & Barthel, 2017). Dies belegt auch eine Studie von *Accenture*, nach der 75 % der Haupthindernisse bei der digitalen Transformation nicht technologische Faktoren sind (Rasmus & Nichols, 2017).

Eine durchaus verbreitete Autorenmeinung lautet, dass sich Führungskonzepte in Folge der Digitalisierung entscheidend zu verändern haben (so beispielsweise Ciesielski & Schutz, 2016; Gebhardt, Hofmann & Roehl, 2015; Creusen et al., 2017). Eine vergleichsweise zurückhaltende Sichtweise besteht darin, dass etablierte Führungsprinzipien nicht bedingungslos obsolet werden (Genner, Probst, Huber, Werkmann-Karcher, Gundrum & Majkovic, 2017), sondern vielmehr, dass sie sich weiterentwickeln werden (Hinkelmann & Enzweiler, 2018). Hiermit beschäftigt sich aktuell eine Reihe von Autoren, die ihre Überlegungen unter Begriffen wie *Digital Leadership* (wie etwa Creusen et al., 2017), *Leadership 2.0* (wie etwa Lehky, 2011) oder *Digitale Führungsintelligenz* (wie etwa Summa, 2017) zusammenfassen.

Unter einem von Partizipation geprägten Führungsstil wird in dieser Arbeit eine Führungshaltung verstanden, welche die Beteiligung der Mitarbeiter an Entscheidungen und Veränderungen im Unternehmen als grundlegend erachtet. Entsprechend den vorangegangenen Ausführungen soll dabei gelten, dass diese Mitarbeitereinbindung auf einer technologischen, organisationalen und sozialen Ebene zu gestalten ist.

Eine Veränderung der Führungskultur im obigen Sinne könnte eben darin bestehen, dass digitalisierte Prozesse partizipative Führungsprozesse erfordern. Hiermit ist ein Ansatz gegeben, den z. B. Lemke et al. (2017) vertreten, wenn sie die Behauptung aufstellen, dass digitale Führung als partizipative Führung zu verstehen sei und sich aus digitalen Führungsansätzen sowie digitalen Führungskompetenzen zusammensetze (vgl. Abb. 22).

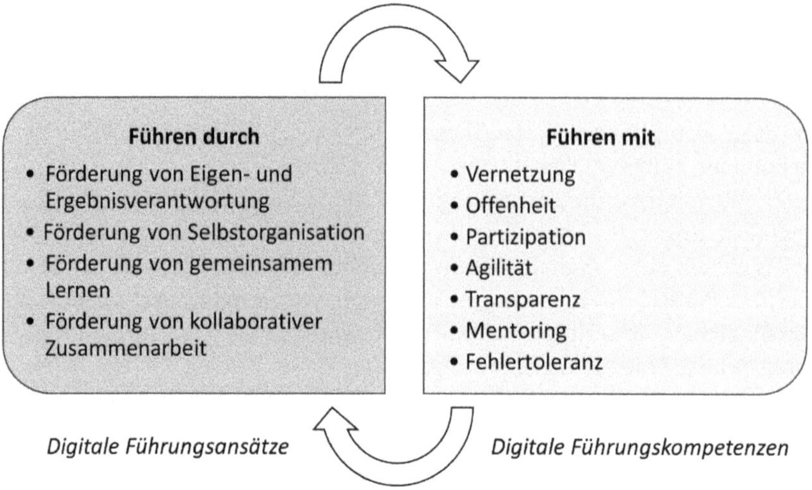

Abb. 22: Digitale Führung bedeutet partizipative Führung (Quelle: Eigene Darstellung in Anlehnung an Lemke et al., 2017, S. 210)

Ein Blick in die Praxis hinsichtlich der Fragestellung, inwieweit Führungskräfte über digitale Führungskompetenzen verfügen, zeigt auf, dass dies nicht hinreichend der Fall ist. In der Studie *Digital Leader - Leadership im digitalen Zeitalter* von *Crisp Research* wurden die Fähigkeiten zur digitalen Führung untersucht. Ein *Digital Leader* muss hier neben den klassischen Führungskompetenzen, wie beispielsweise Delegation, Motivation, Planung und Entscheidung, auch ein *Digital Mindset* – eine disruptive, technologische Denkweise – und *Digital Skills* im Sinne eines Verständnisses für theoretische und praktische Einsatzmöglichkeiten von Themen wie Cloud Computing, E-Business, Innovation Management, User Experience, Digital Marketing und Design Thinking vorweisen. Dabei konnten bei der Umfrage erst 7 % der befragten Führungskräfte die Anforderungen eines *Digital Leaders* erfüllen, 71 % waren noch als *Digital Beginner* einzustufen. Dass dies konträr zur diesbezüglichen Selbsteinschätzung der Führungskräfte steht (knapp 40 % würden sich nämlich selbst bereits als *Digital Leader* ansehen[46]), zeigt auf, dass

46 Ein ähnliches Bild der Selbst- und Fremdeinschätzung digitaler Kompetenzen auf Führungsebene zeichnet sich auch im *TRANSFORMATIONSWERK REPORT 2016* ab, eine bereichsübergreifende Studie zu digitaler Transformation der Wirtschaft:

die Ein- und Auswirkungen der Digitalisierung auf die Führungsarbeit unterschätzt werden (Velten, Janata, Hille & Michel, 2015).

Es wird deutlich, dass ein Bedarf bei der Entwicklung und Aneignung unterschiedlicher und möglicherweise für die Führungskraft neuer digitalisierungsbedingter Fähigkeiten besteht (Ciesielski & Schutz, 2016) und zudem, dass die Fähigkeit zu demokratischen, partizipativen Beteiligungsprozessen zu fördern sei (Hinkelmann & Enzweiler, 2016). Für Unternehmen bedeutet dies, dass die Führungskräfteentwicklung, die dem gerecht wird, eine maßgebliche Aufgabe des Unternehmens sein sollte.

3.4.2 Organisationaler Wandel und partizipatives Vorgehen

Die Beteiligung von Mitarbeitern stellt einen bedeutsamen Erfolgsfaktor bei organisationalen Wandlungsprozessen dar (Lauer, 2014; Zink, 2007; Greif et al., 2004; Werther & Jacobs, 2014) und übernimmt dabei folgende Funktionen, die bereits an anderen Stellen aufgeführt worden sind und hier nochmals zusammenfassend genannt werden: Die Wahrnehmung der Notwendigkeit der Veränderung wird geschärft, Wissen kann gezielt aufgebaut und angewandt werden, Widerstände sind rechtzeitig erkennbar und darüber hinaus steigt durch die Beteiligung die Verpflichtung an der aktiven Teilhabe (Lies et al., 2011). Durch die Möglichkeit der Partizipation an Entscheidungs- und Veränderungsprozessen wird die Demokratisierung von Organisationen gefördert.

So kann etwa der Ansatz der Organisationsentwicklung „[...] geradezu als de[r] Prototyp einer partizipativen Veränderungsstrategie in Organisationen [...]" (Rosenstiel, 1987, S. 3) bezeichnet werden. Kurt Lewin schuf als Begründer der Organisationsentwicklung (Sturm et al., 2011; Schiessler, 2013; Kauffeld et al., 2019) eine Haltung, „[...] die gezielt die Betroffenen zu Beteiligten macht und durch ein partizipatives Vorgehen die Ideen und Erfahrungen der Basis einbezieht, die Akzeptanz für die Veränderung steigert und damit Widerstand reduziert [...]" (Rosenstiel, 2012, S. 8). Der Ausdruck *Betroffene zu Beteiligten machen* stellt ein elementares Prinzip im Veränderungsmanagement dar, welches die konsequente und authentische Einbindung von Mitarbeitern fordert (Rigall, Wolters, Goertz, Schule & Tarlatt, 2005). Und doch bemerkte Reiß schon 1997: „Kaum eine Formel der Implementierungsarbeit ist so relevant und

---

Ca. 44 % der befragten Unternehmensführer schätzten sich und die eigene digitale Kompetenz als hoch oder sehr hoch ein, während nur knapp 14 % der Mitarbeiter damit übereinstimmten (Stoll & Buhse, 2016).

zugleich so schillernd wie die Partizipationsformel ‚Betroffene zu Beteiligten machen!'“ (S. 106).

An dieser Stelle sei der situative Charakter von Partizipation im organisationalen Wandel erwähnt. Der Einsatz von Partizipation ist den phasenspezifischen und kontextuellen Gegebenheiten der Veränderungen anzupassen. Zudem unterliegt Partizipation auch den kulturellen Organisationsnormen. Partizipative Ansätze funktionieren nicht lediglich durch deren Propagierung. Vielmehr soll auch eine positive Einstellung zur Partizipation im Unternehmen geschaffen werden und die spezifischen Grundannahmen, Bedürfnisse und Erwartungen der beteiligten Organisationsmitglieder sind zu beachten (Szabo, 2007). Für die Steuerung eines partizipationsgeprägten Wandlungsvorhabens können folgende Merkmale gestaltgebend sein:

> „*Erstens*, Veränderung ist integriert in übergreifende, längerfristige Entwicklungsprozesse des Unternehmens; *zweitens*, die jeweiligen Veränderungsziele im Hinblick auf Strategien, Strukturen, Geschäftsprozesse oder finanzielle Ressourcen werden nicht einfach von außen (durch Stäbe und Berater) oder oben (Management) vorgegeben, sondern unter Einbezug der betroffenen Menschen entwickelt; *drittens*, die Veränderungen zielen nicht einseitig auf Produktivität und damit auf die finanziellen Interessen der Eigentümer *(shareholder)*, sondern in gleicher Weise auf das Wohlergehen und die Interessen der betroffenen Mitarbeiter (*stakeholder*).“ (Doppler & Lauterburg, 2014, S. 90)

Im Gegensatz zur Auseinandersetzung mit Partizipation im Rahmen organisationalen Wandels in der Wissenschaftswelt wird unterstellt, dass Partizipation in der Praxis wenig umgesetzt wird (Dinkelmann, 2016; Gehrckens, 2016; Kerres & Rosemann, 1992).

Trebesch (2007) ist der Meinung, dass der Mangel an Partizipation auf der unzureichenden Beherrschung hierfür notwendiger Methoden und Instrumente, den daraus resultierenden Kontrollverlustängsten auf Führungsebene und unklaren Begründungen für die Mitarbeiterbeteiligung basiert. Daher sei es zunächst notwendig zu eruieren, welche Ziele Partizipation im Veränderungsprozess hat. Es gilt, dass die Identifikation funktionaler Legitimierungen von Mitarbeiterbeteiligung bei Veränderungsprozessen als Grundlage für Diskussionen darüber dient, warum und wie Mitarbeiter eingebunden werden sollen (vgl. Abb. 23).[47]

47 Die ideologischen Begründungen von Partizipation bleiben in der vorliegenden Arbeit außen vor, da hier Partizipation im Kontext von Unternehmen betrachtet wird, für welche ausschließlich eine funktionale Begründung in Frage kommen kann.

Abb. 23: Begründungen für die Beteiligung von Betroffenen (Quelle: Eigene Darstellung in Anlehnung an Trebesch, 2007, S. 33)

3.4.3 Zwischenfazit

Partizipation ist als ein wesentlicher Bestandteil eines Vorgehens, das dazu beiträgt, der digitalen Transformation im Unternehmen erfolgreich zu begegnen, zu verstehen. Es wird hier davon ausgegangen, dass eine digitalisierungsinduzierte Führung mithin eine partizipative Führung sein sollte. Legitimiert wird dies auch dahingehend, dass Partizipation einen elementaren Aspekt in organisationalen Veränderungsprozessen darstellt, wie es die digitale Transformation einer ist. Dabei soll Partizipation aber nicht lediglich als ein Leitsatz fungieren, sondern ist auf der Basis konkreter Begründungen umzusetzen. Es sind Betrachtungen anzustellen, welche Partizipationsansprüche an welcher Stelle situativ von welcher Anspruchsgruppe ausgehen und wie diese in welchem Ausmaß und in welcher Form in den Wandlungsprozess zu integrieren sind.

Insgesamt lässt sich darüber hinaus feststellen, dass es sowohl im Führungs- als auch im Wandlungskontext kein Totalmodell der Partizipation gibt. Insbesondere fehlt es in der vorhandenen Literatur an einer gesamthaften und kriteriengeleiteten Differenzierung des Phänomens der Partizipation, weshalb in der vorliegenden Arbeit eine derartige Konzeptionierung entwickelt wird.

Zu diesem Zweck wurden alle hier als relevant identifizierten Merkmalsausprägungen von Partizipation, die in den bisherigen Abschnitten dieser Arbeit erläutert und analysiert wurden, eigenständig klassifiziert, zusammengefügt und in ein Schema übertragen. Ergebnis ist das dargestellte *dimensionenorientierte Konzept*[48] der Partizipation in Tab. 14. Wie gefordert zielt das Konzept darauf ab, zu differenzieren, an welcher Stelle Partizipation stattfindet, welches Ziel sie verfolgt, für welche organisatorische Ebene und damit für welche Organisationsmitglieder sie relevant ist, mit welcher funktionalen Begründung sie eingesetzt wird sowie nach welcher Art und in welchem Umfang sie umgesetzt werden sollte.[49]

---

48 Auch Abs (2006) und Veil (1999) verfolgen einen ähnlichen Grundgedanken.

49 Auch wenn im Abschnitt 2.1.3.5 Methoden zur Mitarbeiterpartizipation benannt wurden, ist es nicht sinnvoll, diesen Aspekt als eine weitere Dimension zu präsentieren. Dies ist darauf zurückzuführen, dass es sich um allgemeine Personalentwicklungsmaßnahmen handelt, welchen lediglich ein Partizipationsgehalt zugesprochen wird, der in seiner Art und Weise variieren kann. Man kann deshalb nicht von eigentlichen Partizipationsmethoden sprechen. Es werden hier Empfehlungen gegeben, welche Formen passend zur Klassifizierung sind – eine spezifische Aussage kann jedoch nicht getroffen werden.

Die vorgestellte Systematisierung führt verschiedene Dimensionen von Partizipation auf und clustert diese in die als maßgebend identifizierten Wirkungsrichtungen, nämlich in die Konzeptions- und die Korrekturpartizipation. Es folgt im Anschluss an Tab. 14 eine konkretere Erläuterung.

Tab. 14: Dimensionenorientiertes Konzept des partizipativen Modells für die digitale Transformation (Quelle: Eigene Darstellung)[a]

Dimensionen	**Ausprägungen innerhalb der Konzeptionspartizipation**	**Ausprägungen innerhalb der Korrekturpartizipation**
Partizipationsposition	Phasen des Modells (1 – 5)	Phasen des Modells (1 – 5)
Partizipationsrichtung	vorwärtsgerichtet	rückwärtsgerichtet
Partizipationsebene	Leitungspartizipation, laterale Partizipation, Basispartizipation	Leitungspartizipation, laterale Partizipation, Basispartizipation
Partizipationssubjekt	Führungskräfte, Mitarbeiter	Führungskräfte, Mitarbeiter
Partizipationsintention	Kommunikations-, Widerstands-, Wissens-, Umsetzungs- und Interessensaspekt sowie Systemischer Aspekt	Feedback-, Lern-, Widerstands-, Umsetzungs-, Kommunikations- und Wissensaspekt sowie Systemischer Aspekt
Partizipationstyp	Interessenpartizipation, Informationspartizipation, authentische Partizipation	Interessenpartizipation, Informationspartizipation, authentische Partizipation
Partizipationsgrad	Information, Konsultation, Mitwirkung, Mitbestimmung	Mitwirkung, Mitbestimmung, Selbstbestimmung

[a] Das in der Tab. 14 dargestellte dimensionenorientierte Partizipationskonzept setzt sich aus einzelnen Inhalten zusammen, welche insbesondere auf Domsch & Reinecke (1982), Domsch et al. (1995), Greifenstein et al. (1993), Trebesch (2007), Schanz (2000), Scholl (2004), Szabo (2007), Voß et al. (2003) und Wegge (2004) fußen sowie auf den weiteren Erläuterungen im gesamten Abschnitt 2.1.3.

Partizipation findet in allen fünf Phasen des entwickelten Modells statt. Bei dessen Anwendung sind jedoch die Inhalte des dimensionenorientierten Konzepts spezifisch an die Merkmale der jeweiligen Phase anzupassen. Es handelt sich um eine unmittelbare Beteiligung an strategischen sowie operativen Entscheidungsprozessen – sowohl formeller als auch informeller Natur. Letztere lassen sich bedingt in systematischer Form erfassen. Daher wird nachfolgend ein überwiegend formeller Charakter angenommen. Zudem ist es auch wichtig zu verdeutlichen, welche Wirkungsrichtung die Partizipation hat, wobei die Konzeptionspartizipation ein nach vorne gerichteter Prozess ist und sich mit zukünftigen Inhalten beschäftigt. Hingegen ist die Korrekturpartizipation dadurch geprägt, dass Verbesserungen bereits vorhandener Gesichtspunkte vorgenommen werden, wozu es notwendig ist, in vorgelagerte Prozessstufen zurückzugehen. Ebenso gilt es zu klären, auf welcher hierarchischen Handlungsebene Partizipation erfolgen soll. Gleichermaßen ist eine Entscheidung zu treffen, welche Personengruppe beteiligt wird. Die weiteren Interaktionen sind dann nach den relevanten Partizipationsintentionen zu planen, wie auch nach dem Partizipationsgegenstandsbereich, d. h. welcher Partizipationstyp verfolgt wird. Schließlich gilt es noch, den Intensitätsgrad der Partizipation festzulegen.

Die Inhalte der Tab. 14 können als Wandlungs- und zugleich Führungsansatz verstanden werden. Das dimensionenorientierte Konzept unterstützt die Ausgestaltung von Partizipation und trägt dazu bei, ein grundlegendes Verständnis für die Wirkung und praktische Umsetzung von direkter Mitarbeiterbeteiligung zu schaffen. Es handelt sich dabei um ein theoretisches Verständnis, welches bei der Übertragung in die Praxis an die spezifischen Merkmale des Falles anzupassen ist.

3.5 Modellierung

In diesem Abschnitt erfolgt nun die Modellbildung. Dies geschieht, indem die zuvor dargestellten Ebenen und Phasen mit der soeben erläuterten dimensionenorientierten Partizipation symbiotisch verbunden werden (vgl. Abb. 24). Das hiermit vorliegende neuartige Modell integriert somit die Besonderheiten des strategischen und operativen Managements im Kontext eines digitalen Wandels mit dem Phänomen der Partizipation. Es handelt sich um ein Fünf-Phasen-Modell, welches durch die Möglichkeit des Rückschritts auf vorhergehende Phasen geprägt ist. Dies wird als notwendig erachtet, wenn der digitalen Transformation mit der entsprechenden Agilität und Flexibilität begegnet werden soll.

Die Phasen verstehen sich dabei als das Ergebnis der Verknüpfung eines strategischen Kernprozesses und eines wandlungsbezogenen Prozesses. Die technologische, die organisationale und die soziale Ebene prägen den gesamten Prozess und die einzelnen Phasen. Diese drei Ebenen sind daher die konstitutiven Bestandteile einer erfolgreichen digitalen Transformation.

Die Integration des entwickelten dimensionenorientierten Konzepts der Partizipation erfolgt dergestalt, dass dem nach vorne gerichteten Phasenprozess die Konzeptionspartizipation innewohnt und die Korrekturpartizipation mit der möglichen Rückkehr in vorangestellte Phasen korrespondiert. Im Prozessvorgehen bzw. bei dessen Planung sind in den einzelnen Phasen die Dimensionen und deren Merkmalsausprägungen von Partizipation entsprechend ihrer Wirkungsrichtung zu beachten und dem Schema entsprechend zu integrieren. Im Ergebnis kann dies zum partizipativen Modell als eine Antwort auf die digitale Transformation von Unternehmen führen.

Mit Blick auf eine Umsetzung des partizipativen Modells in der Unternehmenspraxis wird hier die Auffassung vertreten, dass dieses durch die Unternehmensleitung initiiert und nachhaltig gefördert werden sollte, was die Strategieentwicklung per se bereits voraussetzt. Allerdings handelt es sich in dieser Arbeit um einen weitaus umfassenderen Ansatz, was insofern gilt, als die Mitarbeiter aktiv und in jeder Phase einbezogen werden. Dieser Sachverhalt wird als notwendiger Erfolgsfaktor angesehen und erhält somit eine grundlegende Rolle im Modell. Darüber hinaus wird es als bedeutend betrachtet, dass sich die Führungskräfte als Träger und Umsetzer des Partizipationskonzepts verstehen. Hierfür ist es erforderlich, die Managementebenen auf den teilhabegeprägten Umgang mit der digitalen Transformation im Unternehmen vorzubereiten – strukturell wie auch personell. Nicht zuletzt ist auch dafür Sorge zu tragen, dass die Mitarbeiter die Partizipationsförderung verstehen und akzeptieren.

Insgesamt wird von einem situationsbestimmten Einsatz des Konzepts ausgegangen. Das Modell zeigt potentielle Ausgestaltungs- und Anwendungsmöglichkeiten auf, die spezifischer Anpassungen im jeweiligen Unternehmenskontext bedürfen.

Damit wird das hier aufgestellte Ziel als erreicht angesehen, in Gestalt eines deduktiv-modellhaften Vorgehens, die direkte Partizipation von Mitarbeitern in jeder Phase eines digitalen, organisationalen Transformationsstrategieprozesses situativ zum Tragen kommen zu lassen. Dabei hat das Modell eine generelle Aussagekraft und bietet gleichsam eine Grundlage für die Anwendung auf Praxisfälle.

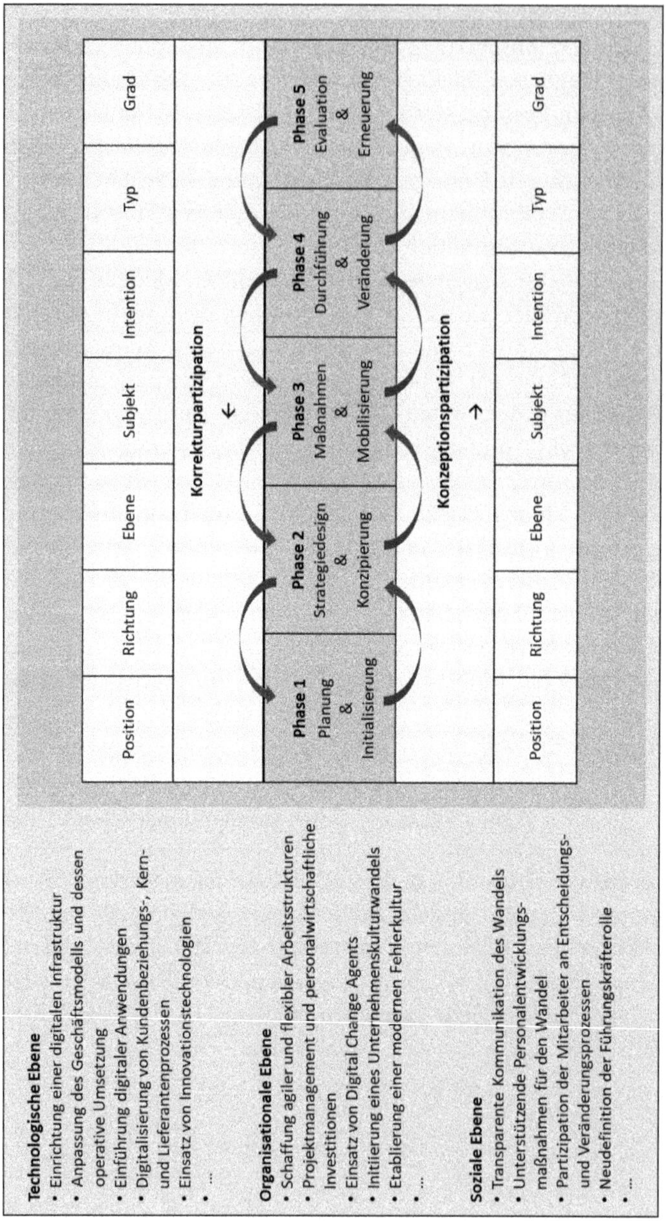

Abb. 24: Partizipatives Modell für die digitale Transformation von Unternehmen (Quelle: Eigene Darstellung)

Um das Modell nun zu konkretisieren, soll der Frage nachgegangen werden, welche Implikationen sich bei dem Transfer des Modells auf das hier betrachtete Fallbeispiel Flughafen ergeben. Dies wird in den nachfolgenden Abschnitten geschehen.

4 Übertragung des partizipativen Modells auf den Flughafen als Unternehmensgruppe

4.1 Einführende Bemerkungen zu Flughäfen

„Aus verkehrsbetriebswirtschaftlicher Perspektive sind Flughäfen Knotenpunkte, an denen eine zeitliche und räumliche Verknüpfung intermodaler sowie intramodaler Verkehrsströme stattfindet" (Conrady, Fichert & Sterzenbach, 2019, S. 160). Sie haben folgende Funktionen (ebd.):

- Hauptfunktion: Bereitstellung von Flächen und Anlagen, die den Luftfahrzeugen Starts und Landungen ermöglichen.
- Wegesicherungsfunktion: Ermöglichung von Starts und Landungen durch die Bereitstellung und Kontrolle von Rollwegen, Vorfeld- und Sicherheitszonen sowie Befeuerungs- und Bodennavigationsanlagen.
- Abfertigungsfunktion: Leistungen, die zur Erbringung von Luftverkehrsdienstleistungen erforderlich sind. Es wird zwischen der betrieblichen Abfertigung, der Abfertigung der Flugzeuge, und der verkehrlichen Abfertigung, der Abfertigung von Passagieren und Fracht, unterschieden.
- Hilfsfunktion: Leistungen, die den Luftverkehr ergänzen, wie beispielsweise die Bereitstellung von Flächen für Wartungsbetriebe.
- Servicefunktion: Leistungen, die die Passagiere als Kunden betreffen, wie Parkplätze, Autovermietungen oder Handels- und Gastronomieangebote (meist in Form der Bereitstellung von Flächen für Dienstleister).

Grundsätzlich werden hinsichtlich Größe, Funktion und Reichweite drei Arten von Verkehrsflughäfen[50] unterschieden: Hub-Flughäfen, sekundäre Flughäfen und regionale Flughäfen. Erstgenannte stellen Drehkreuze für den internationalen und intraregionalen Verkehr dar, wie der *Flughafen München*. Sie zeichnen sich durch ein hohes Transitpassagieraufkommen, ein weites wirtschaftliches Einzugsgebiet und ausreichende infrastrukturelle Kapazitäten für interkontinentale Langstreckenflüge aus. Flughäfen, die vorwiegend den intraregionalen Verkehr bedienen, können als sekundäre Flughäfen bezeichnet

---

50 Ein Flughafen, der gemäß § 12 des Luftverkehrsgesetzes der allgemeinen Personenbeförderung dient, wird als Verkehrsflughafen bezeichnet. Flughäfen, wie z. B. private Flugplätze, werden Sonderflughafen genannt (Gewald, 1999).

werden. Ein Beispiel hierfür ist etwa der *Flughafen Hamburg*. Das allgemeine Passagieraufkommen ist hier größer als jenes der Transitpassagiere, was insofern sachlogisch ist, als sekundäre Flughäfen in einem *Point-to-Point-System* agieren. Diese Flughäfen haben eine außerordentlich große regionale wirtschaftliche Bedeutung. Daneben gibt es Regionalflughäfen, die sich auf *Feeder-Flüge* zu internationalen oder nationalen Flughäfen konzentrieren, wie der *Flughafen Stuttgart*. Dementsprechend ist hier ein geringeres Passagieraufkommen zu verzeichnen, mit insgesamt mehr Direktflügen (Wittmer & Bieger, 2011; Meincke & Tkotz, 2010).

Die Funktionen eines Flughafens spiegeln sich in seinen drei Geschäftsfeldsegmenten wider: Aviation, Bodenverkehrsdienste und Non-Aviation (vgl. Abb. 25). Der Bereich Aviation stellt das Kerngeschäftsfeld dar. Darunter werden alle infrastrukturellen Angebote und Servicetätigkeiten subsumiert, die zur Abwicklung des Flugbetriebes notwendig sind, wie beispielhaft die Bereitstellung von Flugbetriebsflächen, Terminals oder Sicherheitsdienstleistungen. Einnahmen werden in diesem Segment vor allem durch Start-, Lande- und Abstellentgelte erzielt. Darüber hinaus existiert die Sparte der Bodenverkehrsdienste. Hierunter werden alle Aktivitäten und Dienstleistungen verstanden, die der land- und luftseitigen Abfertigung von Passagieren, Gepäck und Fracht dienen, wie etwa Gepäckkontrollen. Zudem haben Flughäfen ein weiteres Geschäftsfeld entwickelt, den Non-Aviation-Bereich. Hierzu zählen z. B. Mieteinnahmen aus bereitgestellten Flächen, Einnahmen aus dem Betreiben von Parkplätzen sowie aus eigenen Einzelhandelsaktivitäten (Schulz, Baumann & Wiedenmann, 2010).

Aviation	**Bodenverkehrsdienste**	**Non-Aviation**
Einrichtungen und Dienstleistungen, die direkt mit dem Flugbetrieb in Verbindung stehen, wie etwa: • Lande-, Start- und Abstellvorgänge • Flug- und Terminalbetrieb • Unternehmenssicherheit • Ground Services • Werksfeuerwehr	Einrichtungen und Dienstleistungen zur Abfertigung von Passagieren, Gepäck und Fracht, wie etwa: • Administrative Abfertigung • Überwachungstätigkeiten • Reinigungsdienste • Flugzeugservice • Betankungsdienste • Flugbetriebs- und Besatzungsdienste	Einrichtungen und Dienstleistungen, die nicht direkt mit dem Flugbetrieb in Verbindung stehen, wie etwa: • Airport-Retailing • Parkraummanagement • Real Estate • Konzessionen • Mieten • Utility-, IT- und Supply-Services

Abb. 25: Geschäftsfelder eines Flughafens (Quelle: Eigene Darstellung in Anlehnung an Schulz et al., 2010, S. 32; Thießen & Gramlich, 2016, S. 20 ff.)

Diese Aktivitäten betreiben Flughäfen aber nicht als allein agierende Unternehmen, vielmehr gehen sie unterschiedliche Unternehmenskooperationen ein, um Dienstleistungen entlang der gesamten Wertschöpfungskette erbringen zu können. Somit ist beim Begriff des Flughafens auch von einer gesamten Unternehmensgruppe auszugehen. Es lassen sich drei Kooperationsformen unterscheiden (vgl. Abb. 26). Vertikale Kooperationen erfolgen innerhalb von Produktionsstufen. Diese sind zum einen rückwärtsgerichtet, also hier in der Weise, dass der Flughafen mit einem Unternehmen der Bodenverkehrsdienste zusammenarbeitet, um etwa Flugbetriebsdienste zu leisten. Hierbei werden oftmals Joint Ventures eingegangen oder Subunternehmen, wie etwa für Handling Agreements, gegründet. Zum anderen bestehen nach vorne gerichtete vertikale Kooperationen, wie z. B. die Partnerschaft zwischen Flughafen und Fluggesellschaften. Ein konkretes Beispiel hierfür ist der Terminal 2 des *Flughafens München*, welcher durch die *Flughafen München GmbH* und die *Deutsche Lufthansa AG* gemeinsam betrieben wird (Conrady et al., 2019). Diagonale Kooperationen bestehen in der Flughafenbranche häufig mit Dienstleistern aus der Informationstechnologie. Schließlich sei noch die horizontale Form von Kooperationen erläutert, welche mit anderen Flughäfen stattfindet. Partnerschaften können sich auf einzelne Teilbereiche erstrecken, wie die gemeinsame Nutzung von Informations- und Kommunikationssystemen, aber auch auf das Gesamtgeschäft. Die gesellschaftsrechtliche Bindungsintensität variiert hier, wobei eine hohe Beteiligung mit Einschränkungen in der wirtschaftlichen Selbständigkeit und der Entscheidungsfreiheit in der Unternehmensführung einhergeht (Schulz et al., 2010).

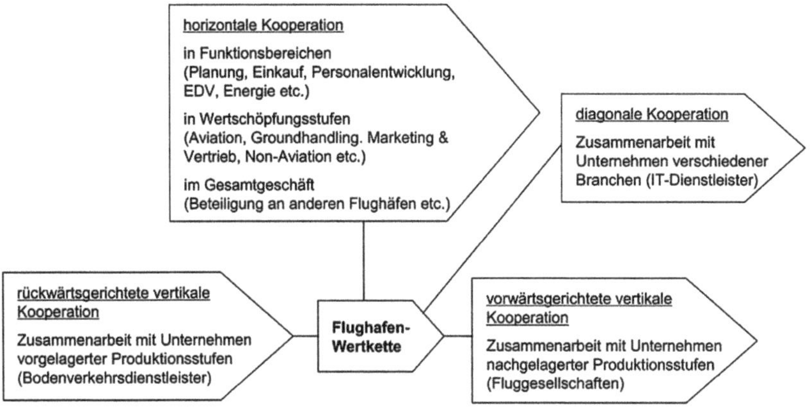

Abb. 26: Kooperationsformen von Flughäfen (Quelle: Schulz et al., 2010, S. 172)

Flughäfen sind somit als Wirtschaftsunternehmen zu qualifizieren. Sie verfolgen, dem Betriebstyp Unternehmen entsprechend, das Ziel der Gewinnmaximierung. Damit gilt es auch für Flughäfen betriebliche Kapazitäten auszuweiten und effektiv zu nutzen (Pompl, 2007). Diese betriebswirtschaftlichen Notwendigkeiten münden im 21. Jahrhundert in einem Phänomen, welches als *Airport City* bekannt ist. Unter diesem Konzept wird die Entwicklung von Flughäfen als reine Verkehrsknotenpunkte hin zu urbanen und regionalen Zentren verstanden. Dies ist darauf zurückzuführen, dass der Non-Aviation-Bereich zu einer wesentlichen Einnahmequelle herangewachsen ist[51], Flughäfen dies erkannt haben und ihre kommerzielle Reichweite über die Flughafengrenzen hinaus ausbauten. Flughafenstädte bieten Flächen für Handels- und Unterhaltungszentren in und außerhalb der Terminals, Büro- und Einzelhandelscluster, Konferenz- und Messeplätze, Hotelanlagen, Logistik- und Freihandelszonen bis hin zu medizinischen Einrichtungen (Kasarda, 2008; Güller & Güller, 2003). Zusammen mit dem Aviation-Betrieb entsteht somit ein Wirtschaftsfaktor mit maßgeblicher Bedeutung für die Region (Keidel, 2010). So ergeben sich direkte volkswirtschaftliche Effekte durch die Schaffung zahlreicher Arbeitsplätze am Flughafenstandort. Ein indirekter volkswirtschaftlicher Effekt ist etwa durch das Arbeitsplatzaufkommen und das damit verbundene Einkommen durch die angesiedelten Unternehmen im Umfeld des Flughafens gegeben. Insgesamt gehen mit der hohen Beschäftigung auch steigende Konsumausgaben einher, was als induzierter Effekt durch den Flughafenbetrieb bezeichnet wird. Schließlich hat die wirtschaftliche Tätigkeit eines Flughafens eine katalytische Wirkung, was insofern gilt, als die ganze Region, wie etwa der ansässige Tourismus, durch den Flughafen regionalökonomisch profitiert (Conrady et al., 2019).

Die unternehmerischen Tätigkeiten einer Flughafenunternehmensgruppe gehen aufgrund der Luftfahrtverkehrsstruktur und der Auswirkungen auf standortbezogener Ebene mit der Notwendigkeit einher, eine Vielzahl von Anspruchsgruppen zu beachten, wie sie in Abb. 27 aufgeführt werden (Trumpfheller, 2006). Nicht zuletzt haben Flughäfen durch die Sicherstellung der Mobilität – regional und global – eine politische und gesellschaftliche Integrationsfunktion (Mensen, 2013).

51 In den Jahren 2010 und 2011 lagen die durchschnittlichen Non-Aviation-Einnahmen bei europäischen Flughäfen bei 47 % (Graham, 2014).

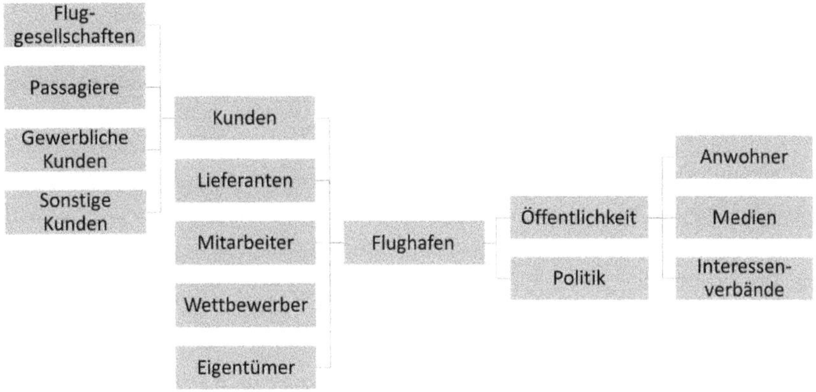

Abb. 27: Stakeholder eines Flughafens (Quelle: Eigene Darstellung in Anlehnung an Trumpfheller, 2006, S. 112)

Die Anspruchsgruppen werden im Folgenden kurz erläutert.[52]

Zu der Gruppe der Kunden gehören im besonderen Maße die Fluggesellschaften, welche in einer symbiotischen Partnerschaft zu Flughäfen stehen. Sie benötigen die Flughafeninfrastruktur und stellen zugleich für die Flughäfen eine wichtige Einnahmequelle dar. Aufgrund der steigenden Einnahmen im Non-Aviation-Bereich sind auch die Passagiere zu einer zentralen Kundengruppe herangewachsen. Je nach Reisemotiv, also Geschäfts- oder Privatreise, weisen die Passagiere ein unterschiedliches Reise- und Konsumverhalten auf. Diesem muss der Flughafen entlang der gesamten Customer Journey gerecht werden. Daneben gibt es gewerbliche Kunden. Hierunter werden die gewerbetreibenden Dienstleister und Konzessionäre im Flughafen sowie im angrenzenden Flughafengebiet verstanden, wie Restaurants, Hotels, Einzelhandelsgeschäfte, Autovermietungen usw. Der Flughafen tritt hierbei als Vermieter der Flächen auf, was maßgebliche Einnahmen generiert. Aber auch Logistik- und Postunternehmen profitieren vom Flughafen als Verkehrsknotenpunkt. Als sonstige Kunden werden nichtreisende Kunden verstanden, wie die Flughafenbesucher, die den öffentlichen Non-Aviation-Bereich und die dortigen Dienstleistungen nutzen. Darüber hinaus kooperiert das Unternehmen Flughafen wie bereits erwähnt mit einer Reihe von Lieferanten, wie z. B. mit Anbietern von Flughafenfahrzeugen, um ihre Dienstleistungen erbringen zu können. Natürlich stellen auch die Mitarbeiter eine wesentliche Anspruchsgruppe dar. Dabei spielen nicht nur die

52 Zusammenfassend nach Trumpfheller (2006) und Schulz et al. (2010).

Arbeitnehmer der Betreibergesellschaft des Flughafens eine bedeutende Rolle, sondern auch die Angestellten der im Flughafenareal ansässigen und tätigen Kooperationspartner, da sie letztlich voneinander abhängig in einem System agieren. Schließlich sehen sich Flughäfen einem Wettbewerb gegenüberstehen, auch wenn dieser vor allem durch hohe Markeintrittsbarrieren eingeschränkt ist. Nichtsdestotrotz gibt es gleichfalls Bedrohungspotential, wie etwa durch *Low-Cost*-Flughäfen oder neuartige intermodale Verkehrsträger wie Schnellzüge. Ebenso konkurriert das Unternehmen mit den lokalen Wettbewerbern im Einzelhandels- und Freizeitangebotssegment. Zudem weisen Flughäfen besondere Eigentums- und Gesellschaftsstrukturen auf. So können sie etwa in öffentlicher Hand oder auch in unterschiedlichem Maße privatisiert sein. Dementsprechend ergeben sich verschiedene Anforderungen und Rahmenbedingungen für den Flughafenbetrieb.

Öffentlichkeitsarbeit stellt auch einen für Flughäfen relevanten Aspekt dar, denn sie müssen beispielsweise aufgrund ihrer negativen ökologischen Auswirkungen durch den Flugverkehr intensiv mit den Anwohnern, Interessenverbänden und Medien kommunizieren. Daneben werden die Rahmenbedingungen des Luftverkehrs von politischen Entscheidungen auf regionaler und globaler Ebene beeinflusst, wie z. B. durch Umweltschutzmaßnahmen oder Marktregulierungen.

4.2 Einflussfaktoren auf die Entwicklungen von Flughäfen

An dieser Stelle sollen konkrete Einflussfaktoren, welche die zukünftige Entwicklung von Flughäfen und deren Betrieb maßgeblich beeinflussen, beleuchtet werden.[53]

Auf politischer Ebene spielen Flughäfen aufgrund ihrer wirtschaftlichen Bedeutung eine zentrale Rolle. Die Branche ist von Liberalisierungsmaßnahmen geprägt, wie der steigenden Privatisierung oder sog. Open Skies-Abkommen, welche in der Luftfahrtindustrie eine freie Marktwirtschaft etablieren. Dem entgegen stehen oftmals die Interessen regionaler öffentlicher Akteure, die weiterhin Einfluss auf Flughäfen ausüben und die ökonomischen Effekte nicht mit ausländischen Kooperationspartnern teilen möchten. Für Flughäfen ist es daher angebracht, sich mit verschiedenen regionalen, nationalen und globalen politischen Zukunftsszenarien auseinanderzusetzen.

---

53 Die Inhalte des Abschnitts basieren auf der PESTEL-Analyse von Amadeus (2012). Diese beschäftigt sich mit der gesamten Luftfahrtindustrie. Hieraus werden im Folgenden Ableitungen für das Segment Flughäfen vorgenommen.

Auf ökonomischer Ebene ergeben sich folgende Herausforderungen. So birgt das globale Wachstum das Risiko neuer Wettbewerber, was vor allem für die sich schnell entwickelnden Schwellenländer, wie etwa Indien, gilt. Insbesondere trifft dies für die Entstehung potentieller multinationaler Unternehmen zu, die aufgrund andersgearteter Liberalisierungsbedingungen die Entwicklung globalisierter Flughafenkonzerne anstreben. Darüber hinaus ist langfristig nicht nur mit einem stetig wirtschaftlichen Wachstum zu rechnen, sondern auch mit der Gefahr von Rezessionen durch eine zunehmend globale Instabilität. Hierunter fällt ebenso der Sachverhalt, dass sich die Wohlstandsverteilung verschiebt, da Länder wie Asien zu einer Marktmacht heranwachsen und sich die wirtschaftlichen Gefüge verändern. Dadurch werden neue Handelsblöcke notwendig. Folglich ist auch mit einer Volatilität der Rentabilität von Flughäfen zu rechnen, welche die Einkommensstrategien beeinflussen. Sie müssen dementsprechend neuartige Finanzierungs-, Ertrags- und Betriebsmodelle entwickeln.

Die soziokulturellen Einflüsse lassen sich im Wesentlichen auf das Wachstum der Weltbevölkerung zurückführen. Der demografische Wandel wird das Leistungsangebot von Flughäfen verändern. Insgesamt wird durch das weltweite Wohlstandswachstum von einem kontinuierlichen Passagieranstieg ausgegangen. Allerdings werden sich die Zielgruppenbedürfnisse ändern, wie beispielsweise im Fall der stetig älter werdenden Bevölkerung. Anspruch wird ein nahtloses Angebot an Dienstleistungen von Flugreisen im Sinne eines Tür-zu-Tür-Transfers sein. Flughäfen sollten in strategischer Hinsicht neue Zielmärkte beachten. Auch aus betrieblicher Sicht ist der demografische Wandel von Belang, denn es wird eine Rolle spielen, wie zukünftiges Fachpersonal gewonnen werden kann.

Einen signifikanten Einflussfaktor bilden die technologischen Entwicklungen. Da die digitale Transformation von Flughäfen in den folgenden Abschnitten detailliert betrachtet wird, soll an dieser Stelle lediglich ein kurzer Abriss der Einflussnahme erfolgen. Die Digitalisierung bringt vor allem Veränderungen für die passagierorientierten Dienstleistungen mit sich. Hierbei sind die Entwicklung und Nutzung mobiler, datenbasierter Anwendungen relevant sowie die Bereitstellung von Flughafen- und Fluginformationen in Echtzeit. Dadurch ergeben sich neuartige Einnahmequellen für die gesamte Flughafenunternehmensgruppe. Insgesamt steigt die Anforderung an die Informationssicherheit und den Datenschutz für den Umgang mit personalisierten Daten. Die Entwicklungen von IuK-Technologien forcieren den Ausbau der technologischen Infrastruktur von Flughäfen und ihren Partner.

Den ökologischen Herausforderungen wird eine zunehmende strategische Bedeutung für Flughäfen prognostiziert, denn insgesamt kann von einem steigenden öffentlichen Bewusstsein für die erhebliche Emissionsproblematik ausgegangen werden. Damit einher geht die Forderung nach ökologischer Nachhaltigkeit entlang der gesamten Wertschöpfungskette des Luftverkehrs.

Schließlich sind die Einflüsse durch legislative Rahmenbedingungen zu nennen. Wie bereits erwähnt sehen sich Flughäfen globalen Wettbewerbern mit weniger regulatorischen Restriktionen gegenüber, was insgesamt zu einer Komplexitätssteigerung auf globaler Ebene führt und als Risiko angesehen wird. Es fehlt eine grenzüberschreitende Strategie, welche eine abgestimmte Konsistenz der Branche auf regionaler, nationaler und globaler Ebene verfolgt.

4.3 Darstellung der digitalen Transformation von Flughäfen

Die genannten Einflussfaktoren bringen es für Flughäfen mit sich, in geeigneter Weise auf die signifikanten Herausforderungen zu reagieren. Somit ist es geboten, dass sie ihre Geschäftsmodellfelder weiterzuentwickeln haben. Hierbei bietet es sich für die Unternehmensgruppe Flughafen an, auf verschiedene moderne digitale Lösungen zurückzugreifen (Bouyakoub, Belkhir, Bouyakoub & Guebli, 2017).

Aus einem organisationalen Blickwinkel heraus betrachtet sollten sich Flughäfen wie andere wirtschaftliche Betriebe auch der digitalen Transformation stellen und damit anpassungsfähiger, unternehmerischer und proaktiver werden (Upadhya & Rawat, 2014). Oder wie es der *Airline Industry Report* von Amadeus (2012, S. 5) ausdrückt: „Tomorrow's airport will be a complex environment with the passenger at its heart, collaboration as its lifeblood and innovation as its currency".

Die Digitalisierung durchdringt die Luftfahrt auf vielfältige Weise: So verändert sich die Customer Journey durch die digitalisierte Planung und Organisation von Reisen, ebenso wie die Mobilitätskonzepte, welche mit dem Luftverkehr zusammenhängen, sowie die Herstellung und Wartung von Flugzeugen durch Industrie 4.0-Anwendungen und schließlich der Flughafen als Unternehmensgruppe aufgrund der Möglichkeit von daten- und plattformbasierten Geschäftsmodellen (Rohleder, 2016).

Auch das bereits erwähnte Konzept *Airport City* wandelt sich in Zeiten der Digitalisierung hin zu der *Smart Airport City*[54]. Darunter wird ein

---

54 Abgleitet werden diese Entwicklungen von den *Smart Cities* (Nagy & Csiszár, 2016): technologisch vernetzte Städte, die darauf abzielen, „[...] sich selbst, ‚effizienter, technologisch fortschrittlicher, grüner und sozial inklusiver zu gestalten'" (Schauer et al., 2016, S. 115).

Konzept verstanden, welches durch den Einsatz intelligenter Technologien die Geschäftsfelder des Flughafens verändert, insbesondere zu nennen sind hierbei die Passagierdienste und die damit in Verbindung stehenden Dienstleistungen, wie z. B. Checkpoints, Passagier-Gepäck-Frachtkontrollsysteme, Infopoints etc. (Popa et al., 2016). „The goal of the smart airport is to make systems and processes digitally aware, interconnected, infused with intelligence and simple to access by everybody“ (ebd., S. 7).[55] Dies wird zusätzlich durch den Gedanken gefördert, aus dem Flughafenareal ein urbanes Zentrum zu machen. Städtisches Leben soll auf digitaler Basis mit Flugreisen und damit einhergehenden weiteren Aktivitäten verknüpft werden (Nagy & Csiszár, 2016).

Als für Flughäfen digitalisierungsfördernd können folgende Technologien angesehen werden, die sich nach Amadeus (2012) bis zum Jahre 2025 etabliert haben sollen: Bei den personenbezogenen Technologien stehen die Nutzung von Smartphones und eines dazugehörigen 5G-starken Netzes sowie Softwareanwendungen zur Gestenerkennung und solche Anwendungen, die erweiterten Realitätsanwendungen dienen, wie beispielsweise 3D-Displays, im Mittelpunkt. Für die Optimierung der Passagierreise stehen in Zukunft Nahfeldkommunikations-, RFID- und QR-Code-Anwendungen, Robotik und automatisierte Dienste zur Nutzung von humangenomischen Profilen sowie der Einsatz von biometrischen Signaturen zur Verfügung. Augmented Reality-Welten, berührbare Hologramme und weitere haptische Technologien führen zu einer Steigerung des Kundenerlebnisses ebenso wie der Einsatz von Social Media, hybriden Plattformen und anderen interaktiven Benutzeroberflächen. Der Smart Airport[56] kann auf ein reichhaltiges Repertoire moderner digitaler Technologien zurückgreifen (vgl. Abb. 28).

55 Andere Autoren sprechen im selben Kontext von einem *Connected Airport* (Boutin, Fechtel, Loh & Tan, 2016) oder einem *Intelligent Airport* (Upadhya & Rawat, 2014).

56 Im Weiteren werden die Begriffe *Smart Airport* bzw. *Smart Airport City* und *Flughafen 4.0* synonym verwendet.

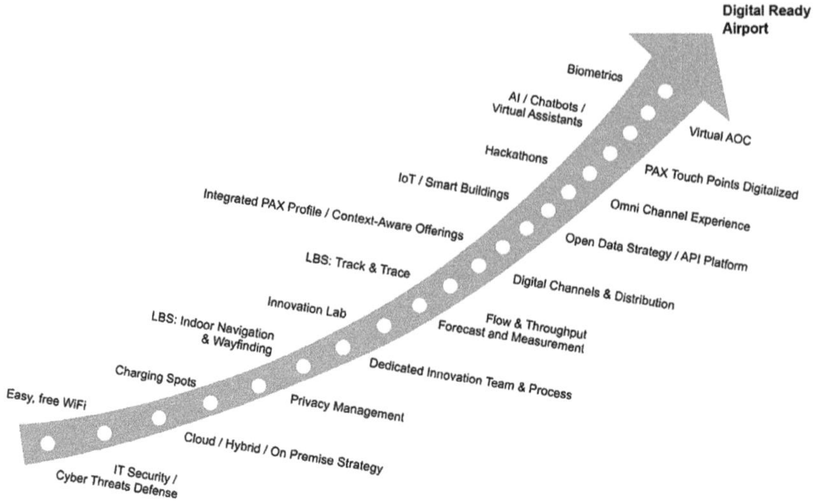

Abb. 28: Digitale Anwendungen eines Smart Airports (Quelle: Airports Council International, 2017, S. 11)

4.3.1 Die Entwicklung vom Flughafen 1.0 zum Flughafen 4.0

Die Entwicklung von Flughäfen kann entsprechend dem technologischen Fortschritt in vier Stufen eingeteilt werden (vgl. Abb. 29).[57]

Die Digitalisierung von Flughäfen hat ihren Anfang Mitte der 1980er Jahre genommen. In dieser Phase des *Flughafens 1.0* stand der grundlegende Flughafenbetrieb im Mittelpunkt, wie vor allem das Management von Landungen und Abflügen sowie landseitige Dienstleistungen, wie Check-in, Boarding und Sicherheit. Im Non-Aviation-Bereich agierten die Flughäfen als Vermieter von Einzelhandelsflächen. Prägend war zudem, dass der Flughafen als Unternehmen mit anderen Akteuren vor Ort nicht vernetzt war. Dies erschwerte eine Systemintegration, womit in letzter Konsequenz ein Mangel an Informationsaustausch einherging. Aus ökonomischen Gründen, vor allem aus Kostensenkungs- sowie Platzgründen und auf Drängen der Flughafengesellschaften, wurden zu dieser Zeit erstmals die Check-in-Bereiche auf mehrere Fluggesellschaften unter dem Einsatz von Informationstechnik verteilt. Der erste Digitalisierungsprozess am Flughafen fand seinen Anfang.

57 Die nachstehenden Ausführungen basieren auf Nau & Benoit (2017), Fattah, Lock, Buller & Kirby (2009) und Pell & Bondel (2018).

Um die Jahrtausendwende entwickelte sich der Typ *Flughafen 2.0*. Im Mittelpunkt dessen stand die Erhöhung der Anzahl IT-unterstützter Anwendungen. Den Passagieren wurden umfangreichere Self-Services geboten, wie beispielhaft ein Check-in, den der Passagier selbst durchführen kann. Hiermit ging unternehmensseitig eine höhere Effizienz einher, da eine gegebene Menge an Passagieren in kürzerer Zeit bedient werden konnte. Ebenso verschlankten sich die Prozesse der Bodenverkehrsdienste.

Das Entstehen des *Flughafens 3.0* wird ca. auf das Jahr 2010 datiert. Die Betriebsführung des Flughafens automatisierte sich und der Einsatz mobiler Anwendungen (gefördert durch das Vorhandensein von Wi-Fi, Breitband usw.) erhöhte sich, wodurch Geschäftsbereiche und Funktionssilos zunehmend ineinandergriffen. Durch die stärkere Übertragung der Verantwortung der terminalseitigen Prozesse auf die Passagiere steht diesen mehr Zeit zur Verfügung, welche sie optional für andersgelagerte Aktivitäten am Flughafen nutzen können. So haben die Passagiere nunmehr die Möglichkeit, die Einzelhandels- und Gastronomieangebote in einem breiteren Umfang wahrzunehmen. Im Ergebnis führt der Einsatz digitaler Lösungen zu einer Verbesserung des Flughafenbetriebs, zur Optimierung des Ressourceneinsatzes und zur Erweiterung des Kundenerlebnisses. Ein Mangel bleibt allerdings, und zwar, dass die gesamte digitale Struktur des Flughafens auf der Ebene einer Insellösung verharrt. Die IT-Systeme der Kooperationspartner am Flughafen sind nicht mit der digitalen Landschaft des Flughafenbetriebs verbunden. Damit bleiben wertvolle Synergien ungenutzt.

Der Beginn der vierten Entwicklungsstufe in Gestalt des *Flughafens 4.0* wird auf den Zeitraum ab 2012 terminiert. Allerdings erfüllen Flughäfen dessen Charakteristika mehr als acht Jahre später noch wenig. Es wird hier davon ausgegangen, dass es sich um die Anfangsphase der Entwicklungsstufe handelt und diese sich erst in Zukunft in ihrer Gänze entfalten wird. Bezugnehmend auf das gesamte Spektrum digitaler Anwendungen wird für ein vollständiges Erreichen des Potentials der vierten Stufe von einer Zeitspanne ausgegangen, welche voraussichtlich bis in das Jahr 2025 reicht. Anzumerken ist schließlich, dass sich nicht wenige Flughäfen sogar erst in der dritten Evolutionsstufe befinden.

Der *Flughafen 4.0* zeichnet sich als ein umfassend intelligenter Flughafen ist aus. Dieser ist geprägt durch den Einsatz von Big Data-Anwendungen. Zudem hat er die Restriktion der digitalen Insellösung überwunden. Die Verwendung von großen Datenmengen und Echtzeitinformationen führt zu einer systemübergreifenden Zusammenarbeit der Akteure sowie zu einer flughafenweiten Prozessintegration. Personalisierte Daten verbessern Passagierservices und das Nutzen von Kundenprofilen sorgt für erweiterte, neuartige Reiseerlebnisse. Der Flughafen ist vollständig mit seinen Stakeholdern vernetzt, wodurch sich neue

Wertschöpfungsmöglichkeiten mit Fluggesellschaften, Einzelhändlern, Logistikdienstleistern und anderen Kooperationspartnern eröffnen.

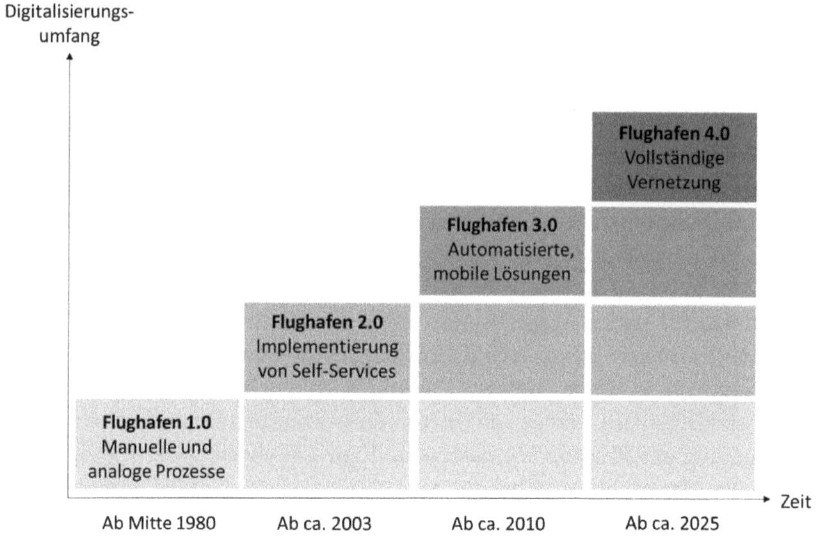

Abb. 29: Entwicklung vom Flughafen 1.0 zum Flughafen 4.0 (Quelle: Eigene Darstellung in Anlehnung an Nau & Benoit, 2017, S. 22 ff.; Pell & Bondel, 2018, S. 6 f.)

Im Folgenden werden ausgewählte Gestaltungsfelder des Flughafens 4.0 näher erläutert. Im Vordergrund steht die Digitalisierung des Passagierbetriebs sowie des operativen Flughafenbetriebs.

4.3.1.1 Digitalisierung des Passagierbetriebs

Die steigende Bedeutung des Non-Aviation-Bereichs als wichtige Einnahmequelle stellt den Passagier als Kunden im Flughafen 4.0 in den Mittelpunkt. Die Optimierung der Passagierreise und der damit verbundene Erlebnisgehalt werden zu einem wesentlichen Strategieaspekt. Der Passagierbetrieb lässt sich in neun Etappen aufteilen (vgl. Abb. 30), die alle durch Digitalisierung verändert werden. Das Dienstleistungsrepertoire beginnt mit der Anfahrt und Ankunft am Flughafen. Hierauf folgen die Inanspruchnahme verschiedener Dienstleistungen für die Flugreise, der Passagieraufenthalt in mehreren Flughafenbereichen sowie letztlich der Flugantritt (Aymonod, Bréchmier, Streichfuss, Peschl, Wilshaw & Dupuy-D´uby, 2017).

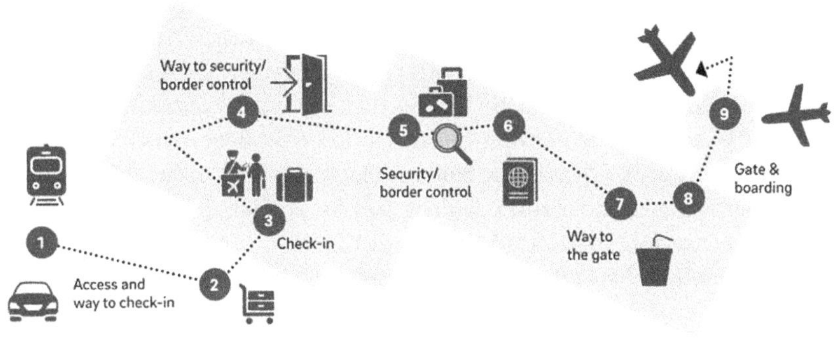

Abb. 30: Etappen des Passagierbetriebs (Quelle: Aymonod et al., 2017, S. 5)

Der Smart Airport bietet eine intelligente Passagierbeförderung, die sich durch eine multimodale Verkehrsanbindung auszeichnet und insbesondere durch das Angebot neuartiger Verkehrsdienste, wie z. B. *Uber*, Fahrgemeinschaften oder fahrerloses Fahren, sog. Robo-Cabs, angereichert ist. Zug- und Busverbindungen sind weitestgehend ausgebaut, so dass auch Passagiere aus ländlichen Umgebungen eine verbesserte Anreise erleben (Streichfuss, 2016). Die Anreise mit dem Auto wird durch Mehrwertdienste, wie etwa einen Park- oder Chauffeurservice, erweitert. Intelligente Verkehrsdienste geben den Reisenden über mobile Endgeräte Auskunft über aktuelle Verkehrsbedingungen und den Flugstatus, unterstützen bei der Anreiseplanung und empfehlen verkehrsbedingte Routenänderungen (Fattah et al., 2009).

Darüber hinaus bringen die Passagiere ihr Gepäck nicht mehr selbst mit an den Flughafen, sondern es wird Serviceleistungen geben, welche die Abholung des Gepäcks vom gewählten Standort des Passagiers beinhalten. Ebenso wird die Gepäcklieferung an den Zielort des Passagiers möglich sein (Amadeus, 2012). Für den Fall der selbstständigen Gepäckmitnahme erfolgt am Flughafen eine automatisierte Gepäckabgabe. Passagiere kennzeichnen ihr Gepäck vor dem Antritt der Reise eigenständig durch selbstgedruckte oder elektronische Gepäckanhänger, welche einen digitalen Barcode aufweisen. Eine Gepäckabgabe beim Bodenpersonal ist nicht länger notwendig (Kovynyov & Mikut, 2019).

Durch RFID-fähige Reisedokumente, wie barcodierte Bordkarten oder E-Tickets, wird ein nahtloser sowie vollautomatischer Check-in-Prozess bereits beim Betreten des Flughafens durch biometrische Gesichtserkennungsverfahren aktiviert – oder darüber hinaus schon bei der Anreise mit unterschiedlichen

Verkehrsmitteln, so wird beispielsweise der Check-in bei Betreten der Zubringerbahn zum Flughafen durchgeführt. Auch die Sicherheits-, Pass- und Grenzkontrollen sind weitgehend automatisiert und vollziehen sich erneut durch die digitalen Bordkarten und mittels intelligenter Personenerkennungsverfahren. Für die Passagiere bedeutet dies einen nahtlosen Abflugprozess sowie optimierte Zeitfenster für den Aufenthalt am Flughafen. Dies führt insbesondere zu einer erhöhten Kundenzufriedenheit, welche sich letztlich positiv auf den Unternehmenserfolg auswirkt (Amadeus, 2012).

Der Aufenthalt der Passagiere wird durch mobile Navigations- und Assistenzlösungen unterstützt.[58] Die Lokalisierung des Kunden anhand seiner Daten ermöglicht die Berechnung des für ihn optimalen Weges im Flughafenbereich. So werden die Passagiere durch die Terminal- und Gate-Bereiche geleitet. Auch interaktive Bildschirme, die es den Passagieren ermöglichen, personenbezogene Interessenspunkte zu erreichen, stellen einen signifikanten Kundenwert dar (Nau & Benoit, 2017).

Das kommerzielle Kundenerlebnis, die zentrale Einnahmequelle des Non-Aviation-Bereichs, findet während des gesamten Aufenthaltes im Flughafenareal statt, insbesondere jedoch bei den Einkaufs- und Erlebniswelten in den Gate-Bereichen. Die Einkaufsmöglichkeiten werden durch NFC-Touchpoints, QR-Codes sowie mobile Zahlungen digitalisiert und Omni-Channel-basiert vertrieben. Der Einzelhandel bietet zunehmend personalisierte Angebote an, welche auf den Passagierreisedaten beruhen. Außerdem ist es möglich, Produkte über mobile Anwendungen zu kaufen und diese an selbstgewählte Standorte liefern zu lassen, so etwa an den Zielort der Passagiere (Streichfuss, 2016). Einzelhändler präsentieren sich mit virtuellen Schaufenstern und Augmented Reality-Produkt-Erlebnissen. Auch der 3D-Druck von Produkten in den Geschäften selbst wird möglich sein. In Echtzeit werden Angebote und Rabatte auf Basis kurzfristiger Verhaltensweisen der Passagiere während ihres Aufenthaltes am Flughafen prognostiziert und bereitgestellt. Des Weiteren werden Dienstleistungen unter Berücksichtigung des Passagierprofils, des Zwecks der Reise und des Zielortes individuell angeboten. Daneben wird der Passagieraufenthalt durch Unterhaltungsangebote am Flughafen angereichert. Hierzu zählen beispielsweise Kinos, Museen und Kunstgalerien. Im Zuge der Digitalisierung weiten sich diese Angebote auf immersive und interaktive Spiel- und Unterhaltungsoptionen aus, zu denen unter anderem Virtual Reality-Spiele zählen (Amadeus, 2012). Der Ausbau der Einkaufs- und Erlebniswelten führt auch zu mehr Flughafenbesuchern, die lediglich die kommerziellen Möglichkeiten auf

58 Man spricht hier auch von einem *Trip Concierge* (Fattah et al., 2009).

dem Flughafengelände in Anspruch nehmen. Die Smart Airport City wächst, der Kundenstamm wird größer und die Einnahmen steigen.

Auch die letzte Passagieretappe gestaltet sich für die Kunden durch digitale Anwendungen ohne physische Kontaktpunkte zum Flughafenpersonal. Wie zuvor in anderen Bereichen des Flughafens werden die Passagiere beim Eintritt in den Gate- und Boarding-Bereich durch RFID-Kennzeichnungen identifiziert und ihr Status als abreisebereite Fluggäste wird an die Flugzeugbesatzung gemeldet. Das Passieren des Einstiegsbereichs sowie das Betreten des Flugzeuges erfolgen ebenso mittels automatischer Scan-Technologien. Physische Kontrollen durch die Angestellten der Fluglinie werden obsolet. Die Passagiere werden über ihre mobilen Geräte navigiert und für den Fall informiert, dass sie sich im falschen Boardingbereich befinden. Ebenso gilt, dass der potentiell fälschliche Eintritt in ein Flugzeug verweigert wird (Bouyakoub et al., 2017).

4.3.1.2 Digitalisierung des operativen Flughafenbetriebs

Entlang des operativen Flughafenbetriebs können für die Darstellung der digitalisierungsinduzierten Veränderungen fünf Bereiche herangezogen werden (vgl. Abb. 31): der Anreise- und Ankunftsbetrieb, der Terminalbetrieb, der Dienstleistungsbetrieb zur Abwicklung des Flugbetriebes, die Passagierservices sowie die Bodenverkehrsdienste (Aymonod et al., 2017).

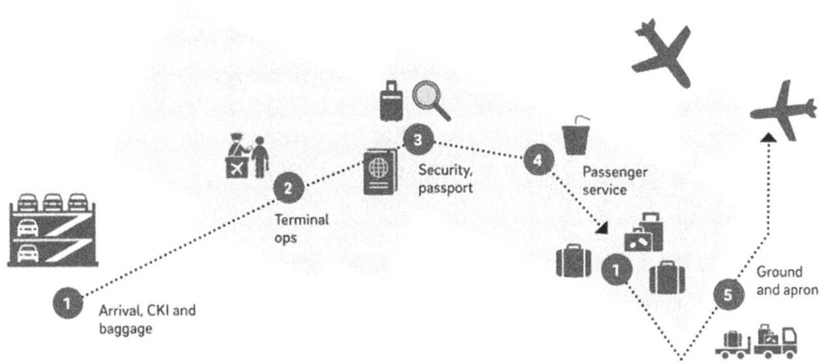

Abb. 31: Bereiche des operativen Flughafenbetriebs (Quelle: Aymonod et al., 2017, S. 5)

Die Anreisemöglichkeiten werden sich durch die multimodalen Verkehrsoptionen dahingehend verändern, dass Flughäfen mehr Kapazitäten für öffentliche Verkehrsmittel und kurzfristige Parkmöglichkeiten bereitstellen. Als Folge dessen wird sich der Bedarf an Parkplätzen für Passagiere, die mit dem eigenen Auto anreisen, reduzieren. Dadurch entfällt zunehmend auch eine Einnahmequelle, welche durch die Vereinnahmung von Zugangsentgelten für die neuartigen Verkehrsträger kompensiert werden muss. Hierfür sind Kooperationen mit entsprechenden Verkehrsdienstleistern nötig, die in die Infrastruktur des Smart Airports integriert werden (Streichfuss, 2016). Die weiterbestehenden Parkplätze, wenn auch in geringerem Umfang, bieten ebenfalls digitalisierte Dienstleistungen an, wie im Voraus zu buchende Parkoptionen oder intelligente Parkplatzzuweisungen je nach Datenlage (Aymonod et al., 2017).

Die Gepäckabfertigung erfolgt nicht länger durch das Bodenpersonal. Vielmehr wird dieser Prozess an die Passagiere ausgelagert. Die Mitarbeiter haben keinen physischen Kontakt zu den Gepäckstücken, sondern handhaben diese mittels digitaler Barcodes. So können auch in Echtzeit Änderungen auf Basis der Passagier- und Flugdaten vorgenommen werden, wie es beispielsweise nötig ist, wenn Flugpläne nicht eingehalten werden können. Diese Veränderungen schlagen sich auch im flugseitigen Bereich der Gepäckbeförderungsdienstleistungen nieder. So kann der betriebliche Gepäckfluss, die rechtzeitige Lieferung und Reihenfolge von Gepäckstücken, anhand digitaler Technologien effizienter erfolgen (Kovynyov & Mikut, 2019).

Der Terminalbetrieb zeigt eine veränderte Architektur, da sich die klassischen Charakteristika eines Terminals, wie die Stationen Check-in und Gepäckaufgabe, zunehmend auflösen. Sie weichen neuartigen mobilen Pop-up- und Selbstbedienungseinrichtungen. Hinzu kommt die Veränderung der Einzelhandels- und Gastronomiebetriebe. Gleichzeitig verändert sich auch das Terminaldesign, welches zukünftig durch einen gestiegenen Anspruch an Ästhetik und den Einbezug natürlicher Elemente geprägt sein wird (Amadeus, 2012). Darüber hinaus wird der Terminalbetrieb durch den Einsatz von Anwendungen des Internets der Dinge gekennzeichnet sein. Beispielhaft können datenbasierte, intelligente Anwendungen Instandhaltungsmaßnahmen, wie von Gepäckmaschinen, vorausschauend steuern und optimieren, ebenso wie der Einbezug von Umgebungsdaten wie Temperatur, Luftfeuchtigkeit, Lärm usw. maßgeblich das Objektmanagement unterstützen wird. Der operative Betrieb wird sich durch den Einsatz mobiler Endgeräte – Smartphones und Tablets – auszeichnen. Diese werden im übertragenen Sinne die neuen Werkzeuge für die Mitarbeiter in allen operativen Bereichen des Flughafens sein (Nau & Benoit, 2017).

Insgesamt kann davon ausgegangen werden, dass sich durch die betriebliche Digitalisierung auch die Business-to-Business-Dienstleistungen wandeln. Die gewerblichen Kunden des Flughafens werden ebenfalls von den technologischen

Anwendungen profitieren. Dies gilt insofern, als dass die gesamte Wertschöpfungskette der Flughafenunternehmensgruppe optimiert wird. So werden die datenbasierten und echtzeitorientierten Kollaborationsanwendungen mit Logistikdienstleistern, Einzelhändlern, Hotels, Verkehrsträgern usw. zu einem effizienteren Flughafenbetrieb führen (Fattah et al., 2009).

Im Bereich der Sicherheits-, Grenz- und Passkontrollen werden die neuartigen Identifikations- und Überwachungstechnologien schnellere Passagierüberprüfungen nach sich ziehen. Wie vorangehend erläutert, werden die Sicherheitsüberprüfungen bereits bei der Passagierankunft mittels scannender Umgebungstechnologien automatisch durchgeführt. Grenzkontrollen werden aufgrund von Risikoeinschätzungen durch intelligente Analysetools gesteuert, welche Passagier- und Reisedaten einbeziehen (Amadeus, 2012). Damit bedarf es weniger Personal in diesem Bereich.

Der Bereich der Passagierservices ist durch digitale Anwendungen geprägt, welche auf einem kostenlosen Netzwerk in Form von öffentlich zugänglichen Hotspot-Zugängen basieren. Dies ist notwendig, um kommerzielle Services im Non-Aviation-Bereich anbieten zu können. Insgesamt werden zukünftig höhere Bandbreiten, stärkerer Datenaustausch und gestiegene IT-Kapazitäten möglich sein, welche den digitalen Betriebsaktivitäten des Flughafens dienen. Darüber hinaus wird der Flughafenbetrieb auf Basis von Cloud-Anwendungen agieren, wie dies beispielsweise für den Back-Office-Betrieb gilt. Im Zuge dessen werden aber auch die Cybersicherheit und die damit verbundenen betrieblichen Implikationen eine zentrale Rolle im Flughafenmanagement spielen (Nau & Benoit, 2017).

Die Veränderungen auf der Passagier- und operativen Betriebsseite führen vor allem für den Flughafen als organisationale Institution zu wesentlichen Innovationen und damit unweigerlich zu einem organisationalen Wandel. Klassische Prozesse in allen drei Bereichen – Aviation, Bodenverkehrsdienste und Non-Aviation – werden sich umstrukturieren. Die dadurch entstehenden Herausforderungen sind vor allem für diejenigen Personengruppen von Bedeutung, welche mit der operativen Umsetzung beauftragt sind: die Mitarbeiter.

4.3.2 Kritische Würdigung ausgewählter Praxisbeispiele

Im folgenden Abschnitt schließt sich eine Betrachtung ausgewählter Flughäfen und einzelner Projekte an, welche sich durch einen hohen digitalen Innovationsgrad auszeichnen. Dies geschieht auch unter einem kritischen Blickwinkel. Um einer globalen Perspektive Rechnung zu tragen, wurde der *Singapore Changi Airport* ausgesucht. Für den europäischen Raum wird beispielhaft der

Amsterdam Airport Schiphol aufgeführt. Der *Flughafen München* stellt schließlich den Repräsentanten der deutschen Flughäfen dar.

Singapore Changi Airport[59]
Der *Singapore Changi Airport* ist der siebtgrößte Flughafen weltweit. Insgesamt konnte der Flughafen ein Passagieraufkommen von 66,3 Millionen Fluggästen im Jahr 2019 verzeichnen. Mit über 100 Fluggesellschaften, die den Flughafen anfliegen, und einem Streckennetz mit 380 Städten gehört der *Singapore Changi Airport* zu einem der verkehrsreichsten Flughäfen weltweit. Darüber hinaus hat er mehrere Preise gewonnen, darunter den im Jahre 2019 insgesamt zum zehnten Mal verliehenen Preis des *World´s Best Airport* der Ratingagentur *Skytrax*. Ebenso wurde er durch eine Umfrage des *Council International's* zur Servicequalität im Jahr 2018 zum besten Flughafen in seiner Größe und Region ausgezeichnet. Das Mutterunternehmen *Changi Airport Group* unterhält vier Terminals sowie über 500 Einzelhandels- und Dienstleistungsbetriebe und im gesamten Flughafenareal arbeiten ca. 50.000 Personen, die sich auf über 200 Unternehmenspartner verteilen.

In seinem vierten Terminal bietet der *Singapore Changi Airport* einen vollautomatisierten Abflugprozess an, welcher als *Fast and Seamless Travel (FAST)-System* bezeichnet wird. Wie für einen Flughafen 4.0 typisch, durchläuft der Passagier den Abflugprozess ohne physische Kontaktpunkte zu Mitarbeitern des Flughafens auf der Basis von Gesichtserkennungs- und Biometrik-Technologien. Die eingesetzten Selbstbedienungskioske erfassen die Identität der Fluggäste automatisch, Gepäck wird anhand einer digitalen Kennzeichnung an automatisierten Gepäckabwurfmaschinen durch den Passagier selbst abgegeben, Sicherheitskontrollen werden mittels Computertomographiegeräten durchgeführt und Pass- sowie Grenzkontrollen erfolgen durch Fingerabdrücke und Gesichtsdaten. Die Gate- und Boardingbereiche sind ebenfalls durch automatisierte Einreisetore ausgestattet, deren Funktionen an die digitalen Bordkarten auf den Endgeräten der Passagiere gekoppelt sind (Aerospace Singapore, 2019).

Auch auf Seiten des nach innen gerichteten operativen Flughafenbetriebs hat die Digitalisierung in Form verschiedener Smart Airport-Lösungen am *Singapore Changi Airport* Einzug gehalten. So werden unter Einsatz von IT-basierten Anwendungen Betriebsdaten erfasst, um eine kollaborative Plattform zu schaffen. Diese dient als Basis für eine koordinierte und effektive Zusammenarbeit im gesamten Flughafen-Ökosystem. Beispiele hierfür sind

---

59 Die folgenden Inhalte basieren, soweit nicht gesondert zitiert, auf dem Geschäftsbericht 2018/19 der *Changi Airport Group* (Changi Airport Group, 2019a).

im Bereich der Bodenverkehrsdienste zu finden: Es werden die Positionen von Flugzeugen und Fahrzeugen sowie deren Bewegungen lokalisiert und Zeitmessungen vorgenommen, um so eine grafische, interaktive Flughafenkarte in Gestalt einer mobilen Applikation bereitzustellen. Die Nutzung von Echtzeitdaten unterstützt das Bodenpersonal bei der Koordination und dem Management flugseitiger Operationen maßgeblich, wie etwa bei Abfertigungsdiensten und der Abwicklung des Passagierverkehrs. Dieses Datenmanagement ist auch im Terminalbereich relevant, in welchem die Mitarbeiter, die als *Changi Experience Agents* bezeichnet werden, mit mobilen Endgeräten ausgestattet arbeiten. Anhand der interaktiven Plattform können bei Bedarf Fluginformationen und andere Standortinformationen in Echtzeit bei der Kundenbetreuung eingesetzt werden. Ebenso sind die Big Data-Anwendungen im Bereich des Gebäudemanagements von Bedeutung. Durch den Einsatz digital gesteuerter Inspektionsmöglichkeiten können Fehler und Wartungen in den Flughafenanlagen schneller und effizienter durch Service-Teams gelöst werden. Durch die rationalisierten Arbeitsabläufe erhöht sich die Produktivität in diesen Abteilungen (Choudhury, 2015[60]).

Mit einem Blick auf das Design des *Singapore Changi Airports* wird auch deutlich, dass der Flughafen seine Terminalarchitektur den Flughafen 4.0-Entwicklungen anpasst (vgl. Abb. 32). So ist zum einen zu erkennen, dass Terminalbereiche durch ästhetisch ansprechende und der natürlichen Umgebung ähnelnde Gestaltungen angereichert werden, mit welchen ein verbessertes Kundenerlebnis erreicht wird. Zudem verändern sich beispielsweise die Check-in- und Gepäckaufgabestationen, indem sie in ihrer Funktion als Selbstbedienungseinrichtungen zunehmend in den Terminal als Ganzes integriert und weniger als kontrastierende Stationen wahrgenommen werden. Hinzu kommt die Bereitstellung neuartiger Unterhaltungsangebote, die vor allem auf Augmented Reality-Erlebnissen basieren, um so den Passagieraufenthalt interessanter zu gestalten.

---

60 Die Quelle basiert auf einem Interview mit Steve Lee, dem CIO der *Changi Airport Group* in 2015.

Abb. 32: Einblick in den Singapore Changi Airport (Quelle: Eigene Darstellung in Anlehnung an Changi Airport Group 2019b, o. S.)

Erkannt hat der *Singapore Changi Airport* ferner, dass die digitalisierungsbedingten Entwicklungen einen Einfluss auf die Arbeitsplätze und -aufgaben haben und die Mitarbeiter dahingehend zu qualifizieren sind. Zu diesem Zwecke initiiert das Unternehmen für die 2.000 Mitarbeiter im Mutterkonzern konkrete Personalentwicklungsmaßnahmen, wie beispielsweise die Bildung eines Komitees für Mitarbeiterschulungen, welches sich der Herausforderung annimmt, die adaptiven und technologischen Fähigkeiten in der Organisation zu stärken. Im Rahmen verschiedener Initiativen nehmen Mitarbeiter an Kursen und Workshops zur Digitalisierung teil. Ziel ist es dabei, die Akzeptanz neuer Technologien zu stärken sowie notwendige Kompetenzen für den *Digital Workplace* aufzubauen. Unterstützend kommen hier mobile Lernapplikationen zum Einsatz.

Ferner wird auch bereits einigen zuvor identifizierten Erfolgsfaktoren von digitaler Transformation, namentlich der Agilität sowie der Ambidextrie, Rechnung getragen. Dies findet seinen Ausdruck darin, dass der Mutterkonzern, die *Changi Airport Group*, mit Corporate Start-ups zusammenarbeitet, um innovative Technologielösungen zu entwickeln. Hierzu wird darüber hinaus ein Kollaborationsraum namens *DIVA* (Digital Innovations Ventures Analytics) zur Verfügung gestellt, welcher der Zusammenarbeit multidisziplinär zusammengesetzter Teams in Innovationsprojekten dient. Ziel ist es, unter Einsatz neuartiger agiler Entwicklungsiterationsmethoden funktionsübergreifende Silos aufzulösen und durch das Zusammenführen der verschiedenen Kompetenzen der Mitarbeiter und externer Akteure die organisationale Digitalisierungsfähigkeit zu fördern (Changi Airport Group, 2019c).

Der *Singapore Changi Airport* ist hinsichtlich seiner digitalen Aktivitäten im Passagierbetrieb und im operativen Betriebsablauf seines vierten Terminals als Flughafen 4.0 zu bewerten. Deutlich wird, dass die digitalen Anwendungen das Zentrum der Flughafenaktivitäten darstellen. Hiermit einher geht auch die Anpassung der Unternehmensorganisation der Betreibergesellschaft an die entsprechend veränderten Prozesse, was vor allem die Vorbereitung der Belegschaft hierauf betrifft. Nicht ersichtlich ist hingegen, inwieweit die Mitarbeiter in die Entwicklung digitaler Lösungen eingebunden werden und ob sie an deren Implementierung maßgeblich partizipieren können. Auch inwiefern Subunternehmen und andere Dienstleister in die Digitalisierungsstrategie eingebunden werden, kann hier nicht beantwortet werden.

Amsterdam Airport Schiphol[61]

Der *Amsterdam Airport Schiphol* gehört zu den führenden Hubs Europas. Überdies ist er ein multimodales Verkehrsdrehkreuz, so vor allem durch die internationalen Zugverbindungen mit dem *Eurostar*. Im Jahr 2018 verzeichnete der Flughafen ca. 71 Millionen Passagiere und 327 angeflogene Zielorte. Über 300 Einzelhändler operieren im Flughafenbereich und insgesamt befinden sich auf dem Gelände über 500 Unternehmen mit einer Gesamtzahl von rund 6.700 Mitarbeitern, davon gehören ca. 2.100 zur *Royal Schiphol Group*, der Flughafenunternehmensgruppe. Der Mutterkonzern wurde 2018 von der *Air Transport Research Society* als Europas effizientester Flughafen ausgezeichnet und gewann den *International Airport Review Award* in der Kategorie *Technologielösung des Jahres für die digitale Infrastruktur*.

Die Steigerung des Kundenerlebnisses findet ihren Beginn bereits vor dem Reiseantritt zum *Amsterdam Airport Schiphol*. Zusammen mit ortsansässigen Lieferdiensten hat der Flughafen 2018 ein Pilotprojekt zur Gepäckabholung am Heimatstandort der Passagiere initiiert. Fluggäste übernehmen den Gepäck-Check-in bereits im Vorfeld zu Hause und sind in den weiteren Gepäckprozess

---

61 Die folgenden Inhalte beziehen sich, soweit nicht gesondert zitiert, auf den Geschäftsbericht 2018 der *Royal Schiphol Group* (Royal Schiphol Group, 2019).

nicht involviert, während Dienstleister die Gepäckbeförderung betreuen. Auch Gepäckabgabepunkte, wie an Hotels, sind zukünftig geplant. Dies soll zu Entlastungseffekten in den Check-in-Bereichen der Terminals führen und die Nutzung multimodaler Verkehrsmittel fördern. Der Flughafen investiert zudem in neuartige Mobilitätskonzepte, wie in den *Hyperloop*, ein Hochgeschwindigkeitsverkehrssystem zur Personenbeförderung mittels Röhren, um so die Attraktivität des Flughafens zu steigern. Diese innovationsgetriebenen Aktivitäten verfolgen das Ziel eines Smart Airports im Sinne einer Flughafenstadt.

Daneben zeichnet sich das digitale Fluggasterlebnis am *Amsterdam Airport Schiphol* vor allem durch die eigens entwickelte *Schiphol*-App aus, einen digitalen Reiseassistenten, der allen Passagieren kostenlos zur Verfügung steht. Dessen Nutzung beginnt vor dem Eintreffen der Passagiere am Flughafen. Die App bietet individuelle Parkservices an, wie z. B. eine der Reise vorgelagerte Reservierung von Parkplätzen. Darüber hinaus können sich die Kunden in Echtzeit über ihren Flugstatus informieren und erhalten entsprechende Statusmeldungen über Verspätungen etc. Für den Aufenthalt im Flughafengelände wird eine Navigation anhand einer interaktiven Karte zur Verfügung gestellt, um den Passagieren individualisierte Reiserouten anbieten zu können. Auch können in Echtzeit die Wartezeiten bei den Sicherheitskontrollen abgefragt werden, um so den Aufenthalt zu optimieren. Zudem erhalten die Nutzer der App Informationen und Angebote für den Einzelhandel (Schiphol, 2020).

Die *Schiphol*-App stellt jedoch nicht die Funktion einer digitalen Bordkarte zur Verfügung, womit eine andersgeartete Verifizierung geboten ist. Außerdem fehlt eine Verknüpfung mit Verkehrsmitteln über das Fortbewegungsmittel Auto hinaus und es ist bisher nicht möglich, die mobilen Anwendungen mit den Gegebenheiten der Zielflughäfen zu kombinieren. Die Anwendung endet folglich mit dem Betreten des Flugzeugs am *Amsterdam Airport Schiphol*.

Für die Implementierung eines nahtlosen Passagierbetriebs, so wie sie der *Singapore Changi Airport* bereits umsetzen konnte, läuft laut der *Royal Schiphol Group* ein erstes Pilotprojekt hierzu. Kompensiert werden soll diese Lücke vorerst durch die Nutzung des mobilen Reiseassistenten. 2019 wurde die App durch den Service eines Omni-Channelbasierten 24-Stunden-Informationsdienstes ausgeweitet, an den sich Passagiere wenden können – die physischen Informationsschalter im Terminalbereich sollen sukzessive eingestellt werden.

Der *Amsterdam Airport Schiphol* erweitert seine Tätigkeiten darüber hinaus durch das Geschäftsmodell eines *Data Hubs*. So entstehen durch die digitalisierten Flughafenprozesse eine Vielzahl von Daten, die als Ware an kooperierende Dienstleister verkauft werden können, wie beispielsweise an verschiedene Verkehrsträger oder an den Einzelhandel. Der Flughafen wird damit zu einer

Datenhandelszentrale. Auch können die Fluggesellschaften die Informationen aus den Passagierströmen nutzen, um die eigenen Prozesse zu optimieren.

Die Mitarbeiter werden in dem hiermit einhergehenden organisationalen Wandel dadurch mitgenommen, dass ihnen regelmäßige IT-Trainingsprogramme angeboten werden. Auch gibt es eine *Digital Week*, ein Bündel an Veranstaltungen, welche die Mitarbeiter über die digitalen Veränderungen sowie über einschlägige Themen, z. B. zu künstlicher Intelligenz, informieren.

Bei der Betrachtung des *Amsterdam Airport Schiphol* zeichnen sich Merkmale eines Flughafens 4.0 ab. Erkennbar ist, dass der Flughafen passagierseitig digitale Lösungen anbietet, und dies über die Unternehmensgrenzen hinaus. Auf Seiten des operativen Flughafenbetriebs fehlt es jedoch an einer ausgeprägten Digitalisierung. So ist etwa der Terminalbetrieb nicht umfänglich automatisiert. Beispielhaft hierfür sind die Gepäckabgaben und Passkontrollen, welche sich nicht in Form intelligenter Erkennungsverfahren vollziehen, sondern traditionell durch das Flughafenpersonal durchgeführt werden. Die Maßnahmen des *Amsterdam Airport Schiphol* auf organisationaler Ebene zeigen eine Auseinandersetzung mit der Thematik der digitalen Transformation. Regelmäßige Weiterbildungen und Informationsveranstaltungen werden jedoch dem fundamentalen Charakter dieses Wandels nicht ausreichend gerecht. Die organisationale Wandlungsfähigkeit bedarf auch struktureller und auf normativer Ebene stattfindender Entwicklungen, insbesondere der umfangreicheren Partizipation der Mitarbeiter der gesamten Unternehmensgruppe Flughafen an der Digitalisierung.

Flughafen München[62]

Der *Flughafen München* gehört ebenfalls zu einem der weltweit bestbewerteten Verkehrsflugplätze und ist insbesondere im europäischen Raum ein zentraler Hub. So ist er der bisher einzige *5-Star-Airport* in Europa – eine internationale Premiumkennzeichnung, welche global nur zwölf Flughäfen tragen. Auch bei den *World Airport Awards 2018* des *Skytrax*-Instituts wurde der *Flughafen München* erneut zum besten in Europa ausgezeichnet. 2018 stieg das Passagieraufkommen auf einen bisherigen Höchststand von 46,3 Millionen Fluggästen. München bietet als Hub ein Streckennetz von 264 Zielflughäfen. Insgesamt sind über 18.000 Mitarbeiter auf dem Flughafengelände tätig, davon knapp 9.900 für die *Flughafen München*-Gruppe.

62 Die folgenden Inhalte basieren, soweit nicht gesondert zitiert, auf dem Geschäftsbericht 2018 der *Flughafen München GmbH* (Flughafen München, 2019a).

Wie die Best Practices zuvor setzt auch der *Flughafen München* bei der Digitalisierung auf die Entwicklungen im mobilen Kundenzugang. Die *Passngr*-App bietet ähnlich wie die *Schiphol*-App ein Informationssystem zum Flugverkehr, inklusive Statusdetails, Navigationsrouten sowie exklusive Angebote für den Einzel- und Gastronomiebereich am Flughafen. Daneben ist es möglich, Parkplätze vor Reiseantritt zu reservieren. Ein Vorteil im Gegensatz zur *Schiphol*-App ist es hier, dass mehrere deutsche Flughäfen die *Passngr*-App einsetzen. So erstrecken sich die Angebote auf die ganze Customer Journey und enden nicht mit dem Reiseantritt am Startflughafen. Ein Nachteil besteht allerdings darin, dass Anwendungen auf Basis von Echtzeitdaten, beispielsweise über Wartezeiten in den Sicherheitsbereichen sowie Informationen zur Gepäckausgabe, bisher nicht vorhanden sind. Diese Erweiterungen sollen folgen.

Darüber hinaus kooperiert der Flughafen mit Anbietern im Bereich mobiler Dienstleistungen, so etwa mit dem Anbieter *foodji*. Dieses Unternehmen ermöglicht es, Lebensmittel bei sog. Pick-up-Stationen am Flughafen abzuholen. Kunden können über die mobile Plattform das Portfolio der Stationen in Echtzeit einsehen, Vorbestellungen aufgeben oder vor Ort über Touchscreens Produkte kaufen. So ist eine höhere Unabhängigkeit vom Einzelhandel gegeben. Diesen Gedanken sowie den Nachhaltigkeitsansatz fördert auch die Kooperation mit dem Unternehmen *Too Good To Go*, eine digitale Plattform zum vergünstigten Kauf von überproduzierten Mahlzeiten und Nahrungsmitteln ausgewählter Gastronomiepartner im Flughafenbereich (Flughafen München, 2019b). Zudem führte der *Flughafen München* 2018 ein Pilotprojekt zu dem Ausbau des Non-Aviation-Bereichs und der Erschließung neuer Kundengruppen durch. Gemeinsam mit einem Kooperationsunternehmen war es auch Nicht-Passagieren möglich, bestimmte Produktgruppen der flughafenansässigen Unternehmen mobil zu bestellen, welche nach dem Prinzip *Same Day Delivery* nach Hause geliefert wurden. Dieses Konzept soll bundesweit ausgebaut werden. Demnach eröffnet sich dem Flughafen ein neues Geschäftsfeld im Bereich Handel und Logistik – er wird für weitere Zielgruppen im urbanen Gebiet interessant.

Der *Flughafen München* hat außerdem ein Pilotprojekt zur künstlichen Intelligenz aufgesetzt, das Projekt *Der humanoide Roboter Josie* (vgl. Abb. 33). Als erster deutscher Flughafen testete der *Flughafen München* 2018 den Einsatz von Robotik in der Passagierbetreuung. Dabei diente der Roboter als Ersatz für Flughafenmitarbeiter in der Informationsauskunft, insbesondere für Passagierfragen, welche z. B. Wegbeschreibungen betrafen (Flughafen München, 2019c). Mit dem Einsatz von Robotern im Flughafenbetrieb gehen insgesamt geringere Personalkosten einher. Dessen Erfolg ist gleichwohl von der Akzeptanz der Kunden abhängig sowie von der Servicequalität der künstlichen Intelligenz.

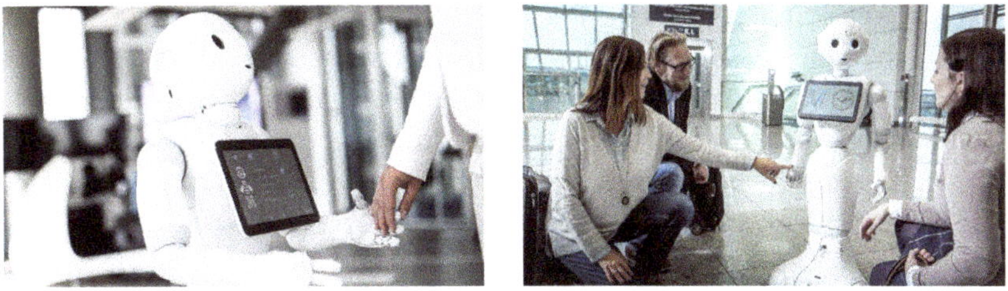

Abb. 33: Humanoider Roboter am Flughafen München (Quelle: Eigene Darstellung in Anlehnung an Flughafen München, 2019c, o. S.)

Der *Flughafen München* hat des Weiteren ein Innovation Lab, den *Lab-Campus*, initiiert. Dabei handelt es sich um ein branchen- und unternehmensübergreifendes Innovationszentrum, welches den Flughafen bei der Digitalisierung seiner Geschäftsfelder unterstützen soll. Hierzu ist der Flughafen eine strategische Kooperation mit dem Unternehmen *Siemens* eingegangen. Forschungs- und Entwicklungsinstitutionen sowie Unternehmen, Start-ups und Universitäten arbeiten in einem agilen Umfeld an Innovationsprojekten interdisziplinär zusammen, um durch Internet der Dinge-Technologien und Anwendungen im Bereich der künstlichen Intelligenz die Effizienz und Effektivität des Flughafenbetriebs zu steigern (Siemens, 2018). Hierdurch kann sich der Flughafen strategisch bedeutsames externes Wissen sichern und zugleich sind Forschungs- und Entwicklungsarbeit zu Teilen ausgegliedert, was einen positiven Kosteneffekt zur Folge hat. Daneben fördert der Ausbau des Flughafengeländes die Schaffung neuer potentieller Unternehmensstandorte, treibt somit die Entwicklung des Flughafens hin zu einem urbanen Zentrum an und steigert die wirtschaftliche Attraktivität des Gesamtkonzepts. Als Herausforderung bei der Digitalisierung sieht der *Flughafen München* die bedarfsgerechte Datenaufbereitung für die Nutzung durch die Mitarbeiter. Hierfür soll der kollaborative Austausch zwischen Abteilungen gefördert werden, wie etwa durch neuartige sowie zugleich informelle Kommunikationskanäle. Zudem ist ersichtlich, dass der Flughafen das Projektmanagement dem Thema entsprechend verändert. Ein von Zaddach (2018[63]) dargestelltes Vorgehen lässt auf einen beteiligungsorientierten Prozess schließen, welcher durch agile Methoden, insbesondere die SCRUM-Technik, geprägt ist.

63 Basierend auf einer Präsentation von Michael Zaddach, Senior Vice President IT der *Flughafen München GmbH* in 2018.

Die Entwicklungen am *Flughafen München* hin zu einem Flughafen 4.0 lassen sich als teilweise erreicht qualifizieren. Es zeigt sich, dass der Flughafen seine Digitalisierung strategisch verfolgt, wenn man etwa das unternehmensübergreifende Innovationszentrum betrachtet. Ebenso geht der *Flughafen München* verschiedene Schritte, um weitere Geschäftsfelder zu eröffnen und neue Unternehmenspartner zu gewinnen. Allerdings können diese als erste Versuche gewertet werden, da es sich hauptsächlich um Pilotprojekte handelt und eine flughafenumfassende Veränderung, beispielsweise beim Einsatz von Robotern, bisher ausblieb. Die notwendige Erkenntnis, dass die Mitarbeiter an dem digitalen Wandel zu beteiligen sind, wird in Form beteiligungsorientierter Methoden umgesetzt. Dies wird hier jedoch lediglich auf der Projektebene sichtbar. Inwieweit den Mitarbeitern und Führungskräften eine partizipative Rolle in der Digitalisierungsstrategie der gesamten Unternehmensgruppe zukommt, kann nicht beantwortet werden.

4.4 Konkretisierung des partizipativen Modells für die digitale Transformation von Flughäfen

Nachdem Flughäfen als sich im Zuge der Digitalisierung transformierende Unternehmen dargestellt wurden, erfolgt die Übertragung des in dieser Arbeit entwickelten partizipativen Modells. Dabei wird eine idealtypische Flughafenunternehmensgruppe herangezogen und es werden Beispiele aus den bisher erarbeiteten theoretischen und praktischen Inhalten genutzt. Ziel dieser Transferarbeit ist eine Symbiose von Theorie und Praxis.

Die Vorgehensweise der sich anschließenden Abschnitte richtet sich nach der numerischen Reihenfolge des Abschnitts 3.3.2, also der Ordnung der Phasen des Modells. Innerhalb der jeweiligen Phasen wird von einem für die Modellphase beispielhaften sowie das Fallbeispiel charakteristischen Inhalt ausgegangen. Dieser wird dann anhand des dimensionenorientierten Partizipationskonzepts, wie in Abschnitt 3.4.3 vorgestellt, analysiert und entsprechend klassifiziert. Es werden dabei jeweils beide möglichen Wirkungsrichtungen der Partizipation, mithin die Konzeptions- und die Korrekturpartizipation, sowie deren Merkmalsausprägungen betrachtet. So soll dem zirkulären Verständnis des Modells Rechnung getragen werden.

4.4.1 Phase 1: Einsatz strategischer Instrumente für die digitale Transformation

Die erste Phase des partizipativen Modells setzt sich aus den Teilen der Planung und Initialisierung des Wandels zusammen. Für den sich digitalisierenden Flughafen bedeutet dies Maßnahmen zu initiieren, welche sich mit der Entwicklung sowie dem Beginn der digitalen Strategie beschäftigen und beim aktuellen Status quo des Flughafens ansetzen, z. B. durch den Einsatz strategischer Instrumente wie einer SWOT-Analyse. Hierzu bietet es sich etwa an, Workshops mit verschiedenen Personengruppen zu veranstalten, in dem diese gemeinsam erarbeitet werden können.

Für die Verfolgung einer nach vorne gerichteten Konzeptionspartizipation hinsichtlich der strategischen Planung bedarf es für dieses Aufgabenfeld interdisziplinär zusammengestellter Arbeitsgruppen, die aus Führungskräften aller Fachabteilungen bestehen. Hierzu gehören an einem Flughafen insbesondere Führungskräfte der Geschäftssegmente Aviation, Commercial Aviation, Real Estate, Ramp und Baggage Handling, Fuhrparkmanagement und Operations. Desgleichen zählen auch die Stabsabteilungen IT, F&E, Controlling, Personal und Kundenmanagement dazu. Gegenstand der Workshops sind Erkenntnisse zum derzeitigen Digitalisierungsgrad des Flughafens sowie die Erarbeitung einer Konzeption dessen, wie der Flughafen der Zukunft – der Smart Airport – für das hier agierende Flughafenunternehmen aussehen soll. Ebenso geht es hier um die Betrachtung der Gefahren durch das Makroumfeld, also z. B. um die Problemstellung, inwiefern Gesetzgebungen, wie etwa zum Datenschutz bei der Erhebung personalisierter Daten, bestehen. Es ist vor allem geboten, sich der Digitalisierung der Customer Journey zu widmen. Dies bedeutet, dass die Frage beantwortet werden muss, mit welchen technologischen Mitteln der Passagierbetrieb verändert werden soll. Gleichsam gilt dies für den operativen Betrieb aller Aviation-, Non-Aviation-Bereiche und Bodenverkehrsdienste.

Mit der ersten Phase erfolgt auch die Initiierung des Wandels. So sollten die technologischen Stärken und Schwächen als maßgebliche Faktoren der Digitalisierungsstrategie angesehen werden, zugleich soll der aktive Einbezug der Führungskräfte in die Strategieentwicklung aber auch dazu dienen – in Gestalt der vorzunehmenden Konsultation der Führungskräfte durch den Workshop –, eine organisationale und soziale Sichtweise zuzulassen. Zudem werden die Workshop-Teilnehmer durch diesen Prozess über den Wandel konkret informiert. Die Durchführung auf Ebene der Leitungspartizipation, im Sinne einer Teilhabe an gesamtunternehmerischen Entscheidungen, fördert die Wahrnehmung der Veränderungen als Notwendigkeit seitens der Führungskräfte als Wandlungsträger, was in einem zweiten Schritt dazu führt, dass die Wahrnehmung bei der Belegschaft eine höhere Wertigkeit erfährt. Die hier vorherrschende Intention der Beteiligung sollte es sein, Widerstände auf der Leitungsebene zu erkennen und zu verringern sowie die Umsetzungsakzeptanz im Sinne von Commitment und Ownership für den Wandel zu erhöhen. Dabei ist das Faktenwissen der Führungskräfte für den Einsatz strategischer Instrumente relevant, wodurch eine Informationspartizipation gegeben ist.

Dem zirkulären Verständnis des Modells folgend, kann ein Rückschritt in Phase 1 auf bereits vorgenommene Planungen notwendig werden. Dies gilt dann, wenn bereits in einem frühen Stadium des Wandels Widerstände und eine geringe Umsetzungsbereitschaft bei den Wandlungsträgern bemerkbar sind. Ein derartiger Zustand kann entstehen, wenn eine unzureichende Informationspartizipation betrieben wurde. Liegt die Wahrnehmung vor, dass das Know-how der Führungskräfte in unzureichendem Maße in die strategische Planung integriert wurde, besteht die Gefahr, bereits im Ansatz zu scheitern. Das ist etwa der Fall, wenn in der entwickelten Roadmap aus Phase 2 Innovationen vorgesehen sind, die nicht mit der derzeitigen Organisationsstruktur und IT-Infrastruktur vereinbar sind. Beispielhaft hierfür wäre die Veränderung der Zusammenarbeit mit Dienstleistern für Lande-, Start- und Abstellvorgänge auf dem Rollfeld via mobile Applikationen, ohne zuvor eine unternehmensübergreifende Systemlandschaft schaffen zu wollen oder die Kooperationsunternehmen zu involvieren. An dieser Stelle kann eine direkte rückwärtsgerichtete Partizipation problemlösend wirken. Da rückwärtsgerichtete Korrekturen hinsichtlich der Ergebnisse der Strategieplanung vorzunehmen sind, sollten diejenigen Führungskräfte konsultiert werden, die von den Veränderungen betroffen sind. Es sollte sich dann dabei um eine authentische Partizipation handeln, denn neben den fachlichen Kenntnissen bedarf es an dieser Stelle auch des Einbezuges der Werte und Interessen der Beteiligten, um eine erhöhte Akzeptanz der zu bearbeitenden Gesichtspunkte anzustreben. Die Intention, das Feedback der Führungskräfte einzuholen, führt zu einer Wahrnehmung von Wertschätzung als positivem Partizipationseffekt. Die Beteiligten sollen den Wandel und seine Maßnahmen verstehen sowie eine Sinnstiftung erfahren und zugleich die Möglichkeit zur Partizipation an der Planung der Veränderungsmaßnahmen bekommen. Daher hat das hier vorliegende Partizipationskonzept einen wesentlichen Kommunikationsaspekt. Die einzusetzenden Methoden, wie beispielhaft der Innovationszirkel, sollten als Ziel die Mitwirkung haben und nicht lediglich das Einholen von Informationen, d. h., die erarbeiteten Ergebnisse und Meinungen sind sowohl informell als auch formell bei Entscheidungen zu berücksichtigen. Wäre dies nicht der Fall, könnte eine noch geringere Wertschätzung der nachfolgenden Maßnahmen seitens der Führungskräfte des Flughafens eintreten, welche in einer niedrigeren Akzeptanz des gesamten Unternehmenswandels resultieren und somit dessen Erfolg gefährden könnte.

Die jeweiligen Merkmale der beiden Wirkungsrichtungen des dimensionenorientierten Partizipationskonzepts in Phase 1 für den sich digital transformierenden Flughafen lassen sich der Tab. 15 entnehmen.

Tab. 15: Merkmale des dimensionenorientierten Partizipationskonzepts in Phase 1 für den sich digital transformierenden Flughafen (Quelle: Eigene Darstellung)

Einsatz strategischer Instrumente für die digitale Transformation		
Dimensionen	**Ausprägungen innerhalb der Konzeptionspartizipation**	**Ausprägungen innerhalb der Korrekturpartizipation**
Partizipationsposition	Phase 1: Planung & Initialisierung	Phase 1: Planung & Initialisierung
Partizipationsrichtung	vorwärtsgerichtet auf die strategische Planung	rückwärtsgerichtet auf bereits vorgenommene Planungen
Partizipationsebene	Teilhabe an gesamtunternehmerischen Planungen	Teilhabe an gesamtunternehmerischen Veränderungen der Planungen
Partizipationssubjekt	Alle Führungskräfte der Geschäftsfelder Aviation, Bodenverkehrsdienste und Non-Aviation sowie der Stabsabteilungen, bspw. IT und Personal	Führungskräfte der betroffenen Abteilungen
Partizipations-intention	Widerstände identifizieren und verringern, Steigerung von Commitment und Ownership für den Wandel	Sinnstiften für die Veränderung und Hinterfragen von Chancen und Risiken
Partizipationstyp	Einbezug von Faktenwissen	Einbezug von Faktenwissen und Werten sowie Interessen
Partizipationsgrad	Konsultierend und informierend durch Workshops zur Digitalisierungsstrategie	Mitwirkung durch die informelle und formelle Berücksichtigung der Führungskräftemeinungen für die Anpassungen

4.4.2 Phase 2: Entwicklung einer digitalen Roadmap

In der zweiten Phase des partizipativen Modells stehen sowohl die Gestaltung der Strategie als auch die Erstellung eines Wandlungskonzepts im Mittelpunkt. Die Phase ist durch die Erarbeitung einer Roadmap für die digitale Transformation geprägt. Dabei können Methoden zum Einsatz kommen, die in einem größeren Umfang Mitarbeiter beteiligen, wie beispielsweise Großgruppenmethoden. Dadurch kann ein umfängliches Meinungsbild der Belegschaft aufgenommen werden, welches der Strategiekonzeption dienlich ist.[64] Beispielhaft wird an dieser Stelle das potentielle Strategieteilprojekt der Entwicklung eines *Fast and Seamless Travel*-Angebots genannt, ein Projekt, welches der *Singapore Changi Airport* bereits partiell initiiert hat (vgl. Abschnitt 4.3.2).

Dem Gedanken einer gesamthaften Beteiligung des Flughafenpersonals folgend, verlangt die Konzeptionspartizipation für die Erstellung einer Roadmap nun sowohl den Einbezug der Führungskräfte als auch den der Mitarbeiter. Sie widmen sich gemeinsam einer Aufgabenstellung, die auf gesamtunternehmerischer Ebene angesiedelt ist, womit eine Leitungspartizipation vorliegt. Beide Parteien sind für die Entwicklung der gestalterischen Pläne zur technologischen, organisationalen und sozialen Umsetzung eines *Fast and Seamless Travel*-Angebots notwendig. Dies gilt dahingehend, dass die Entwicklung einer nahtlosen Passagierreise eine Vielzahl von Implikationen für alle Flughafenbereiche hat. So ändern sich durch vollautomatisierte Prozesse bei den Check-in-, Gepäck-, Pass- und Grenzkontrollen nicht nur die Anforderungen an die IT-Systemlandschaft, die dafür notwendig ist, sondern auch die Arbeitsmittel und -tätigkeiten der Mitarbeiter, die es dementsprechend anzupassen gilt. Die Partizipationsintention besteht aus mehreren Aspekten, im Einzelnen den Gesichtspunkten Kommunikation, Umsetzung und Interesse. Der erstgenannte Aspekt hat das Ziel, vor allem diejenigen Flughafenmitarbeiter über den Wandel zu informieren und aufzuklären, die nicht in Phase 1 involviert waren. Dies hat auch eine sinnstiftende Funktion. Das Mittragen des Veränderungsprojektes wird durch die gelebte Umsetzungsbeteiligung während einer Großgruppenveranstaltung, wie etwa einer Open Space-Konferenz, gefördert. Zudem sollen durch die Artikulation der Interessen in der Großgruppe Wünsche und Ängste offengelegt und anerkannt werden. Es handelt sich demnach

64 Dem hier vorgeschlagenen Einsatz von Großgruppenmethoden folgen in einem nachgelagerten Schritt selbstverständlich die Schärfung und Konkretisierung der Unternehmensroadmap durch die Entscheidungsträger.

um eine nach vorne gerichtete Interessenspartizipation. Der Partizipationsgrad beinhaltet Information und Konsultation.

Ist eine Rückkehr in die hier beschriebene Phase 2 notwendig, nimmt die Korrekturpartizipation dergestalt Form an, dass diejenigen Führungs- und Mitarbeiterebenen zu einer aktiven Mitwirkung an bereits vorgenommenen strategischen Planungen und der weiteren Gestaltung der Roadmap zu motivieren sind, die von einem bestimmten Projekt betroffen sind. Dies könnte der Fall sein, wenn die Umsetzung der digitalisierungsinduzierten Pilotprojekte in Phase 3 bereits in ihren Anfängen durch massive Widerstände behindert wird. Ausgehend von dem Beispiel der Großgruppenmethoden mit diesen ausgewählten Beteiligten sind nun neben den Werten und Interessen der Beteiligten auch deren Fachkompetenzen in die Entscheidungsprozesse miteinzubeziehen, um so eine erfolgreiche operative Umsetzung planen zu können. Folglich liegt eine authentische Partizipation vor. Dadurch erfahren die strategischen Vorhaben, wie hier die angeführte Zielsetzung einer nahtlosen Passagierreise, eine qualitative Verbesserung auf Basis der berufspraktischen Kenntnisse und Wünsche der Flughafenmitglieder. Dies führt im weiteren Vorgehen zu einer erhöhten Anpassung des Wandlungskonzepts auf technologischer, organisationaler sowie sozialer Ebene und steigert damit den Wandlungserfolg. Hiermit geht einher, dass mögliche Widerstände in der Belegschaft, wie etwa Willens- und Wissensbarrieren, aufgelöst werden. Darüber hinaus wird der Umsetzungsaspekt gefördert. Zudem erfährt der Systemische Aspekt eine Berücksichtigung, indem die Mitarbeiter des Flughafens an der Entwicklung der werteorientierten Kultur der Flughafenorganisation mitwirken können, denn das strukturelle Partizipationspotential wird gefördert. Um dies zu unterstützen, sollten auch ausgewählte Mitarbeiter weiterhin in Lenkungsausschüssen aktiv eingebunden werden, um die Wahrnehmung der Beachtung und Vertretung der Mitarbeiterinteressen dauerhaft zu garantieren.

Die in der zweiten Phase festgelegten Partizipationsmerkmale der vor- und rückwärtsgerichteten Beteiligung für die digitale Transformation des Flughafens sind in Tab. 16 abgebildet.

Tab. 16: Merkmale des dimensionenorientierten Partizipationskonzepts in Phase 2 für den sich digital transformierenden Flughafen (Quelle: Eigene Darstellung)

Entwicklung einer Roadmap für die digitale Transformation		
Dimensionen	**Ausprägungen innerhalb der Konzeptionspartizipation**	**Ausprägungen innerhalb der Korrekturpartizipation**
Partizipationsposition	Phase 2: Strategiedesign & Konzipierung	Phase 2: Strategiedesign & Konzipierung
Partizipationsrichtung	vorwärtsgerichtet auf die strategische Maßnahmenplanung	rückwärtsgerichtet auf bereits vorgenommene Planungen
Partizipationsebene	Teilhabe an gesamtunternehmerischen Planungen	Teilhabe an gesamtunternehmerischen Veränderungen der Planungen
Partizipationssubjekt	Alle Führungskräfte und Mitarbeiter der Geschäftsfelder (bspw. Aviation, Bodenverkehrsdienste und Non-Aviation) sowie der Stabsabteilungen (bspw. IT und Personal)	Alle Führungskräfte und Mitarbeiter derjenigen Abteilungen, die für die Überarbeitung notwendig sind
Partizipations-intention	Informieren und diskutieren, aktive Unterstützung und Mittragen fördern sowie Berücksichtigung der sozialen Implikationen	Widerstände auflösen, Ownership für Veränderungsmaßnahmen schaffen sowie Mitgestaltung der Organisationskultur
Partizipationstyp	Einbezug von Werten sowie Interessen	Einbezug von Faktenwissen und Werten sowie Interessen
Partizipationsgrad	Beteiligte werden in der Großgruppe informiert und konsultiert	Beteiligte wirken an den Veränderungsentscheidungen informell und formell mit

4.4.3 Phase 3: Digitalisierungsinduzierte Pilotprojekte

In der nun folgenden dritten Phase kommt es zu dem Ergreifen von Maßnahmen sowie der Mobilisierung der Flughafenorganisation für den Wandel. Aufgrund der Komplexität der digitalen Transformation wird ein schrittweises Vorgehen mit ausgewählten Pilotprojekten empfohlen. Exemplarisch wird an dieser Stelle von einem Pilotprojekt ausgegangen, welches den Einsatz von Robotik in der Passagierbetreuung als Ziel hat, wie es der *Flughafen München* bereits zeigt (vgl. Abschnitt 4.3.2).

Es bedarf einer vorwärts gerichteten Entscheidungsbeteiligung auf Ebene der Leitungspartizipation für die Umsetzungsplanung, in welche allerdings Mitarbeiter und Führungskräfte vieler Geschäftsbereiche, wie hier Operations, IT und Ground Handling, einbezogen werden, denn es sollten sowohl strukturelle Voraussetzungen als auch auf Ebene der Individuen ausreichende Partizipationsmöglichkeiten geschaffen werden. Die konkrete Umsetzung der operativen Veränderungen in Form von Robotik in der Kundenbetreuung bedarf einer detaillierten Ausgestaltung. Zugleich sind die Bereitschaft und die Akzeptanz für die Mensch-Maschine-Interaktion sowie für das Pilotprojekt gesamthaft auf Mitarbeiterebene zu fördern, denn selbst wenn die Mitarbeiter durch die vorangegangenen Phasen den Wandel verstanden haben, bedeutet dies nicht, dass sie auch fähig sind, diesen umzusetzen. Dies könnte dann gelingen, wenn den operativen Einheiten Mitwirkungsrechte eingeräumt werden – z. B. hinsichtlich der Frage, welche Aufgaben der Roboter übernehmen sollte. Von Interesse ist es dabei, das vorhandene Wissen und die Kompetenzen der Betroffenen im Bereich des Kundenmanagements miteinzubeziehen und dadurch die aktive Mitgestaltung des Projektes, mithin den Umsetzungsaspekt, zu fördern. Eine authentische Partizipation ist für alle drei Ebenen des partizipativen Modells relevant. So ist auf technologischer Ebene zu hinterfragen, was die künstliche Intelligenz in der Kundenbetreuung zu leisten hat, und in einem nachgelagerten Schritt, welche Big Data-Anwendungen hierfür nötig sind. Organisatorisch ist es von Bedeutung, wie sich durch den Einsatz von Robotern der Arbeitsplatz der Mitarbeiter in der Passagierbetreuung verändert. Die soziale Ebene betreffend sind entsprechende Personalentwicklungsmaßnahmen vorzunehmen, um die notwendigen Kompetenzen bei den Mitarbeitern zu implementieren.

Würde deutlich, dass der Einsatz von Robotern im operativen Betrieb in Phase 4 nicht funktional ist, ist ein Rückschritt in die dritte Phase geboten. So müssten dann die geplanten Maßnahmen und Ziele der Customer Journey-Anreicherung neu überarbeitet werden. Ebenso könnte dies der Fall sein, wenn deutlich wird, dass die Flughafenmitarbeiter beispielsweise im Ground Handling nicht ausreichend Wandlungsbereitschaft zeigen oder sogar opponierend handeln. Dann ist es notwendig, die Projekte in Bezug auf ihre technologischen, organisationalen und sozialen Gegebenheiten erneut zu überprüfen. Dies geschieht an dieser Stelle in der Form, dass auf lateraler Ebene, welche sich aus den Führungskräften und den Mitarbeitern der betroffenen Abteilung gleichermaßen zusammensetzt, partizipativ gestaltete Maßnahmenkorrekturen auf Projektebene vorgenommen werden. Es erfolgt eine Mitbestimmung, d. h., die Beteiligten sind gleichberechtigt in die erneuerten Entscheidungsprozesse eingebunden. Wieder ist eine authentische Partizipation zu postulieren, da bei einer Korrektur, welche vorgelagerte Probleme betrifft, sowohl die Fachkenntnisse als auch die Mitarbeiterinteressen miteinbezogen werden sollten. Die Partizipationsintentionen des Wissens-, Umsetzungs- sowie des Lernaspekts werden verfolgt.

Für die dritte Phase lassen sich folgende Partizipationsmerkmale für den sich der digitalen Transformation stellenden Flughafen festhalten (vgl. Tab. 17):

Tab. 17: Merkmale des dimensionenorientierten Partizipationskonzepts in Phase 3 für den sich digital transformierenden Flughafen (Quelle: Eigene Darstellung)

Digitalisierungsinduzierte Pilotprojekte		
Dimensionen	**Ausprägungen innerhalb der Konzeptionspartizipation**	**Ausprägungen innerhalb der Korrekturpartizipation**
Partizipationsposition	Phase 3: Maßnahmen & Mobilisierung	Phase 3: Maßnahmen & Mobilisierung
Partizipationsrichtung	vorwärtsgerichtet auf die Umsetzung	rückwärtsgerichtet auf bereits geplante Maßnahmen
Partizipationsebene	Teilhabe an gesamtunternehmerischer Umsetzung	Teilhabe an projektbasierter Umsetzung
Partizipationssubjekt	Führungskräfte und Mitarbeiter der Abteilungen des digitalen Projekts, wie hier das Ground Handling	Führungskräfte und Mitarbeiter der Abteilungen des digitalen Projekts, wie hier das Ground Handling
Partizipationsintention	Know-how für die Entscheidungsfindung nutzen und Ownership für die Mitgestaltung schaffen	Problemlösungskapazität erhöhen, Lernfortschritte nutzen und die Implementierung fördern
Partizipationstyp	Einbezug von Faktenwissen und den Werten und Interessen	Einbezug von Faktenwissen und den Werten und Interessen
Partizipationsgrad	Mitwirkung an Projektentscheidungen	Mitbestimmung an Umsetzungsmaßnahmen

4.4.4 Phase 4: Digitaler operativer Betrieb

Die vierte Phase beinhaltet den operativen Rollout der digitalen Transformationsstrategie sowie die eigentliche Veränderung auf allen Ebenen der Flughafenorganisation. In dieser Phase befindet sich der Flughafen in einer sehr dynamischen Situation, die Mitarbeiter sind ganz praktisch zur Umsetzung aufgerufen, so dass ein gegebenenfalls opponierendes Verhalten hier besonders problematische Auswirkungen hätte.

Ein Beispiel für ein Aufgabenfeld des digitalen operativen Betriebs wäre der neuartige Einsatz mobiler Endgeräte im Bodenverkehrsdienst. Partizipationssubjekte sind hier die Mitarbeiter in der Gepäck- und Passagierabfertigung, die von den Veränderungen direkt betroffen sind. Im Sinn einer lateralen Partizipation sollten sich heterogene arbeitsplatzbezogene Arbeitsgruppen mit dem digitalisierten operativen Betrieb auseinandersetzen. Hierfür würden sich etwa Qualitätszirkel anbieten. Diese sollen der dauerhaften Begleitung der Veränderung dienen und Kontroll- und Feedbackmaßnahmen durchführen. Die Ergebnisse können dann an die Führungskräfte kommuniziert werden. Von wesentlichem Belang sind offensichtlich sowohl das Wissen als auch die Interessen der Arbeitnehmer im operativen Betrieb, woraus eine authentische Partizipation folgt. Wirksam ist eine Beteiligung, wenn die Mitarbeiter gleichberechtigt hinsichtlich Entscheidungs- und Veränderungsprozessen mitbestimmen können. So können sie etwa Rückmeldung geben, ob der Einsatz mobiler Applikationen auf technologischer Ebene im praktischen Arbeitsablauf hinreichend funktional ist. Auf organisationaler Ebene kann hinterfragt werden, ob die Ablauforganisation an die digitalen Tätigkeiten der Mitarbeiter ausreichend angepasst wurde. Darüber hinaus sei festzustellen, ob die Mitarbeiter genügend befähigt sind, die mobilen Technologien anzuwenden, und ob sie gleichsam mit der Nutzung zufrieden sind. Die relevanten Partizipationsintentionen sind es, das Know-how der Mitarbeiter für Entscheidungs- und Problemlösungsfindungen zu nutzen, potenzielle Widerstände aufzulösen und im Sinne des Systemischen Aspekts die Selbstorganisation zu fördern. Durch dieses Vorgehen können zum einen begleitende Maßnahmenkontrollen durch die Qualitätszirkel initiiert werden und zum anderen werden die Veränderungen auf organisationaler und sozialer Ebene begleitet, was als hier Erfolgsfaktor für die digitale Transformation gilt.

Wie auch zuvor kann es an dieser Stelle notwendig sein, einen Rückschritt in die vierte Phase zu tätigen, beispielsweise wenn der Einsatz mobiler Endgeräte zwar als strategischer Entwurf sinnvoll ist, aber in der praktischen Umsetzung des Tagesgeschäfts der Bodenverkehrsdienste auf irgendwie geartete Schwierigkeiten trifft oder die betriebswirtschaftliche Leistung bisher nicht ausreichend ist, was in Phase fünf deutlich würde. Es kann zu Anpassungen auf technologischer, organisationaler oder sozialer Ebene kommen. Es ist geboten, auf lateraler Ebene partizipieren zu lassen, auch weil hierdurch das fachliche Wissen der Bodenverkehrsdienstmitarbeiter die Effizienz der Gepäck- und Passagierabfertigung maßgeblich unterstützt. Ebenso sollte aber auch eine Basispartizipation erfolgen, also der Einbezug individueller Arbeitsplatzbedürfnisse, um realitätsnahe und spezifische Informationen sammeln und einfließen lassen zu können. Dies kann z. B. in Form von Arbeitsplatzbeobachtungen geschehen. Schließlich ist auch hier der Partizipationstyp die authentische Partizipation, denn sowohl Faktenwissen als auch die Werte und Interessen der Arbeitnehmer sind von Bedeutung. So können zwar die Mitarbeiter befähigt sein, die technologischen Applikationen anzuwenden, sie tun es aber aufgrund von Willensbarrieren nicht. Entscheidungen können durch den Einbezug der Mitarbeiter, im Sinne des Wissensaspekts, verbessert werden. Durch den Feedbackaspekt verstärkt sich die Wahrnehmung von Wertschätzung bei den Beteiligten, was in eine erhöhte Akzeptanz der Veränderungen mündet. Dies wird auch durch den Systemischen Aspekt unterstützt, bei welchem die beteiligten Personengruppen zur Gestaltung des Flughafens befähigt werden sollen. Zudem erfahren sie eine aktive Einbindung in die neugestaltete Ablauforganisation des Flughafens, wodurch sich die Selbstverantwortung erhöht – vor allem, wenn auch der individuelle Arbeitsplatz als Informationsquelle für Veränderungen dient. Insgesamt greift hier der Partizipationsgrad der Mitbestimmung – im Idealfall der der Selbstbestimmung.

Die Tab. 18 gibt eine Übersicht über die Partizipationsmerkmale in der vierten Phase der digitalen Transformation des Flughafens.

Tab. 18: Merkmale des dimensionenorientierten Partizipationskonzepts in Phase 4 für den sich digital transformierenden Flughafen (Quelle: Eigene Darstellung)

Digitaler operativer Betrieb		
Dimensionen	**Ausprägungen innerhalb der Konzeptionspartizipation**	**Ausprägungen innerhalb der Korrekturpartizipation**
Partizipationsposition	Phase 4: Durchführung & Veränderung	Phase 4: Durchführung & Veränderung
Partizipationsrichtung	vorwärtsgerichtet auf operative Umsetzung	rückwärtsgerichtet auf operative Tätigkeiten
Partizipationsebene	Teilhabe an projektbasierten Entscheidungen	Teilhabe auf Projekt- und Arbeitsplatzebene
Partizipationssubjekt	Mitarbeiter nach Abteilungen	Mitarbeiter nach Abteilungen und Arbeitsplatz
Partizipations-intention	Know-how nutzen, Widerstände auflösen und Förderung der Selbstorganisation	Problemlösekompetenz nutzen, Mitarbeitermotivation ausloten und Selbstorganisation fördern
Partizipationstyp	Einbezug von Faktenwissen und Werten sowie Interessen	Einbezug von Faktenwissen und Werten sowie Interessen
Partizipationsgrad	Mitbestimmung durch gemeinsame Entscheidungsfindung mit der Führungskraft	Mitbestimmung durch gemeinsame Entscheidungsfindung mit der Führungskraft sowie im Idealfall Selbstbestimmung

4.4.5 Phase 5: Taxierung digitaler Aktivitäten

Die letzte Phase des partizipativen Modells für die digitale Transformation des Flughafens beinhaltet die Evaluation der durchgeführten Maßnahmen sowie die Erneuerung der Flughafenorganisation in Bezug auf die Bereitschaft für weitere Wandlungsprozesse. Es wird eine Taxierung der digitalen Aktivtäten[65] vorgenommen, welche methodisch durch Mitarbeiterbefragungsinstrumente stattfindet und auch auf digitaler Basis umgesetzt wird. Für den sich digitalisierenden Flughafen wäre es ein einschlägiges, beispielhaftes Anwendungsfeld, wenn eine Abfrage hinsichtlich der digitalisierten Back-Office-Anwendungen im Aviation- und Non-Aviation-Bereich vorgenommen werden würde.

65 Die notwendigen betriebswirtschaftlichen Überprüfungen werden hier außen vorgelassen und als gegeben angesehen, da hierbei keine Partizipation, so wie sie in dieser Arbeit verstanden wird, möglich ist.

An den Befragungen sollten alle betroffenen Flughafenmitarbeiter teilnehmen, also sowohl Angestellte mit als auch ohne Weisungsbefugnis. Eine Evaluierung ist auf Ebene der Basispartizipation vorzunehmen, d. h., dass die individuelle arbeitsplatzbezogene Bewertung im Vordergrund zu stehen hat. Interessant ist es zunächst, inwieweit die Flughafenmitarbeiter in technologischer Hinsicht mit den Innovationen zurechtkommen. Aus einem organisationalen Blickwinkel heraus muss abgefragt werden, ob die neuen digitalisierungsbasierten Arbeitsplätze auch hinreichend funktional sind. Schließlich gilt es, in sozialer Hinsicht die Mitarbeiterzufriedenheit zu evaluieren. Der Partizipationsgrad ist hier die Konsultation, da Meinungen geäußert werden können. In einem weiteren Sinne liegt auch der Grad der Mitwirkung vor, da die geäußerten Interessen der Beteiligten im Fokus stehen. Damit gehen der Kommunikations- und Interessensaspekt als Intentionen der Partizipation einher, ebenso wie hieraus gleichsam schlussfolgernd der Partizipationstyp der Interessenspartizipation. Durch den Einbezug der Mitarbeiterinteressen kann auch an der Umsetzung der stetigen Erneuerung der Organisation gearbeitet werden, und zwar dergestalt, dass für zukünftige digitale Veränderungen das Wissen über die Bedürfnisse der Flughafenmitarbeiter bekannt ist.

Die Erneuerung der Wandlungsfähigkeit der Organisation wird ferner unterstützt, indem die fünfte Phase einer rückwärtsgerichteten Korrekturpartizipation unterzogen wird. Hierunter wird verstanden, dass sich entsprechenden Aspekten aufgrund des Evaluationsprozesses auf Ebene der Phase 4 erneut angenommen wird, da es beispielsweise noch Widerstände in der Flughafenbelegschaft gibt und die operativen Prozesse optimiert werden sollten. Es können auch hier Befragungen eingesetzt werden, die zum Ziel haben, die möglichen Problemfelder aufzudecken. An dieser Stelle würde die direkte Beteiligung im Range einer Basispartizipation durchgeführt, d. h., die Evaluierungen betreffen die individuellen Arbeitsinhalte und -aufgaben der Betroffenen. Dabei spielt zunächst der Feedbackaspekt eine zentrale Rolle, denn durch das Einholen von Rückmeldungen können Probleme und Hindernisse bei den digitalisierten Arbeitsabläufen aufgedeckt werden, was zugleich dazu dient, das aktuelle Stimmungsbild in der Belegschaft zu eruieren. Daneben ist der Lernaspekt im Sinne der Partizipationsintention relevant. Die aktive Auseinandersetzung mit Problemen kann einen Erkenntnisfortschritt über die digitalen Veränderungen bei den Flughafenmitarbeitern bewirken und fördert so deren Kompetenzen. Insgesamt erfahren die durch die Digitalisierung veränderten Flughafenarbeitsfelder eine höhere Wertschätzung, wenn den Mitarbeitern der höchste Partizipationsgrad, also die Selbstbestimmung über Veränderungen am Arbeitsplatz, gewährt wird. Dies wird hier als notwendig erachtet, da im Falle eines Rückschritts offenkundig die Mitarbeiterperspektive zu wenig beachtet wurde. Es ist daher sinnvoll, die Prozesse nun explizit nach den Möglichkeiten und Restriktionen der Flughafenmitarbeiter aufzusetzen. Das hat darüber hinaus den Effekt, dass sich die Beteiligten wertgeschätzt fühlen, somit Vertrauen in das lancierte Wandlungsmanagement entwickeln und weiteren Veränderungsmaßnahmen positiver gegenübertreten.

Die jeweiligen Merkmale der beiden Wirkungsrichtungen in der fünften Phase des digitalen Transformationsprozesses des Flughafens lassen sich in der Tab. 19 finden.

Tab. 19: Merkmale des dimensionenorientierten Partizipationskonzepts in Phase 5 für den sich digital transformierenden Flughafen (Quelle: Eigene Darstellung)

Taxierung digitaler Aktivitäten		
Dimensionen	**Ausprägungen innerhalb der Konzeptionspartizipation**	**Ausprägungen innerhalb der Korrekturpartizipation**
Partizipationsposition	Phase 5: Evaluation & Erneuerung	Phase 5: Evaluation & Erneuerung
Partizipationsrichtung	vorwärtsgerichtet auf Evaluation der Veränderungen	rückwärtsgerichtet auf bereits vorgenommene Veränderungen
Partizipationsebene	auf Arbeitsplatzebene	auf Arbeitsplatzebene
Partizipationssubjekt	Mitarbeiter	Mitarbeiter
Partizipations-intention	Orientierung fördern und Interessen öffentlich machen	Stimmung ausloten und Förderung von Lernen
Partizipationstyp	Einbezug von Werten sowie Interessen	Einbezug von Faktenwissen und Werten sowie Interessen
Partizipationsgrad	Konsultation durch Befragung und Mitwirkung aufgrund der Berücksichtigung der Evaluationsergebnisse	Selbstbestimmung hinsichtlich der Arbeitsplatzveränderungen

4.5 Besonderheiten bei der Übertragung des partizipativen Modells auf den Flughafen als Unternehmensgruppe

An dieser Stelle sei auf Besonderheiten hinzuweisen, die sich bei der Übertragung des partizipativen Modells auf Flughäfen in ihrer Eigenschaft als Unternehmensgruppe ergeben.

Wie dargestellt, agieren Flughäfen nicht als einzelne Betreibergesellschaften, sondern kooperieren bei ihrer Leistungserstellung mit einer Reihe von Subunternehmen und Dienstleistungsgesellschaften. Diese können eigene rechtliche und betriebswirtschaftliche Charakteristika aufweisen und müssen demnach nicht der Aufbau- und Ablauforganisation der Betreibergesellschaft des Flughafens entsprechen. Die Umsetzung des partizipativen Konzepts erscheint bei vertikalen Kooperationen dahingehend möglich, als dass die Entscheidungsträger und Führungskräfte der Subunternehmen proaktiv in die Strategieprozessschritte miteinbezogen werden können und damit ein unternehmensübergreifender Austausch stattfinden kann. Wandlungsprozesse sollen demnach nicht durch den Flughafen alleine, sondern unter Beteiligung aller Akteure in der Unternehmensgruppe erfolgen. Dies setzt umfängliche und detailliert gestaltete Projektvorhaben voraus. Den Drittunternehmen ist es zu vermitteln, dass es auch in ihrem Sinne liegt, Digitalisierungsprozesse im Rahmen eines partizipativen Ansatzes zu organisieren. Darüber hinaus erscheint es sinnvoll, sich an einer gemeinsamen Systemlandschaft zu beteiligen, um Nachteile durch Zutrittsbarrieren zu vermeiden. Daneben gibt es Dienstleistungen des Flugbetriebs, die der staatlichen Aufsicht unterstellt sind, wie etwa Zoll- und Bundespolizeieinrichtungen, und welche nur im Rahmen legislativer Bedingungen verändert werden können. Insgesamt lässt sich festhalten, dass aufgrund der Fülle von Kooperationsunternehmen im Flughafengebiet das partizipative Modell dann erfolgversprechend ist, wenn dieses gemeinsam mit den vertikal tätigen Subunternehmen in der Wertschöpfungskette umgesetzt wird. Nichtsdestotrotz sind hier strukturelle und organisationale Barrieren zu konstatieren, denen Rechnung getragen werden muss.

4.6 Anwendung ausgewählter strategischer Instrumente für die digitale Transformation von Flughäfen

In den folgenden Abschnitten werden ein SWOT-Analyse, eine Balanced Scorecard und eine GAP-Analyse im Sinne eines ersten strategischen Schrittes für den sich digital transformierenden Flughafen anhand der bisherigen Erkenntnisse angewandt. Dabei wird erneut von einem idealtypischen Flughafen ausgegangen, was insofern legitim ist, als Flughäfen in ihrer Grundstruktur weitgehend identisch sind. Zweck der folgenden Abschnitte ist es, insgesamt aufzuzeigen, wie das hier entwickelte partizipative Modell in die Umsetzung einer digitalen Transformationsstrategie integriert werden kann.

4.6.1 SWOT-Analyse für den sich digital transformierenden Flughafen

Es wird eine SWOT-Analyse vorgenommen, deren Basis die bereits zuvor identifizierten Einflussfaktoren auf Flughäfen darstellen und in deren Zentrum die digitale Transformation unter einem partizipativen Blickwinkel steht (vgl. Tab. 20). Eine SWOT-Analyse dient in der Phase der strategischen Planung dazu, eine Unternehmens- und Umweltanalyse für die Positionierung des Unternehmens vorzunehmen und die hieraus gewonnenen Erkenntnisse in die Strategieentwicklung einfließen zu lassen. Die unternehmensinterne Perspektive wird durch die Stärken und Schwächen repräsentiert, die unternehmensexterne Perspektive spiegelt sich in den Chancen und Risiken wider (Welge & Al-Laham, 2001).

Tab. 20: SWOT-Analyse für den sich digital transformierenden Flughafen (Quelle: Eigene Darstellung)

		Unternehmensfaktoren	
SWOT-Analyse		**Stärken** - Nicht substituierbares Geschäftsmodell - Starke Stellung innerhalb der gesamten Wertschöpfungskette	**Schwächen** - Geringe Möglichkeiten der Produktdiversifikation - Keine unternehmensübergreifende Systemlandschaft
Umweltfaktoren	**Chancen** - Hohes Marktwachstum - Hohes Potential eines Smart Airports	**Strategie „Ausbauen“** - Erhöhung der betrieblichen Effizienz - Erschließung neuer urbaner und digitaler Geschäftsmodelle	**Strategie „Aufholen“** - Vereinheitlichung der IT-Infrastrukturen - Partizipatives Wandlungsmanagement
	Risiken - Technologische Risiken - Rechtliche Einschränkungen	**Strategie „Absichern“** - Schaffung einer IT- Sicherheitsinfrastruktur - Sicherstellung einer hinreichenden Liquidität für die digitale Transformation	**Strategie „Vermeiden“** - Nicht-Zulassen einer digitalen Überforderung - Antizipation der rechtlichen Digitalisierungsfolgen

4.6.2 Balanced Scorecard für den sich digital transformierenden Flughafen

In analoger Vorgehensweise zum vorherigen Abschnitt soll nun eine beispielhafte Balanced Scorecard für einen Flughafen entworfen werden, der sich auf dem Weg der digitalen Transformation befindet. Dabei wird der Versuch unternommen, die Themenschwerpunkte dieser Arbeit explizit abzubilden. Eine Balanced Scorecard dient der integrierten Betrachtung strategischer Ziele anhand der vier verschiedenen Perspektiven Finanzen, Prozesse, Kunden und Potentiale sowie ihrer jeweiligen Größenvorgaben. Damit ist ein Instrument gegeben, welches wechselseitige Erfolgsmaßstäbe für die strategische Umsetzung sichtbar macht (Hungenberg, 2014). Dementsprechend ergibt sich die folgende Balanced Scorecard eines Flughafens für dessen partizipative Gestaltung seiner digitalen Transformation (vgl. Tab. 21).

Tab. 21: Balanced Scorecard für den sich digital transformierenden Flughafen (Quelle: Eigene Darstellung)

	Ziel	**Messgröße**	**Vorgabe**	**Aktion**
Finanzen	Umsatz-erhöhung	Umsatz-steigerung in %	5 %	Aufbau eines *Data Hub*-Konzepts als digitales Geschäftsmodell
Prozesse	Effizienz-erhöhung	Anzahl der mehr abgefertigten Passagiere pro Betriebsstunde	20 %	Einführung automatisierter Gepäckabfertigung durch KI
Kunden	Zufriedenheit der Kunden mit dem Smart Airport	Kunden-befragung	Erreichen von ≥ 90 % zufriedener Kunden	Gestaltung eines *Fast and Seamless Travel*-Journey via mobiler Applikationen
Potentiale	Mitarbeiter-partizipation	Evaluationen	Erreichen des Partizipationsgrades „Mitbestimmung" von ≥ 70 %	Verwendung des partizipativen Modells als Führungsansatz

4.6.3 Gap-Analyse für den sich digital transformierenden Flughafen

Nachfolgend auf die beiden zuvor angewandten Instrumente des strategischen Managements, wird nun thematisch abschließend eine GAP-Analyse vorgenommen. Dieses Instrument betrachtet auf die Zukunft bezogene Annahmen hinsichtlich der gewünschten sowie der auf Erfahrung basierenden derzeitigen Unternehmensentwicklung und illustriert Potentiale und Lücken in der strategischen Planung (Kreikebaum, Gilbert & Benham, 2018). Ziel ist es an dieser Stelle, die operative und die strategische Lücke zu benennen, wie sie sich ergeben, wenn ein Flughafen die digitale Transformation nicht gänzlich durchläuft. Positiv formuliert soll damit aufgezeigt werden, welche signifikanten Zielbeiträge – auf einer grundlegenden Ebene operativer Arbeit sowie auf einer weitergehenden Ebene strategischer Natur – durch die Digitalisierung unter dem Einfluss von Partizipation erreicht werden können.

Der Grundidee der GAP-Analyse folgend, ergeben sich drei Szenarien. Das Basisszenario besteht darin, dass ein Flughafen ohne Bemühungen zur Digitalisierung keine Erhöhung seiner betrieblichen Effizienz erfährt. Das zweite Szenario ist das Ergebnis des Schließens der operativen Lücke, was hier bedeutet, dass der Flughafen, auf einer rein technologischen Ebene verharrend, die Möglichkeiten nutzt, welche sich mit modernen digitalen Lösungen bieten. Den weitreichendsten Zielbeitrag würde der Flughafen dann realisieren, wenn er darüberhinausgehend die strategische Lücke dergestalt schließt, dass er seine digitale Transformation auch auf organisationaler und sozialer Ebene vollzieht – dies unter der Leitmaxime der Partizipation (vgl. Abb. 34).

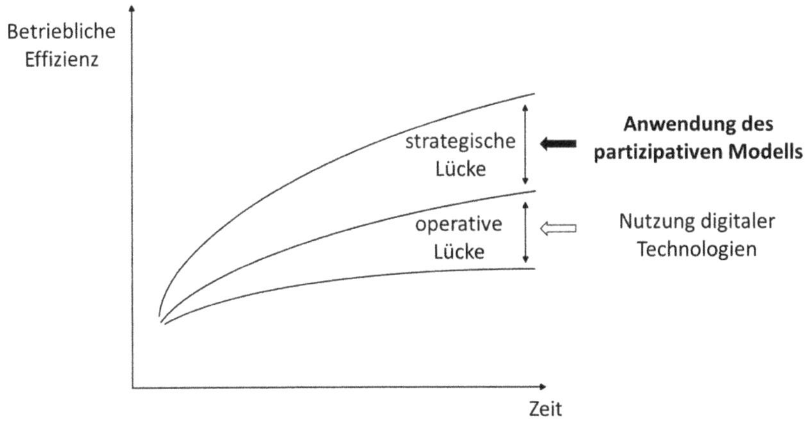

Abb. 34: GAP-Analyse für den sich digital transformierenden Flughafen (Quelle: Eigene Darstellung)

4.7 Flughafenspezifische Schlussfolgerungen

4.7.1 Schlussfolgerungen auf der technologischen Ebene

Der Wandlungsbedarf, die technologische Ebene, stellt sich für den Flughafen 4.0 in Gestalt des ihm aufgegebenen Entwicklungspfades hin zum Smart Airport dar. Dieses Konzept ist umfassend und aufgrund der damit einhergehenden tiefgreifenden Veränderungen sollte die digitale Transformationsstrategie in Teilschritten vorangetrieben werden.

Hinsichtlich der steigenden wirtschaftlichen Bedeutung des Non-Aviation-Bereichs und weil der Smart Airport ein kundenzentrierter Flughafen ist, stehen Veränderungen im Fokus, welche die Passagierbetreuung betreffen. Dies gilt auch aufgrund der Tatsache, dass Flughäfen beschränkte Möglichkeiten haben, ihr Produktportfolio zu diversifizieren – das Fliegen bleibt weiterhin der Kernprozess von Flughäfen. Somit es ist zentral, dass die bestehenden Geschäftsfelder digitalisiert und aus diesen heraus neuartige Wertschöpfungen generiert werden. Ein zukunftsfähiges Projekt scheint dabei die Gestaltung einer nahtlosen Passagierreise – der *Fast and Seamless Travel* – zu sein, welches mit einer Vielzahl technologischer Entwicklungen einhergeht, wie beispielsweise der automatischen Passagieridentifikation via mobile Endgeräte. Mit den Entwicklungen in diesem Bereich können sich auch zusätzliche Geschäftsmodelle für Flughäfen eröffnen, wie die des Flughafens als *Data Hub*. Durch die gesammelten Passagierdaten im Flughafenbereich können Flughäfen als Datengeber für andere Unternehmen fungieren.

Mit der Digitalisierung im operativen Front-Office-Bereich gehen zugleich digitale Veränderungen im Back-Office-Bereich einher. Dies soll zu einer Steigerung der Betriebseffizienz und damit zu einem höheren Unternehmenserfolg führen. Parallel erhöhen sich damit aber auch die Anforderungen an strukturelle und personelle Ressourcen. Zugleich ist die Vereinheitlichung von IT-Infrastrukturen ein wichtiges Ziel sowie deren Gestaltung im Sinne des Datenschutzes. Dabei spielen zwei Aspekte eine Rolle. Zum einen weist ein Flughafen der Vielzahl von einzelnen Gesellschaften der Unternehmensgruppe entsprechende heterogene organisatorische Strukturen auf. Für digitalisierte Dienstleistungen ist es allerdings notwendig, eine gemeinsame Plattform zu schaffen. Daher sollten zunächst die internen IT-Strukturen vereinheitlicht werden, um eine digitale Zentralisierung zu erreichen. Zum anderen ist es für den Flughafen 4.0 konstitutiv, auch mit Unternehmen außerhalb der eigenen Unternehmensgruppe zu kooperieren. Hierfür ist es erforderlich, eine über die Unternehmensgrenzen hinausgehende IT-Infrastruktur zu generieren, die es möglich macht, zusätzliche Dienste in den bestehenden Betrieb zu integrieren, wie dies etwa für eine entsprechende Kooperation mit multimodalen Verkehrsträgern aus der Region notwendig wäre.

4.7.2 Schlussfolgerungen auf der organisationalen Ebene

Den technologischen Veränderungen folgend und im Sinne einer erfolgreichen Transformationsstrategie sollte auf der organisationalen Ebene eine stetige Wandlungsfähigkeit des Flughafens geschaffen werden. Die Implementierung von digitalen Veränderungen hat nicht ohne die entsprechenden organisationalen Veränderungen stattzufinden.

Im Kontext der digitalen Transformation agieren Flughäfen in einer *VUKA*-Umwelt. Diesem von Volatilität, Unsicherheit, Komplexität und Ambiguität geprägten Umfeld folgen neuartige Charakteristika der Unternehmensorganisation. Dabei stehen zwei Aspekte im Mittelpunkt, die Agilität und die Ambidextrie. Dem agilen Flughafenunternehmen sollte ein Managementsystem innewohnen, welches flexibel und dynamisch auf interne und externe Einflüsse reagieren kann. Dementsprechend bietet sich die Adaption des hier vertretenen zirkulären und agilen Modellverständnisses an.

Die Notwendigkeit, den fortlaufenden Betrieb zu gewährleisten sowie gleichzeitig innovativ zu agieren, bedingt in organisatorischer Hinsicht eine durch Ambidextrie gekennzeichnete Unternehmenssteuerung. Neben der Beobachtung des externen Umfeldes gilt es, die Belegschaft am digitalen Innovationsprozess partizipieren zu lassen. Dies bedeutet, dass organisationale Strukturen zu schaffen sind, welche es ermöglichen, dem Wissen und den Kompetenzen der Mitarbeiter als fachliche Experten Raum zu geben. Gleichsam dienen diese Strukturen auch dazu, den Mitarbeitern neue digitalisierungsbedingte Kompetenzen beizubringen und ein offenes Lernumfeld zu schaffen, welches durch eine positive Fehlerkultur geprägt ist. In anderen Worten, es sollten nutzerzentrierte Strukturen entwickelt werden, die dafür geeignet sind, die betroffenen Flughafenmitarbeiter des operativen Bereichs miteinzubeziehen.

Hierfür ist es erforderlich, die Mitarbeiter zu ermächtigen und ihnen entsprechende Ressourcen zur Verfügung zu stellen, damit sie innovativ mitwirken können. Dies kann in der Praxis in formeller Hinsicht z. B. durch die Bildung von Innovationsabteilungen geschehen. Wirksamer erscheint es jedoch, jedem Organisationsmitglied der Flughafenunternehmensgruppe die Möglichkeit zu eröffnen, Ideen aktiv einzubringen. Dies kann dergestalt umgesetzt werden, dass partizipative Methoden, wie etwa digitale *Innovation Communities*, eingesetzt werden. Auch Projektstrukturen, in denen der Belegschaft die Befähigung zu eigenständigem Handeln zugesprochen wird, sollen hier der Praxis empfohlen werden sowie eine Selbstbestimmung auf Arbeitsplatzebene. Für eine umfassende Partizipation kann das hier entwickelte Partizipationskonzept im Sinne eines Führungsansatzes als leitend angesehen werden.

4.7.3 Schlussfolgerungen auf der sozialen Ebene

Neben den beiden zuvor genannten Erfolgsfaktoren des digitalen Wandels wird der sozialen Ebene, also der Wandlungsbereitschaft der Flughafenmitarbeiter, in dieser Arbeit ein besonderer Wert beigemessen. Für den Flughafen ergibt sich dadurch ein Umsetzungspfad, der sich auf zwei Ebenen zu vollziehen hat.

Die erste Ebene ist die der Führungskräfte aller Flughafengeschäftsbereiche. Sie müssen mit dem Konzept der Partizipation als Führungsmittel durch entsprechende Personalentwicklungsmaßnahmen vertraut gemacht und darüber hinaus unterstützt werden, Partizipation in ihrer Führungspraxis umzusetzen. Damit gehen hohe Anforderungen an diese Personengruppe einher, die grundsätzlich die Gefahr bergen, opponierendes Verhalten hervorzurufen. Somit ist es von Bedeutung, das neugeartete Führungsverständnis als soziale Innovation und damit als einen weiteren Veränderungsprozess zu begreifen. Die Führungskräfte der zentralen Abteilungen im Aviation- und Non-Aviation-Bereich sowie der Bodenverkehrsdienste sollten sich einer Demokratisierung ihres Führungsverhaltens öffnen. Das Entwickeln eines derartigen Führungsverständnisses mag durchaus Zeit benötigen, ist aber letztendlich für den Erfolg der gesamten Transformation wesentlich. Auch hier hat Partizipation eine signifikante Bedeutung. Dies gilt insofern, als dass die Führungskräfte, die aufgerufen sind, ihre Mitarbeiter partizipativ mitwirken zu lassen, ihrerseits Partizipation von den ihnen überstellten Entscheidungsträgern zu erfahren haben. Hierdurch wird die Wahrscheinlichkeit für das Entstehen von Commitment gegenüber dem neuen Führungskonzept erheblich erhöht.

Auch die Flughafenmitarbeiter sind an den neuen partizipativen Führungsansatz heranzuführen. Um eine erfolgversprechende Umsetzung zu fördern, ist es erforderlich, den Mitarbeitern das Partizipationskonzept in Gestalt geeigneter Personalentwicklung nahezubringen, wie beispielsweise durch Workshops und agile Methoden. Die Führungskräfte sehen sich dementsprechend der Herausforderung gegenüberstehen, die Flughafenmitarbeiter auf den Ebenen des Wollens, Könnens und Dürfens zu beteiligen. Dies kann gelingen, wenn die sozialen Veränderungen vollumfänglich und offiziell kommuniziert werden. Dabei ist von einem mittel- bis längerfristigen Prozess auszugehen, da Teile der Arbeitnehmerschaft zunächst eine Zeit der Umgewöhnung brauchen. Gleiches gilt für die Entwicklung von Vertrauen in das neue System. Dies trifft vor allem für diejenigen Mitarbeiter zu, die bisher wenig in Entscheidungsprozesse involviert waren. Die gesamte Unternehmenskultur entwickelt sich dadurch weiter, was eine Vielzahl von darauffolgenden Organisationsentwicklungsaufgaben nach sich zieht. Hiermit ist gleichsam ein nicht unerheblich anspruchsvoller Prozess beschrieben.

5 Kritische Zusammenfassung und weiterer Forschungsbedarf

In diesem abschließenden Kapitel finden sich zunächst eine kritische Zusammenfassung der erarbeiteten Abschnitte dieser Arbeit sowie eine Darstellung der zentralen Erkenntnisse. Darüber hinaus werden mögliche Limitationen des Forschungsvorgehens erläutert. Zuletzt erfolgen die Überprüfung des wissenschaftlichen Beitrags und der Ausblick auf den weiteren Forschungsbedarf.

Die digitale Transformation stellt ein omnipräsentes Thema in der wissenschaftlichen Literatur und der Unternehmenspraxis dar. Mit dem voranschreitenden Übergang von der dritten in die vierte industrielle Entwicklungsstufe zeichnen sich eine zunehmende Informatisierung und Automatisierung von Unternehmensprozessen ab, in deren Zentrum die Erfassung und Verarbeitung digitaler Daten stehen. Erwartungsgemäß gehen damit eine Vielzahl von Implikationen für Wertschöpfungsketten und Geschäftsmodelle einher. Diese Entwicklungen können unter dem Schlagwort Industrie 4.0 subsumiert werden und lassen sich auch auf Flughäfen übertragen. In diesem Sinne wird von einem Flughafen 4.0 gesprochen.

Es bedarf dabei weniger einer besonderen Betrachtung der technologischen Implikationen, sondern vielmehr des Managements der organisationalen und sozialen Herausforderungen, die sich durch die Digitalisierung der Arbeitswelt ergeben. Mit einem Blick auf die Praxis wird deutlich, dass hier noch Handlungsbedarf besteht. Der tiefgreifende Wandel, den eine digitale Transformation im Unternehmen erfordert, ist oftmals von Reaktanz der Belegschaft geprägt. Dies ist auf die bestehenden Bedingungen und Gewohnheiten in der Unternehmenskultur, -organisation und -struktur zurückzuführen, wobei es an zeitgemäßen Managementansätzen und mitarbeiterzentrierten Wandlungsprozessen mangelt. Nicht zuletzt ist die digitale Transformation ein umfassendes und somit auf der strategischen Ebene zu platzierendes Thema, welchem entsprechende Ressourcen zur Verfügung gestellt werden müssen. Damit einhergehen umfassende organisationale Wandlungsprozesse, deren Eigenschaften Rechnung getragen werden muss.

Einer in diesem Kontext in den Mittelpunkt zu stellender Gesichtspunkt ist die Partizipation von Mitarbeitern, welche in der modernen Unternehmenswelt eine ansteigende Bedeutung zu bekommen scheint. Digitalisierung erfordert ein höheres Maß an Demokratie in Organisationen, wenn sie nachhaltig und erfolgreich implementiert werden soll. Gleichwohl fehlt jedoch ein greifbares Konzept für die Partizipation von Mitarbeitern.

Ziel dieser Arbeit war es also, ein Modell zu entwickeln, welches im Stande ist die digitale Transformation von Unternehmen partizipativ zu gestalten. Dabei stand die Synthese von drei zentralen thematischen Aspekten im Zentrum – die digitale Transformation, der organisationale Wandel und die Partizipation. Der sowohl wissenschaftlich als auch praktisch ausgerichtete Beitrag orientiert sich an den folgenden Eigenschaften: Die theoretische Auseinandersetzung erfolgt durch eine umfassende, systematische Literaturrecherche der drei zuvor genannten Aspekte. Die Herleitung des Modells basiert auf einer qualitativen und deduktiven Herangehensweise, mit der die Absicht einhergeht einen konzeptionellen Ansatz zu entwickeln. Die Praxisorientierung nimmt in der Übertragung des partizipativen Modells auf das Fallbeispiel Flughafen und dessen ausführliche Betrachtung im Kontext der digitalen Transformation Gestalt an. Damit ist auch die Methodik dieser Arbeit dargelegt. Nachfolgend seien die Ergebnisse der Forschungsarbeit zusammengefasst.

Im ersten Schritt dieser Arbeit wurden die drei thematischen Schwerpunkte reflektiert. Dabei wurde beim Aspekt der digitalen Transformation insbesondere deutlich, dass kein einheitliches Begriffsverständnis der digitalen Transformation vorliegt, womit es hier zunächst notwendig war, eine eigene Definition zu erarbeiten. Darüber hinaus hat es sich gezeigt, dass die Digitalisierung in vielfältiger Art und Weise in die Unternehmensabläufe eingreift. In der Annahme, dass die digitale Transformation nicht nur technologische Implikationen mit sich bringt, sondern gleichsam einen organisationalen Wandel darstellt, war die konkrete Betrachtung dessen Wesens relevant. Das Phänomen des geplanten organisationalen Wandels hat unterschiedliche Synonyme, darunter vor allem Change Management und Organisationsentwicklung. Dabei wurde in dieser Arbeit nicht davon ausgegangen, dass die Ansätze Change Management und Organisationsentwicklung zwei sich diametral gegenüberstehende Konzepte sind, sondern vielmehr im Zusammenhang mit der digitalen Transformation semantisch verschmolzene Ansätze darstellen, denn sowohl das betriebswirtschaftlich orientierte Change Management als auch die psychologieorientierte Organisationsentwicklung tragen zentrale Elemente für den fundamentalen digitalen Wandel bei. Ebenso sind die zahlreichen Widerstände und Hemmnisse auf Mitarbeiterebene in diesem Kontext von zentraler Bedeutung, welche letztendlich zur Legitimierung des partizipativen Herangehens an die digitalisierungsinduzierten organisationalen Veränderungen führen. Dies brachte eine umfassende Auseinandersetzung mit dem Phänomen der Partizipation mit sich. Insbesondere ist hier davon ausgegangen worden, dass die direkte, immaterielle Partizipation, also eine aktive Beteiligung von Mitarbeitern an Veränderungs-, Entwicklungs- und Verbesserungsprozessen, eine zentrale Rolle im organisationalen Wandel spielt. Die direkte Partizipation konnte anhand ihrer verschiedenen Erscheinungsformen und Dimensionen dargestellt werden. Darüber hinaus wurden organisatorische und individuelle Voraussetzungen der Partizipation identifiziert und sie wurde unter einem methodischen sowie wissenschaftlich-empirischen Blickwinkel diskutiert. Deutlich wurde, dass Partizipation in diesem Zusammenhang als ein Führungsthema aufzufassen ist. Wenngleich Partizipation in den Wissenschaftsgebieten der Betriebswirtschaftslehre und der Psychologie Eingang gefunden hat, liegt kein umfassendes, systematisches und für sich stehendes Konzept vor. In Ermangelung eines solchen Totalmodells der Partizipation wurde es sich als Teilziel gesetzt, ein eigenes Systematisierungskonzept zu entwickeln.

Der Auseinandersetzung mit den wesentlichen Thematiken folgte die Aufgabe, den entsprechenden Forschungsstand unter einem integrativen Blickwinkel zu aggregieren und den Untersuchungsbedarf genauer zu identifizieren sowie mithin eine Modellbegründung zu präsentieren, was insgesamt die Methode der systematischen Literaturrecherche übernahm. So wurden in fünf wissenschaftlichen Datenbanken – und dies in deutscher und englischer Sprache sowie mit einer zweimaligen Erhebung im Jahr 2018 und 2019 – Literatursuchvorgänge durchgeführt. Ein Ergebnis dieses Schrittes war es unter anderem, dass der Forschungsstand in quantitativer und qualitativer Hinsicht begrenzt ist, was wiederum auf die Annahme eines bestehenden Forschungsbedarfs in diesem Bereich schließen ließ. Durch diese methodische Arbeit konnten Besonderheiten von organisationalen Wandlungsprozessen im Kontext der digitalen Transformation sowie Besonderheiten von Partizipation bei organisationalen, digitalen Transformationsprozessen aufzeigt werden. Die Zusammenführung der Ergebnisse erfolgte in Gestalt einer eigenständig erstellten Konzeptmatrix. Insgesamt wurde dadurch ersichtlich, dass ein strategisch ausgerichteter Managementansatz sowie eine konzeptuelle Gestaltung von Partizipation für die digitale Transformation als organisationalen Wandlungsprozess fehlen.

Die Modellentwicklung erfolgte zunächst durch die Betrachtung von Merkmalen des strategischen und operativen digitalen Managements, um hieraus zusätzliche Erkenntnisse zu erlangen, wie etwa, dass es zwar strategische Ansätze in Wissenschaft und Praxis gibt, welche die digitale Transformation in den Mittelpunkt stellen, diese aber für den Zweck der Arbeit nicht hinreichend geeignet sind. Entweder handelt es sich lediglich um die Darstellung zu berücksichtigender strategischer Themenfelder oder die existierenden Phasenmodelle sind ungenügend organisational-partizipativ ausgerichtet. Dementsprechend galt es, ein eigenes Phasenmodell zu entwickeln.

Als Grundelemente des Modells sind drei bedeutsame Ebenen des digitalen Wandels anzusehen, welche sich interpendent zueinander verhalten und rahmengebend für das Modell sind: Dabei stellt die technologische Ebene den Wandlungsbedarf dar, die organisationale Ebene ist im Sinne von Wandlungsfähigkeit zu begreifen und die soziale Ebene spiegelt sich in der Wandlungsbereitschaft wider. Jede Ebene behandelt entsprechend relevante Inhalte der digitalen Transformation von Unternehmen. Modelltragend war des Weiteren der Sachverhalt, dass die digitale Transformation einen organisationalen Wandel im Unternehmen bedingt. Dieser ist aufgrund der Umfänglichkeit der Veränderungen zunächst auf strategischer Ebene zu betrachten, weshalb strategische Kernprozesse und Inhalte des organisationalen Wandlungsmanagements für das Modell von wesentlicher Bedeutung sind. Die Zusammenführung dieser Anforderungen mündete in einem fünfphasigen Prozess, der gleichsam inhaltliche Aspekte strategischer Kernprozesse als auch wandlungsprozessbezogene Elemente aufweist. Ein zirkuläres Verständnis ist dabei charakteristisch.

Als weiterer grundlegender und erfolgsbestimmender Bestandteil des Modells für digitalisierungsinduzierte Veränderungsprozesse war Partizipation zu operationalisieren. Die Charakteristika und Erscheinungsformen von Partizipation, wie sie auch ausführlich betrachtet worden sind, sowie ihre eigenschaftsgebende Funktion in der digitalen Transformation als Führungselement und im organisationalen Wandel als Vorgehenselement führten zu einer neuartigen Systematisierung des Phänomens Partizipation und im Ergebnis zu dem hier vorliegenden dimensionenorientierten Partizipationskonzept. Die Synthese der Ebenen und Phasen sowie des Erfolgsfaktors der Partizipation stellen als Folge das partizipative Modell für die digitale Transformation von Unternehmen dar, welches mithin als Antwort auf die Forschungsfrage zu verstehen ist, welche lautete:

„Wie kann die digitale Transformation von Unternehmen partizipativ gestaltet werden?"

Der erklärten Anwendungsorientierung dieser Arbeit wurde dergestalt Rechnung getragen, dass eine Konkretisierung des partizipativen Modells auf ein Fallbeispiel vorgenommen wurde. Hierbei handelte es sich um Flughäfen in ihrer Eigenschaft als Unternehmensgruppen. Für Flughäfen ist es aufgrund ihrer Bedeutung als Verkehrsknotenpunkte und Wirtschaftsfaktoren geboten, sich mit den Anwendungen von Informations- und Kommunikationstechnologien intentional und proaktiv auseinanderzusetzen. Die Entwicklung hin zum Flughafen 4.0, parallel gesehen zur vierten industriellen Entwicklung und damit zum Flughafen der Zukunft, stellte sich gleichsam als der Entwurf eines Bildes eines vollständig vernetzten und automatisierten, urbanen Verkehrsträgers und Infrastrukturanbieters dar. Im Mittelpunkt dessen stehen die durch die Digitalisierung ermöglichten Veränderungen in der Customer Journey als wesentliches Geschäftsmodellelement sowie darüber hinaus die Veränderungen in der Wertschöpfungskette.

Um diesen partiellen Themenkreis zu veranschaulichen, wurden ausgewählte Flughäfen als Praxisbeispiele, die sich aufgrund ihres hohen Digitalisierungsumfangs anboten, präsentiert und kritisch gewürdigt. Dabei hat es sich gezeigt, dass wesentliche Bestandteile eines Smart Airports in der Branche bereits umgesetzt werden konnten, wie etwa eine nahtlose Passagierreise. Hierdurch konnte ein hinreichender Realitätsbezug geschaffen werden. Im direkten Anschluss erfolgte die Übertragung des partizipativen Modells auf den vor den Herausforderungen der digitalen Transformation stehenden Flughafen. Dies geschah, indem die einzelnen Phasen des Modells praxisorientiert diskutiert und ein jeweiliges Partizipationskonzept pro Phase vorgeschlagen wurde. Dabei stand die Entwicklung hin zu einem intelligenten und vernetzten Flughafen im Mittelpunkt. Dieser Transfer konnte zeigen, wie ein Flughafen eine digitale Transformationsstrategie partizipativ zu gestalten im Stande ist.

Anzuführen sei bei der Betrachtung des Fallbeispiels, dass es sich bei Flughäfen um Unternehmen handelt, welche nicht isoliert agieren, sondern innerhalb komplexer Unternehmensstrukturen. So können Flughäfen die Leistungserstellung als infrastruktureller Anbieter nicht alleine erbringen, sondern kooperieren mit einer Vielzahl anderer Unternehmen. Dies geschieht in allen drei Geschäftsbereichen, dem Aviation- und Non-Aviation-Bereich sowie den Bodenverkehrsdiensten. Dabei kann es sich um Subunternehmen handeln oder um selbstständig agierende Tochterunternehmen innerhalb der Unternehmensgruppe. Dadurch ergeben sich eine Reihe von heterogenen Rahmenbedingungen, die der digitalen Transformation sowie dem Einsatz des partizipativen Modells herausfordernd gegenüberstehen. Angegangen sei diese Problematik dahingehend, als dass es erforderlich ist, einen unternehmensübergreifenden Wandel zu initiieren. Damit angesprochen sind die Managementebenen der Drittunternehmen, die in den partizipativen Prozess zu integrieren sind.

Auf Basis der bisherigen Erkenntnisse wurden darüber hinaus ausgewählte strategische Instrumente für den sich digital transformierenden Flughafen angewandt, hier die SWOT-Analyse, die Balanced Scorecard und die Gap-Analyse, und damit der erste Schritt für den digitalen Transformationsprozess skizziert.

Zudem wurden flughafenspezifische Schlussfolgerungen gezogen. Aus technologischer Sicht besteht ein Wandlungsbedarf von Flughäfen hin zum Flughafen 4.0, in dessen Zentrum die kundenzentrierte Entwicklung der gesamten Passagierreise steht. Darüber hinaus ist es nötig, eine unternehmensübergreifende IT-Systemlandschaft zu schaffen und zudem die strukturellen und personellen Voraussetzungen für den Wandel zu erfüllen. Auf organisationaler Ebene ist die Wandlungsfähigkeit im Unternehmen zu schaffen. Dies gilt insofern als, dass der Flughafenunternehmensgruppe ein agileres und flexibleres Managementsystem innezuwohnen hat. Ebenso sind die organisationalen Strukturen dahingehend zu ändern, dass die Flughafenmitarbeiter aktiv an den Entwicklungen partizipieren können. Damit gehen gleichwohl organisationale Demokratisierungseffekte einher, denen sich die Unternehmensgruppe zu öffnen hat. Die Schlussfolgerungen auf der sozialen Ebene betreffen die gesamte Belegschaft und deren Wandlungsbereitschaft. So sind zum einen die Führungskräfte durch entsprechende Personalentwicklungsmaßnahmen an das Konzept der Partizipation für ihre Führungspraxis heranzuführen. Diesem Prozess können nicht unerhebliche Widerstände gegenübertreten. Zum anderen sind die Mitarbeiter für das Partizipationskonzept zu motivieren und die entsprechenden Voraussetzungen zu schaffen, um an Entscheidungs- und Veränderungsprozessen teilnehmen zu können. Das partizipative Modell, welches sich sowohl den Aspekten der strategischen Entwicklung als auch dem organisationalen Wandel widmet, kann bei der Umsetzung der digitalen Transformation und den damit einhergehenden Umsetzungschancen und -barrieren als Leitmaxime dienen.

Nach dieser Zusammenfassung der zentralen Inhalte der Arbeit soll nun eine Einschätzung über den wissenschaftlichen Erkenntnisgewinn erfolgen, die bestehenden Limitationen kurz betrachtet sowie ein Ausblick auf zukünftige Forschungsanstrengungen geworfen werden.

Die Forschungsarbeit und die entsprechenden Befunde leisten einen Beitrag zur Integration und Symbiose betriebswirtschaftlicher und wirtschaftspsychologischer Problemfelder. Insbesondere kann hierbei die Verknüpfung von strategischer Managementforschung und Organisationspsychologie genannt werden. Das entwickelte Modell versteht sich als ein unternehmenstypübergreifendes Konzept, kann aber, wie gezeigt wurde, auf einzelne Branchen transferiert werden.

Die hier vorgenommene Verknüpfung von digitaler Transformation und wissenschaftlichen Erkenntnissen über organisationalen Wandel sowie das entwickelte Partizipationsverständnis bieten eine Unterstützung für das Herantreten an die Herausforderungen des digitalen Wandels.

Der Forschungsprozess zeichnet sich durch einen gestaltungsorientierten Ansatz aus. Diese interdisziplinäre Forschungsstrategie bewegt sich zwischen

Wissenschafts- und Praxisorientierung und hatte das Ziel, generalisierbare forschungsbasierte Rahmenmodelle, anwendungsorientierte Lösungen und darüber hinaus praxisbezogene Handlungsleitlinien zu liefern.[66]

Folgende Limitationen weist die geleistete Forschungsarbeit auf. Auf einer inhaltlich-theoretischen Ebene wurden Eingrenzungen vorgenommen. So ist etwa organisationaler Wandel ein umfangreiches und intensiv beforschtes Feld, womit eine gänzliche Darstellung des Phänomens den Zielsetzungen dieser Arbeit nicht gerecht geworden wäre. Ebenso wurde das Themenfeld der Partizipation auf den hier vorliegenden Kontext begrenzt dargestellt. Die gesetzlich geregelte Mitbestimmung wurde nicht miteinbezogen. Des Weiteren gilt, dass die hier gewählte Operationalisierung der systematischen Literaturrecherche eine Limitierung in methodischer Hinsicht darstellt. Da es sich um ein neuartiges Modellverständnis handelt, wurden zunächst die konzeptionellen Grundlagen erarbeitet und Einsatzpotentiale aufgezeigt. In einem nächsten Schritt weiterführender Forschung wäre eine empirische Untersuchung durchzuführen.

Eine Anwendung des partizipativen Modells unter Realbedingungen war insofern nicht möglich, als dass es für eine entsprechende empirische Studie notwendig gewesen wäre, dass sich ein Flughafen des hier normativ geforderten Prozesses in Gänze angenommen hätte. Daher wurde in der vorliegenden Arbeit von einem idealtypischen Flughafen ausgegangen. Selbstverständlich gilt, dass jede Flughafenunternehmensgruppe betriebsindividuelle Besonderheiten aufweist, die bei der Modellübertragung und Anwendung des Partizipationskonzepts als Führungsansatz beachtet werden müssen.

Eine zukünftige Vertiefung der hier unternommenen konzeptorientierten Forschungsbemühungen ergibt sich auch durch die neuartige Systematisierung von Partizipation als wegweisendes Konzept. Um dieses jedoch für die praktische Anwendung fundieren zu können, bedarf es weitergehende gestaltungsorientierte, empirische Fallstudienforschungen. Dies kann beispielsweise in Form von Arbeitsplatzbeobachtungen, Interviews oder Workshops sowie durch qualitative und quantitative Studien erfolgen.[67]

Abschließend gilt die Aussage, dass einer partizipativen Gestaltung von digitaler Transformation ein erhebliches Erfolgspotential innewohnt. So können Unternehmen, die mit dem hier entwickelten Modell arbeiten, zusammen mit ihrer Belegschaft – und nicht über diese hinweg – den digitalen Wandel voranbringen.

---

66 Vgl. Weber (2018).

67 Vgl. Sauer (2017).

Literaturverzeichnis

Abs, H. J. (2006). *Der Partizipationswürfel – Ein Modell zur Beobachtung und Begleitung demokratiepädagogischer Praxis.* Verfügbar unter http://www.ingo-veit. de/blk//pdf_doc/publik/partwue.pdf [18.12.2018].

acatech (2016). *Die digitale Transformation gestalten – Was Personalvorstände zur Zukunft der Arbeit sagen. Ein Stimmungsbild aus dem Human-Resources-Kreis von acatech und Jacobs Foundation (acatech IMPULS).* München: Herbert Utz.

Aerospace Singapore (2019). *Behind the Scenes: Smart Airport Changi.* Retrieved from http://aais.org.sg/wp-content/uploads/2019/10/ASV12N2-Feature-Smart-Airport-Changi.pdf [18.11.2019].

Airports Council International (2017). *Airport Digital Transformation.* Montreal: ACI World.

Amadeus (2012). *Reinventing the Airport Ecosystem: A new airline industry report.* Retrieved from http://www.amadeus.com/airlineit/resources/reinventing_the_airport_ecosystem/downloads/amadeus-reinventing-the-airport-ecosystem-2012-en.pdf [18.09.2018].

Antoni, C. H. (1999). Konzepte der Mitarbeiterbeteiligung: Delegation und Partizipation. In C. G. Hoyos & D. Frey (Hrsg.), *Arbeits- und Organisationspsychologie: Ein Lehrbuch* (S. 569–583). Weinheim: Psychologie Verlags Union.

Appelfeller, W. & Feldmann, C. (2018). *Die digitale Transformation des Unternehmens. Systematischer Leitfaden mit zehn Elementen zur Strukturierung und Reifegradmessung.* Berlin: Springer.

Artelt, D. & Leonhard, S. (2017). F&E zwischen Kreativität und Wirtschaftlichkeit. *Controlling & Management Review, 61*(3), 8–15.

Aymonod, X., Bréchemier, D., Streichfuss, M., Peschl, K.-M., Wilshaw, B. & Dupuy-D´uby, T. (2017). *Rise to the challenge – The risks and opportunities of digitalization for airports.* München: Roland Berger.

Bandura, A. (1986). *Social foundation of thought and action: A social cognitive theory.* Englewood Cliffs, NJ: Prentice Hall.

Bächle, M. A., Daurer, S. & Kolb, A. (2018). *Einführung in die Wirtschaftsinformatik. Ein fallstudienbasiertes Lehrbuch* (4., überarbeitete und erweiterte Aufl.). Berlin: Walter de Gruyter.

Bauer, W. & Hofmann, J. (2018). Arbeit, IT und Digitalisierung. In J. Hofmann (Hrsg.), *Arbeit 4.0 – Digitalisierung, IT und Arbeit. IT als Treiber der digitalen Transformation* (S. 1–16). Wiesbaden: Springer Vieweg.

Bauernhansl, T. (2014). Die Vierte Industrielle Revolution – Der Weg in ein wertschaffendes Produktionsparadigma. In T. Bauernhansl, M. ten Hompel & B. Vogel-Heuser (Hrsg.), *Industrie 4.0 in Produktion, Automatisierung und Logistik* (S. 5–35). Wiesbaden: Springer Vieweg.

BDI (2019, 11. September). *Was ist Industrie 4.0?*. Verfügbar unter https://bdi.eu/themenfelder/digitalisierung/industrie-40/#/artikel/news/was-ist-industrie-4-0/ [14.02.2020].

Bechtold, J., Kern, A., Lauenstein, C. & Bernhofer, L. (2014). *Industry 4.0 – The Capgemini Consulting View Sharpening the Picture beyond the Hype*. Retrieved from https://www.capgemini.com/consulting/wp-content/uploads/sites/30/2017/07/capgemini-consulting-industrie-4.0_0_0.pdf [17.03.2018].

Bennett, N. & Lemoine, G. J. (2014). What a difference a word makes: Understanding threats to performance in a VUCA world. *Business Horizons, 57*(3), 311–317.

Bensberg, F. & Buscher, G. (2018). Agenten des Wandels – Berufsbilder und Kompetenzen für das Transformation Management. In F. Keuper, M. Schomann, L. I. Sikora & R. Wassef (Hrsg.), *Disruption und Transformation Management: Digital Leadership – Digitales Mindset – Digitale Strategie* (S. 145–163). Wiesbaden: Springer Gabler.

Berghaus, S. & Back, A. (2016). Gestaltungsbereiche der Digitalen Transformation von Unternehmen: Entwicklung eines Reifegradmodells. *Die Unternehmung, 70*(2), 98–123.

Bergmann, R. & Garrecht, M. (2016). *Organisation und Projektmanagement* (2., aktualisierte und erweiterte Aufl.). Berlin Heidelberg: Springer Gabler.

Bharadwaj, A., El Sawy, O. A., Pavlou, P. A. & Venkatraman, N. (2013). Digital business strategy: toward a next generation of insights. *MIS Quarterly, 37*(2), 471–482.

Bhatti, K. K., Nawab, S. & Akbar, A. (2011). Effect of Direct Participation on Organizational Commitment. *International Journal of Business and Social Science, 2*(9), 15–23.

Bitkom (2012). *Big Data im Praxiseinsatz – Szenarien, Beispiele, Effekte*. Berlin: Bundesverband Informationswirtschaft, Telekommunikation und neue Medien.

Bloching, B., Leutiger, P., Oltmanns, T., Remane, G., Rossbach, C., Schlick, T. & et al. (2015). *Digitale Transformation: Was sie bedeutet. Wer gewinnt. Was jetzt zu tun ist.* Verfügbar unter https://bdi.eu/media/presse/publikationen/information-und-telekommunikation/Digitale_Transformation.pdf [12.12.2018].

Blume, L. & Gerstlberger, W. (2007). Determinanten betrieblicher Innovation: Partizipation von Beschäftigten als vernachlässigter Einflussfaktor. *Industrielle Beziehungen: Zeitschrift für Arbeit, Organisation und Management, 14*(3), 223–244.

BMAS (2017). *Weißbuch. Arbeit 4.0.* Berlin: Bundesministerium für Arbeit und Soziales.

BMZ (2020). *Partizipation.* Verfügbar unter https://www.bmz.de/de/service/glossar/P/partizipation.html [18.12.2018].

Booth, A., Papaioannou, D. & Sutton, A. (2012). *Systematic approaches to a successful literature review.* Thousand Oaks, CA: SAGE Publications.

Bouée, C. E. & Schaible, S. (2015). Perspektiven der digitalen Zukunft. In Bloching, B., Leutiger, P., Oltmanns, T., Remane, G., Rossbach, C., Schlick, T. & et al. (Hrsg.), *Digitale Transformation: Was sie bedeutet. Wer gewinnt. Was jetzt zu tun ist* (S. 6–7). Verfügbar unter https://bdi.eu/media/presse/publikationen/information-und-telekommunikation/Digitale_Transformation.pdf [12.12.2018].

Bounfour, A. (2016). *Digital Futures, Digital Transformation: From Lean Production to Acceluction.* Schweiz: Springer Cham.

Bousonville, T. (2017). *Logistik 4.0. Die digitale Transformation der Wertschöpfungskette.* Wiesbaden: Springer Gabler.

Boutin, N., Fechtel, A., Loh, H. H. & Tan, M. (2016, January 26). *The Connected Airport: The Time is Now.* Retrieved from https://www.bcg.com/de-de/publications/2016/technology-digital-transformation-connected-airport-the-time-is-now.aspx [05.02.2019].

Bouyakoub, S., Belkhir, A., Bouyakoub, F. M. H. & Guebli, W. (2017). Smart airport: an IoT-based airport management system. *Proceedings of the International Conference on Future Networks and Distributed Systems, 45*, 1–7.

Brehm, S. S. & Brehm, J. W. (1981). *Psychological reactance: A theory of freedom and control.* New York, NY: Academic Press.

Briner, R. B. & Denyer, D. (2012). Systematic review and evidence synthesis as a practice and scholarship tool. In D. M. Rousseau (Ed.), *The Oxford Handbook of Evidence-Based Management: Companies, Classroom, and Research* (pp. 112–129). New York, NY: Oxford University Press.

Brocke, J. vom, Simons, A., Niehaves, B., Niehaves, B., Reimer, K., Plattfaut, R. & et al. (2009). Reconstructing the giant: On the importance of rigour in documenting the literature search process. *ECIS 2009 Proceedings*, Paper 161.

Bruckner, L. & Werther, S. (2018). Zukunft der Organisationsentwicklung und -strukturen in Zeiten von Arbeit 4.0. In S. Werther & L. Bruckner (Hrsg.),

Arbeit 4.0 aktiv gestalten. Die Zukunft der Arbeit zwischen Agilität, People Analytics und Digitalisierung (S. 191–203). Berlin Heidelberg: Springer.

Bruhn, M. & Hadwich, K. (2017). Dienstleistungen 4.0 – Erscheinungsformen, Transformationsprozesse und Managementimplikationen. In M. Bruhn & K. Hadwich (Hrsg.), *Dienstleistungen 4.0: Geschäftsmodelle – Wertschöpfung – Transformation. Band 2. Forum Dienstleistungsmanagement* (S. 3–40). Wiesbaden: Springer Gabler.

Brynjolfsson, E. & McAfee, A. (2014). *The second machine age: Work, progress, and prosperity in a time of brilliant technologies.* New York, NY: WW Norton & Company.

Buhse, W. (2014). *Management by Internet: neue Führungsmodelle für Unternehmen in Zeiten der digitalen Transformation.* Kulmbach: Börsenmedien.

Bundesministerium für Wirtschaft und Energie (2015). *Industrie 4.0 und Digitale Wirtschaft. Impulse für Wachstum, Beschäftigung und Innovation.* Berlin: Bundesministerium für Wirtschaft und Energie.

Büst, R., Hille, M. & Schestakow, J. (2015). *Digital Business Readiness: Wie deutsche Unternehmen die Digitale Transformation angehen. Ergebnisse einer empirischen Studie in Kooperation mit Dimension Data.* Kassel: Crisp Research.

Changi Airport Group (2019a). *Annual Report 2018/19.* Retrieved from https://www.changiairport.com/content/dam/cacorp/publications/Annual%20Reports/2019/CAG-AR2019-Full.pdf [06.12.2019].

Changi Airport Group (2019b). *Gallery.* Retrieved from https://www.changiairport.com/corporate/media-centre/resources.html [06.12.2019].

Changi Airport Group (2019c). *Changi Airport Group to upskill employees for digital transformation.* Retrieved from http://www.changiairport.com/corporate/media-centre/newsroom.html#/pressreleases/changiairport-group-to-upskill-employees-for-digital-transformation-2949187 [06.12.2019].

Choudhury, A. R. (2015, March 30). *How IT helps Changi Airport to be smart, sweet and swift.* Retrieved from https://www.businesstimes.com.sg/focus/in-depth/cio-speaks/how-it-helps-changi-airport-to-be-smart-sweet-and-swift [06.12.2019].

Ciesielski, M. A. & Schutz, T. (2016). *Digitale Führung: Wie die neuen Technologien unsere Zusammenarbeit wertvoller machen.* Berlin Heidelberg: Springer Gabler.

Cocchia, A. (2014). Smart and Digital City: A Systematic Literature Review. In R. P. Dameri & C. Rosenthal-Sabroux (Eds.), *Smart City: How to Create*

Public and Economic Value with High Technology in Urban Space (pp. 13–43). Cham: Springer International Publishing.

Coch, L. & French, J. R. P. Jr. (1948). Overcoming resistance to change. *Human relations, 1*(4), 512–532.

Conrad, P. & Hucker, T. (2003). Theoretische Perspektiven der Mitarbeiterbeteiligung. In E. Voß & P. Wilke (Hrsg.), *Mitarbeiterbeteiligung in deutschen Unternehmen: Auswirkungen auf Unternehmensorganisation und Arbeitsgestaltung* (S. 23–41). Wiesbaden: Deutscher Universitäts-Verlag.

Conrad, P., Staehle, W. H. & Sydow, J. (1999). *Management: Eine verhaltenswissenschaftliche Perspektive* (8., überarbeitete Aufl.). München: Franz Vahlen.

Conrady, R., Fichert, F. & Sterzenbach, R. (2019). *Luftverkehr: Betriebswirtschaftliches Lehr- und Handbuch* (6., vollständig überarbeitete Aufl.). Berlin: Walter de Gruyter.

Cooper, H. (1988). Organizing knowledge syntheses: A taxonomy of literature reviews. *Knowledge, Technology & Policy, 1*(1), 104–126.

Creusen, U., Gall, B. & Hackl, O. (2017). *Digital Leadership: Führung in Zeiten des digitalen Wandels.* Wiesbaden: Springer Gabler.

Deci, E. L. & Ryan, R. M. (1985). *Intrinsic Motivation and Self-Determination in Human Behavior.* New York, NY: Plenum.

Deekeling, E. & Barghop, D. (2017). Das neue Prozessmuster der digitalen Transformation. In E. Deekeling & D. Barghop (Hrsg.), *Kommunikation in der digitalen Transformation* (S. 6–9). Wiesbaden: Springer Gabler.

Deuse, J., Busch, F. Weisner, K. & Steffen, M. (2018). Gestaltung sozio-technischer Arbeitssysteme für Industrie 4.0. In H. Hirsch-Kreinsen, P. Ittermann & J. Niehaus (Hrsg.), *Digitalisierung industrieller Arbeit. Die Vision Industrie 4.0 und ihre sozialen Herausforderungen* (S. 147–164). Baden-Baden: Nomos.

Dinkelmann, M. (2016). *Methode zur Unterstützung der Mitarbeiterpartizipation im Change Management der variantenreichen Serienproduktion durch Lernfabriken.* Dissertation, Universität Stuttgart, Stuttgart.

Disselkamp, M. & Heinemann, S. (2018). *Digital-Transformation-Management. Den digitalen Wandel erfolgreich umsetzen.* Stuttgart: Schäffer-Poeschel.

Domsch, M. & Reinecke, P. (1982). Partizipative Personalentwicklung. *Personalentwicklung, ZbF Sonderheft 14*, 64–81.

Domsch, M. E., Ladwig, D. H. & Siemers, S. H. A. (1995). *Innovation durch Partizipation: Eine erfolgsversprechende Strategie für den Mittelstand.* Stuttgart: Schäffer-Poeschel.

Doppler, K. & Lauterburg, C. (2014). *Change Management: Den Unternehmenswandel gestalten* (13., aktualisierte und erweiterte Aufl.). Frankfurt: Campus.

Döring, N. & Bortz, J. (2016). Untersuchungsdesign. In N. Döring & J. Bortz (Hrsg.), *Forschungsmethoden und Evaluation in den Sozial- und Humanwissenschaften* (5., vollständig überarbeitete, aktualisierte und erweiterte Aufl., S. 181–220). Berlin Heidelberg: Springer.

Eggers, E. & Hollmann, S. (2018). Digital Leadership – Anforderungen, Aufgaben und Skills von Führungskräften in der „Arbeitswelt 4.0". In F. Keuper, M. Schomann, L. I. Sikora & R. Wassef (Hrsg.), *Disruption und Transformation Management. Digital Leadership – Digitales Mindset – Digitale Strategie* (S. 43–86). Wiesbaden: Springer Gabler.

Eilers, S., Möckel, K., Rump, J. & Schabel, F. (2017). *HR-Report 2017: Schwerpunkt Kompetenzen für eine digitale Welt. Eine empirische Studie des Instituts für Beschäftigung und Employability IBE im Auftrag von Hays für Deutschland, Österreich und die Schweiz.* Mannheim, Ludwigshafen am Rhein: Hays, Institut für Beschäftigung und Employability IBE.

Erez, M., Earley, P. C. & Hulin, C. L. (1985). The Impact of Participation on Goal Acceptance and Performance: A Two-Step Model. *The Academy of Management Journal, 28*(1), 50–66.

Erner, M. & Böhm, F. (2019). Unternehmensführung 4.0. In M. Erner (Hrsg.), *Management 4.0 – Unternehmensführung im digitalen Zeitalter* (S. 79–122). Berlin Heidelberg: Springer Gabler.

etventure (2019). *Studie Digitale Transformation 2019 – Die Zukunftsfähigkeit der deutschen Unternehmen.* Berlin: etventure.

Evans, D. (2007). Integrative reviews of quantitative and qualitative research: overview of methods. In C. Webb & B. Roe (Eds.), *Reviewing Research Evidence for Nursing Practice: Systematic Reviews* (pp. 136–148). Oxford: Blackwell Publishing.

Fattah, A., Lock, H., Buller, W. & Kirby, S. (2009). *Smart Airports: Transforming Passenger Experience To Thrive in the New Economy.* Retrieved from https://www.cisco.com/c/dam/en_us/about/ac79/docs/pov/Passenger_Exp_POV_0720aFINAL.pdf [04.04.2019].

Fink, A. (2005). *Conducting research literature reviews: From the internet to paper.* Thousand Oaks, CA: SAGE Publications.

Fischer, P. & Hofer, P. (2011). *Lexikon der Informatik* (15., überarbeitete Aufl.). Berlin Heidelberg: Springer.

Fischer, T. M., Görner, M. & Engels, K. H. (2017). New Leadership – Führung im digital- analogen Spagat. *IM+io Fachmagazin, 4*, 30–35.

Fitzgerald, M., Kruschwitz, N., Bonnet, D. & Welch, M. (2013). Embracing digital technology: A new strategic imperative. *MIT sloan management review, 55*(2), 1–12.

Flughafen München (2019a). *Zukunft gestalten: Integrierter Bericht 2018*. Verfügbar unter https://www.munich-airport.de/_b/0000000000000007026325bb5d383a2f/IB-2018-de.pdf [11.11.2019].

Flughafen München (2019b). *Apps am Airport*. Verfügbar unter https://www.munich-airport.de/apps-am-airport-5199012 [11.11.2019].

Flughafen München (2019c). *Hi! I'm Josie Pepper*. Retrieved from https://www.munich-airport.com/hi-i-m-josie-pepper-3613413# [11.11.2019].

Frey, D. & Fischer, P. (2007). Psychologische Theorien und Befunde zum Thema Partizipation und Kontrolle. *OrganisationsEntwicklung, 26*(3), 64–65.

Frey, D., Gerkhardt, M. & Fischer, P. (2008). Erfolgsfaktoren und Stolpersteine bei Veränderungen. In R. Fisch, A. Müller & D. Beck (Hrsg.), *Veränderungen in Organisationen: Stand und Perspektiven* (S. 281–299). Wiesbaden: VS.

Gairing, F. (2017). *Organisationsentwicklung: Geschichte - Konzepte - Praxis*. Stuttgart: W. Kohlhammer.

Galipoglu, E. & Wolter, M. (2017). Typologien industrienaher Dienstleistungen: Eine Literaturübersicht. In O. Thomas, M. Nüttgens & M. Fellmann (Hrsg.), *Smart Service Engineering - Konzepte und Anwendungsszenarien für die digitale Transformation* (S. 170–192). Wiesbaden: Springer Gabler.

Gassmann, O. & Sutter, P. (2019). *Digitale Transformation gestalten: Geschäftsmodelle, Erfolgsfaktoren, Checklisten* (2., überarbeitete und erweiterte Aufl.). München: Carl Hanser.

Gebert, D. (2007). Organisationsentwicklung. In H. Schuler (Hrsg.), *Lehrbuch der Organisationsentwicklung* (4., vollständig überarbeitete und erweiterte Aufl., S. 601–616). Bern: Hans Huber.

Gebhardt, B., Hofmann, J. & Roehl, H. (2015). *Zukunftsfähige Führung: Die Gestaltung von Führungskompetenzen und -systemen*. Gütersloh: Bertelsmann Stiftung.

Gehrckens, H. M. (2016). Agilität im Kontext der digitalen Transformation – Kernanforderung an die Organisation von morgen. In G. Heinemann, H. M. Gehrckens, U. L. Wolters & dgroup GmbH (Hrsg.), *Digitale Transformation oder digitale Disruption im Handel. Vom Point-of-Sale zum Point-of-Decision im Digital Commerce* (S. 79–108). Wiesbaden: Springer Gabler.

Genner, S., Probst, L., Huber, R., Werkmann-Karcher, B., Gundrum, E. & Majkovic, A.-L. (2017). *IAP Studie 2017. Der Mensch in der Arbeitswelt 4.0*. Zürich: IAP Institut für Angewandte Psychologie der ZHAW Zürcher Hochschule für Angewandte Wissenschaften.

Georg, A., Guhlemann, K. & Katenkamp, O. (2018). Interessenvertretungen und Beschäftigte in der digitalen Transformation. In O. Cernavin, W. Schröter & S. Stowasser (Hrsg.), *Prävention 4.0: Analysen und Handlungsempfehlungen für eine produktive und gesunde Arbeit 4.0* (S. 335–375). Wiesbaden: Springer Fachmedien.

Gergs, H. J. (2019). Agilität und Organisationsentwicklung – Ziemlich beste Freunde?. *Gruppe. Interaktion. Organisation. Zeitschrift für Angewandte Organisationspsychologie, 50*(2), 101–110.

Gewald, S. (1999). *Handbuch des Touristik- und Hotelmanagement.* München: Oldenbourg Wissenschaftsverlag.

Gilder, G. (2000). The revitalization of everything: the law of the microcosm. *Harvard Business Review, 66*(2), 49–61.

Gimpel, H. & Röglinger, M. (2015). *Digital Transformation: Changes and Chances – Insights based on an Empirical Study.* Augsburg, Bayreuth: Project Group Business and Information Systems Engineering (BISE) of the Fraunhofer Institute for Applied Information Technology FIT.

Ginnodo, B. (1997). The who, what, when, where, why and how of Empowerment. In B. Ginnodo (Ed.), *The Power of Empowerment, What the Experts say and 16 Actionable Case Studies* (pp. 2–14). Arlington Heigths, IL: Pride Publications.

Glew, D. J., O'Leary-Kelly, A. M., Griffin, R. W. & Van Fleet, D. D. (1995). Participation in Organizations: A Preview of the Issues and Proposed Framework for Future Analysis. *Journal of Management, 21*(3), 395–421.

Goldstein, J., Hunoldt, M. & Walgenbach, P. (2018). *Wissenschaftliche(s) Arbeiten in den Wirtschaftswissenschaften. Themenfindung – Recherche – Konzeption – Methodik – Argumentation.* Wiesbaden: Springer Gabler.

Gomez, P. & Zimmermann, T. (1993). *Unternehmensorganisation: Profile, Dynamik, Methodik* (2. Aufl.). Frankfurt: Campus.

Graham, A. (2014). *Managing Airports: An international perspective* (4th Edit.). Abingdon: Routledge.

Greif, S., Runde, B. & Seeberg, I. (2004). *Erfolge und Misserfolge beim Change Management.* Göttingen: Hogrefe.

Greifenstein, R., Jansen, P. & Kißler, L. (1993). *Gemanagte Partizipation: Qualitätszirkel in der deutschen und der französischen Automobilindustrie.* München: Rainer Hampp.

Güller, M. & Güller, M. (2001). *From Airport to Airport City.* Barcelona: Airport Regions Council.

Hanschke, I. (2018). *Digitalisierung und Industrie 4.0 – einfach und effektiv. Systematisch & lean die digitale Transformation meistern.* München: Carl Hanser.

Hansen, A. M., Kraemmergaard, P. & Mathiassen, L. (2011). Rapid Adaptation in Digital Transformation: A Participatory Process for Engaging IS and Business Leaders. *MIS Quarterly Executive*, *10*(4), 175–185.

Henke, M. & Hegmanns, T. (2017). Geschäftsmodelle für die Logistik 4.0: Herausforderungen und Handlungsfelder einer grundlegenden Transformation. In B. Vogel-Heuser, T. Bauernhansl & M. ten Hompel (Hrsg.), *Handbuch Industrie 4.0, Bd. 3: Logistik* (2., erweiterte und bearbeitete Aufl., S. 335–345). Berlin: Springer Vieweg.

Henning, K. (2012). Partizipation und Führung. Grundpfeiler der Organisationsentwicklung aus systemischer Sicht. In R. Schimweg, P. Fuchs-Frohnhofen & D. Brandt (Hrsg.), *Partizipation und Führung: Erfolgsfaktoren quer zum Zeitgeist* (S. 29–44). Marbug: Tectum.

Henriette, E., Feki, M. & Boughzala, I. (2015). The Shape of Digital Transformation: A Systematic Literature Review. *MCIS 2015 Proceedings, 10,* 431–443.

Hertwig, M. (2011). *Die Praxis „Anderer Vertretungsorgane": Formen, Funktionen und Wirksamkeiten*. Berlin: edition sigma.

Herzberg, F., Mausner, B. M. & Snyderman, B. (1959). *The motivation to work.* New York, NY: John Wiley & Sons.

Hess, T. & Barthel, P. (2017). Wieviel digitale Transformation steckt im Informationsmanagement? Zum Zusammenspiel eines etablierten und eines neuen Managementkonzepts. *HMD Praxis der Wirtschaftsinformatik*, *54*(3), 313–323.

Hess, T. (2019). *Digitale Transformation strategisch steuern. Vom Zufallstreffer zum systematischen Vorgehen*. Wiesbaden: Springer.

Hinkelmann, R. & Enzweiler, T. (2018). *Coaching als Führungsinstrument: Neue Leadership-Konzepte für das digitale Zeitalter.* Wiesbaden: Springer Gabler.

Hochrein, S., Bogaschewsky, R. & Heider, M. (2014). Supply Chain Management Reviews. *Working Paper Series of the Institute of Business Management, 2014/2*. Würzburg: University of Würzburg.

Holling, H. & Kanning, U. P. (2007). Theorien der Organisationspsychologie. In H. Schuler (Hrsg.), *Lehrbuch der Organisationspsychologie* (4., vollständig überarbeitete und erweiterte Aufl., S. 59–87). Bern: Hans Huber.

Huchler, N. (2017). *Innovation durch Partizipation.* Vortrag, 31. Passauer Arbeitsrechtssymposium „Mitbestimmung 4.0", 22.–23.06.2017, Passau.

Hucker, T. (2008). *Betriebliche Partizipation und gesellschaftlicher Wandel.* München: Rainer Hampp.

Hungenberg, H. (2014). *Strategisches Management in Unternehmen: Ziele – Prozesse –Verfahren* (8., aktualisierte Aufl.). Wiesbaden: Springer Gabler.

Institut DGB-Index Gute Arbeit (2016). *DGB-Index Gute Arbeit: Der Report 2016. Wie die Beschäftigten die Arbeitsbedingungen in Deutschland beurteilen. Mit dem Themenschwerpunkt: Die Digitalisierung der Arbeitswelt – Eine Zwischenbilanz aus der Sicht der Beschäftigten.* Berlin: Institut DGB-Index Gute Arbeit.

Ittermann, P. & Niehaus, J. (2015). Industrie 4.0 und Wandel von Industriearbeit: Überblick über Forschungsstand und Trendbestimmungen. In H. Hirsch-Kreinsen, P. Ittermann & J. Niehaus (Hrsg.), *Digitalisierung industrieller Arbeit. Die Vision Industrie 4.0 und ihre sozialen Herausforderungen* (S. 33–52). Baden-Baden: Nomos.

Ittermann, P. (2009). *Betriebliche Partizipation in Unternehmen der Neuen Medien: Innovative Formen der Beteiligung auf dem Prüfstand.* Frankfurt: Campus.

Jaffer, S. & Timbrell, G. (2014). Digital strategy in airports. In W. Wan & D. Pauleen (Eds.), *Proceedings of the 25th Australasian Conference on Information Systems* (pp. 1–11). New Zealand: ACIS.

Jung, H. (2016). *Allgemeine Betriebswirtschaftslehre* (13., aktualisierte Aufl.). Berlin: Walter de Gruyter.

Kagermann, H., Wahlster, W. & Helbig, J. (2013). *Umsetzungsempfehlungen für das Zukunftsprojekt Industrie 4.0: Abschlussbericht des Arbeitskreises Industrie 4.0.* Frankfurt: Promotorengruppe Kommunikation der Forschungsunion Wirtschaft – Wissenschaft, acatech – Deutsche Akademie der Technikwissenschaften.

Kane, G. C., Palmer, D., Phillips, A. N., Kiron, D. & Buckley, N. (2015). Strategy, not Technology, drives Digital Transformation. *MIT Sloan Management Review and Deloitte University Press, 14*, 1–25.

Kasarda, J. D. (2008). The evolution of airport cities and the Aerotropolis. In L. Siebert (Ed.), *Airport Cities: The Evolution* (pp. 1–39). London: Insight Media.

Kauffeld, S., Endrejat, P. C. & Richter, H. (2019). Organisationsentwicklung. In S. Kauffeld, (Hrsg.), *Arbeits-, Organisations- und Personalpsychologie für Bachelor* (3. Aufl., S. 73–104). Berlin Heidelberg: Springer.

Kaufmann, T. (2015). *Geschäftsmodelle in Industrie 4.0 und dem Internet der Dinge. Der Weg vom Anspruch in die Wirklichkeit.* Wiesbaden: Springer Vieweg.

Keidel, P. (2010). Airports – Management and Strategy. In A. Wald, C. Fey & R. Gleich (Eds.), *Introduction to Aviation Management* (pp. 131–141). Berlin: LIT.

Kerres, M. & Rosemann, B. (1992). Partizipationspotential und partizipatives Handeln bei Einführung neuer Technologien. *German Journal of Human Resource Management*, *6*(1), 5–17.

Kirchgeorg, M. & Beyer, C. (2016). Herausforderungen der digitalen Transformation für die marktorientierte Unternehmensführung. In G. Heinemann, H. M. Gehrckens, U. J. Wolters & dgroup GmbH (Hrsg.), *Digitale Transformation oder digitale Disruption im Handel. Vom Point-of-Sale zum Point-of-Decision im Digital Commerce* (S. 399–422). Wiesbaden: Springer Gabler.

Kirchner, S. (2019). *Zeit für ein Update: Was die Menschen in Deutschland über Digitalisierung denken.* Bonn: Friedrich-Ebert-Stiftung.

Kirsch, W., Seidl, D. & Aaken, D. (2007). *Betriebswirtschaftliche Forschung: Wissenschaftstheoretische Grundlagen und Anwendungsorientierung.* Stuttgart: Schäffer-Poeschel.

Klimmer, M. (2016). *Unternehmensorganisation. Eine kompakte und praxisnahe Einführung mit Online-Training* (4., vollständig und überarbeitete Aufl.). Herne: NWB.

Kofler, T. (2018). *Digitale Transformation in Unternehmen: Einflusskräfte und organisatorische Rahmenbedingungen.* Garching: Zentrum Digitalisierung. Bayern.

Kohnke, S. (2017). It's Not Just About Technology: The People Side of Digitization. In G. Oswald & M. Kleinemeier (Eds.), *Shaping the Digital Enterprise: Trends and Use Cases in Digital Innovation and Transformation* (pp. 69–91). Schweiz: Springer International Publishing.

Kollmann, T. & Schmidt, H. (2016). *Deutschland 4.0. Wie die Digitale Transformation gelingt.* Wiesbaden: Springer Gabler.

Kovynyov, I. & Mikut, R. (2019). Digital technologies in airport ground operations. *NETNOMICS: Economic Research and Electronic Networking, 20*, 1–30.

Krcmar, H. (2018). Charakteristika digitaler Transformation. In G. Oswald & H. Krcmar (Hrsg.), *Digitale Transformation –Fallbeispiele und Branchenanalysen* (S. 5–10). Wiesbaden: Springer Gabler.

Kreeb, M. & Haasis, H.-D. (2017). Sustainable cooperate information portals: Digital knowledge communities for SME. In T. Osburg & C. Lohrmann (Eds.), *Sustainability in a Digital World: New Opportunities Through New Technologies* (pp. 145–158). Cham: Springer International Publishing.

Kreikebaum, H., Gilbert, D. U. & Benham, M. (2018). *Strategisches Management* (8., überarbeitete Aufl.). Stuttgart: Kohlhammer.

Krejci, G. P. (2016, 29. April). *Die Renaissance der Partizipation.* Verfügbar unter https://www.zoe-online.org/meldungen/die-renaissance-der-partizipation/ [02.02.2020].

Kreutzer, R. T. & Land, K.-H. (2016). *Digitaler Darwinismus. Der stille Angriff auf Ihr Geschäftsmodell und Ihre Marke. Das Think! Book* (2. Aufl.). Wiesbaden: Springer Gabler.

Kreutzer, R. T., Neugebauer, T. & Pattloch, A. (2017). *Digital Business Leadership. Digitale Transformation – Geschäftsmodell-Innovation – agile Organisation –Change-Management.* Wiesbaden: Springer Gabler.

Krüger, W. (2014a). Strategische Erneuerung: Probleme und Prozesse. In W. Krüger & N. Bach (Hrsg.), *Excellence in Change: Wege zur strategischen Erneuerung* (5., überarbeitete und erweiterte Aufl., S. 33–61). Wiesbaden: Springer Gabler.

Krüger, W. (2014b). Das 3W-Modell: Bezugsrahmen für das Wandlungsmanagement. In W. Krüger & N. Bach (Hrsg.), *Excellence in Change: Wege zur strategischen Erneuerung* (5., überarbeitete und erweiterte Aufl., S. 1–32). Wiesbaden: Springer Gabler.

Labes, S., Erek, K. & Zarneko, R. (2013). Literaturübersicht von Geschäftsmodellen in der Cloud. *Proceedings of the 11th International Conference on Wirtschaftsinformatik*, 443–457.

Landes, M. & Steiner, E. (2013). Psychologische Auswirkungen von Change Prozessen: Widerstände, Emotionen, Veränderungsbereitschaft und Implikationen für Führungskräfte. In M. Landes & E. Steiner (Hrsg.), *Psychologie der Wirtschaft* (S. 723–750). Wiesbaden: VS.

Lassnig, M., Stabauer, P., Güntner, G. & Breitfuß, G. (2016). *Studienkatalog zur digitalen Transformation durch Industrie 4.0 und neue Geschäftsmodelle.* Wien: Bundesministeriums für Verkehr, Innovation und Technologie und Österreichische Forschungsförderungsgesellschaft.

Lauer, T. (2014). *Change Management. Grundlagen und Erfolgsfaktoren* (2. Aufl.). Berlin Heidelberg: Springer Gabler.

Lehky, M. (2011). *Leadership 2.0: Wie Führungskräfte die neuen Herausforderungen im Zeitalter von Smartphone, Burn-out & Co. managen.* Frankfurt: Campus.

Leimeister, J. M. (2015). *Einführung in die Wirtschaftsinformatik* (12., vollständig neu überarbeitete und aktualisierte Aufl.). Berlin Heidelberg: Springer Gabler.

Lemke, C. & Brenner, W. (2015). *Einführung in die Wirtschaftsinformatik. Band 1: Verstehen des digitalen Zeitalters.* Berlin Heidelberg: Springer Gabler.

Lemke, C., Brenner, W. & Kirchner, K. (2017). *Einführung in die Wirtschaftsinformatik, Band 2: Gestalten des digitalen Zeitalters.* Deutschland: Springer Gabler.

Lewin, K. (1947). Frontiers in group dynamics, concept, method and reality in social science; social equilibria and social change. *Human Relations, 1*(1), 5–41.

Lewin, K. (1963). *Feldtheorie in den Sozialwissenschaften. Ausgewählte theoretische Schriften.* Bern: Hans Huber.

Lies, J., Volejnik, U. & Mörbe, S. (2011). 9. Mine: Unechte Mitarbeiter-Partizipation. In L. Lies (Hrsg.), *Erfolgsfaktor Change Communications: Klassische Fehler im Change-Management vermeiden* (S. 83–90). Wiesbaden: Gabler.

Lindermeir, A. (2016). Digitalisierung des Innovationsmanagements. *HMD Praxis der Wirtschaftsinformatik, 53*(4), 543–554.

Lines, R. & Selart, M. (2013). Participation and organizational commitment during change: From utopist to realist perspectives. In H. S. Leonard, R. Lewis, A. M. Freedman & J. Passmore (Eds.), *The Wiley-Blackwell Handbook of the Psychology of Leadership, Change, and Organizational Development* (pp. 289–311). London: Wiley-Blackwell.

Lines, R. (2004). Influence of participation in strategic change: resistance, organizational commitment and change goal achievement. *Journal of change management, 4*(3), 193–215.

Locke, E. A. & Schweiger, D. M. (1979). Participation in decision-making: One more look. In B. M. Staw (Ed.), *New Directions in Organizational Behavior* (pp. 265–339). Greenwich: JAI.

Lohmann, A. & Prümper, J. (2006). Fragebogen zur direkten Partizipation im Büro (FdP-B). *Zeitschrift Für Arbeits- Und Organisationspsychologie A&O, 50*(3), 119–134.

Madauss, B.-J. (2017). *Projektmanagement: Theorie und Praxis aus einer Hand* (7., neu bearbeitete Aufl.). Berlin Heidelberg: Springer Vieweg.

March, J. G. & Simon, H. A. (1958). *Organizations.* New York, NY: John Wiley & Sons.

Maslow, A. H. (1943). A theory of human motivation. *Psychological Review, 50,* 370–396.

Matt, C., Hess, T. & Benlian, A. (2015). Digital transformation strategies. *Business & Information Systems Engineering, 57*(5), 339–343.

Meincke, P. A. & Tkotz, A. (2010). Airports – Types, Functions, Facilities and Accessibility. In A. Wald, C. Fey & R. Gleich (Eds.), *Introduction to Aviation Management* (pp. 89–130). Berlin: LIT.

Mensen, H. (2013). *Planung, Anlage und Betrieb von Flugplätzen* (2., neu bearbeitete Aufl.). Berlin Heidelberg: Springer Vieweg.

Mertens, P., Barbian, D. & Baier, S. (2018). *Digitalisierung und Industrie 4.0 – eine Relativierung*. Wiesbaden: Springer Vieweg.

Metcalfe, R. M. & Boggs, D. R. (1976) Ethernet: distributed packet switching for local computer networks. *Communications of the ACM, 19*(7), 395–404.

Miller, K. I. & Monge, P. R. (1986). Participation, Satisfaction, and Productivity: A Meta-Analytic Review. *The Academy of Management Journal, 29*(4), 727–753.

Moore, G. E. (1965). Cramming more components onto integrated circuits. *Electronics, 38*(8), 114–117.

Mühlfelder, M., Mettig, T. & Klein, U. (2017). Change 4.0: Agiles Veränderungsmanagement und Organisationsentwicklung in digitalen Transformationsprojekten. In SRH Fernhochschule (Hrsg.), *Digitalisierung in Wirtschaft und Wissenschaft* (S. 89–101). Wiesbaden: Springer.

Müller, A., Schröder, H. & von Thienen, L. (2018). Von Entdeckern und Pionieren – Steuerungsmodell für die digitale Transformation. *HMD Praxis der Wirtschaftsinformatik, 55*(2), 252–270.

Müller-Stewens, G. & Lechner, C. (2016). *Strategisches Management: Wie strategische Initiativen zum Wandel führen. Der Strategic Management Navigator* (5., überarbeitete Aufl.). Stuttgart: Schäffer-Poeschel.

Nagy, E. & Cisizár, C. (2016). Airport Smartness Index – Evaluation Method of Airport Information Services. *Österreichische Zeitschrift für Verkehrswissenschaft, 63*(4), 25–30.

Nau, J.-B. & Benoit, F. (2017). *Smart Airport: how technology is shaping the future of airports*. Retrieved from https://www.wavestone.com/app/uploads/2017/12/Smart-Airport-2017.pdf [05.05.2018].

Nerdinger, F. W. (2014). Organisationsentwicklung. In F. W. Nerdinger, G. Blickle & N. Schaper (Hrsg.), *Arbeits- und Organisationspsychologie* (3., vollständig überarbeitete Aufl., S. 159–170). Berlin Heidelberg: Springer.

Nerdinger, F. W., Horsmann, C. & Pundt, A. (2003). Materielle und immaterielle Beteiligung in der Wahrnehmung der Beschäftigten: Ergebnisse der Mitarbeiterbefragungen. In E. Voß & P. Wilke (Hrsg.), *Mitarbeiterbeteiligung in deutschen Unternehmen: Auswirkungen auf Unternehmensorganisation und Arbeitsgestaltung* (S. 147–169). Wiesbaden: Deutscher Universitäts-Verlag.

Nerdinger, F. W., Martins, E., Pundt, A. & Horsmann, C. (2009). Formen der Beteiligungskultur – Befunde aus dem Projekt TiM. In F. W. Nerdinger & P. Wilke (Hrsg.), *Beteiligungsorientierte Unternehmenskultur: Erfolgsfaktoren, Praxisbeispiele und Handlungskonzept* (S. 13–25). Wiesbaden: Gabler.

Nettelstroth, W. & Schilling, G. (2017). Mitbestimmung 4.0: Die digitale Arbeit menschenwürdig gestalten. In G. W. Maier, G. Engels & E. Steffen (Hrsg.),

Handbuch Gestaltung digitaler und vernetzter Arbeitswelten (S. 1–23) [E-Book]. Berlin Heidelberg: Springer.

Neugebauer, R. (2018). *Digitalisierung: Schlüsseltechnologien für Wirtschaft und Gesellschaft*. Berlin Heidelberg: Springer Vieweg.

Neumann, A. (2017). *Führungsorientiertes Qualitätsmanagement* (6. Aufl.). Darmstadt: REFA Bundesverband.

Nicolai, A. T. & Schuster, C. L. (2018). Digitale Transformation. *WiSt - Wirtschaftswissenschaftliches Studium, 47*(1), 15–21.

Niemöller, C., Bärtling, N. & Thomas, O. (2015). Nachhaltigkeit durch Hybride Wertschöpfung - Entwicklung eines Reifegradmodells. In D. W. Cunningham, P. Hofstedt, K. Meer & I. Schmitt (Hrsg.), *INFORMATIK 2015* (S. 427–442). Bonn: Gesellschaft für Informatik.

Obermaier, R. (2016). Industrie 4.0 als unternehmerische Gestaltungsaufgabe: Strategische und operative Handlungsfelder für Industriebetriebe. In R. Obermaier (Hrsg.), *Industrie 4.0 als unternehmerische Gestaltungsaufgabe: Betriebswirtschaftliche, technische und rechtliche Herausforderungen* (S. 3–34). Wiesbaden: Springer Gabler.

Pearce, C. L. & Conger, J. A. (2003). All Those Years Ago: The Historical Underpinnings of Shared Leadership. In C. L. Pearce & J. A. Conger (Eds.), *Shared leadership. Reframing the hows and whys of leadership* (pp. 1–18). Thousand Oaks, CA: SAGE Publications.

Pell, R. & Bondel, M. (2018). *Airport digital transformation. From operational performance to strategic opportunity*. o. O.: Arthur D. Little.

Petry, T. & Jäger, W. (2018). *Digital HR: Smarte und agile Systeme, Prozesse und Strukturen im Personalmanagement*. Freiburg: Haufe-Lexware.

Petry, T. (2016). Digital Leadership - Unternehmens- und Personalführung in der Digital Economy. In T. Petry (Hrsg.), *Digital Leadership: Erfolgreiches Führen in Zeiten der Digital Economy* (S. 21–82). Freiburg: Haufe-Lexware.

Pfeiffer, S., Held, M., Lee, H. & Hofmann, J. (2018). Digitalisierung „machen“ - Ansichten im Engineering zur partizipativen Gestaltung von Industrie 4.0. In J. Hofmann (Hrsg.), *Arbeit 4.0 - Digitalisierung, IT und Arbeit: IT als Treiber der digitalen Transformation* (S. 113–129). Wiesbaden: Springer Vieweg.

Picot, A., Hopf, S. & Sedlmeir, J. (2017). Digitalisierung als Herausforderung für die Industrie - Das Beispiel der Automotive Branche. In W. Burr & M. Stephan (Hrsg.), *Technologie, Strategie und Organisation* (S. 87–112). Wiesbaden: Springer Gabler.

Pirker, F. (2007). „Strategy follows Change“ versus „Change follows Strategy“. In F. Keuper & H. Groten (Hrsg.), *Nachhaltiges Change*

Management: Interdisziplinäre Fallbeispiele und Perspektiven (S. 4–30). Wiesbaden: Betriebswirtschaftlicher Verlag Dr. Th. Gabler.

Pompl, W. (2007). *Luftverkehr: Eine ökonomische und politische Einführung* (5., überarbeitete Aufl.). Berlin Heidelberg: Springer.

Popa, D., Popa, A. & Codescu, M. (2016). Smart Airport – structure and elements. *Buletinul AGIR, Supliment 03/2016,* 6–11.

PwC (2013). *Digitale Transformation – der größte Wandel seit der industriellen Revolution.* Frankfurt: PricewaterhouseCoopers.

Radermacher, I. (2017). *Digitalisierung selbst denken. Eine Anleitung, mit der die digitale Transformation gelingt.* Göttingen: BusinessVillage.

Ramsauer, C. (2013). Industrie 4.0 – Die Produktion der Zukunft. *WINGbusiness, 46*(3), 6–12.

Randolph, J. J. (2009). A guide to writing the dissertation literature review. *Practical Assessment, Research & Evaluation, 14*(13), 1–13.

Raskino, M. & Waller, G. (2015). *Digital to the Core: Remastering Leadership for Your Industry, Your Enterprise, and Yourself.* New York, NY: Bibliomotion.

Rasmus, R. & Nichols, J. (2016). *Digital factory: Cracking the code to success.* Retrieved from https://www.accenture.com/t20160525T023834__w__/us-en/_acnmedia/PDF-20/Accenture-Strategy-Digital-Factory-Cracking-the-Code.pdf [14.06.2018].

Regber, H. & Zimmermann, K. (2007). *Change-Management in der Produktion: Prozesse effizient verbessern im Team.* München: mi-Wirtschaftsbuch.

Reiß, M. (1997). Instrumente der Implementierung. In M. Reiß, L. von Rosenstiel & L. M. Hofmann (Hrsg.), *Change Management – Programme, Projekte und Prozesse* (S. 91–108). Stuttgart: Schäffer-Poeschel.

Rigall, J., Wolters, G., Goertz, H., Schulte, K. & Tarlatt, A. (2005). *Change Management für Konzerne. Komplexe Unternehmensstrukturen erfolgreich verändern.* Frankfurt: Campus.

Rigby, D. & Bilodeau, B. (2018). *Management Tools & Trends, Bain & Company.* Retrieved from https://www.bain.com/contentassets/caa40128a49c4f34800a76eae15828e3/bain_brief-management_tools_and_trends.pdf [23.10.2019].

Rohleder, B. (2016, 01. Juni). *Digitalisierung in der Luftfahrt* [Powerpoint Präsentation]. Verfügbar unter https://www.bitkom.org/sites/default/files/file/import/Bitkom-Pressekonferenz-Digitalisierung-in-der-Luftfahrt-01-06-2016-Praesentation-final.pdf [03.12.2018].

Rosenstiel, L. von & Comelli, G. (2003). *Führung zwischen Stabilität und Wandel.* München: Franz Vahlen.

Rosenstiel, L. von (1987). Partizipation und Veränderung im Unternehmen. In L. von Rosenstiel, H. E. Einsiedler, R. K. Streich & S. Rau (Hrsg.), *Motivation durch Mitwirkung* (S. 1–24). Stuttgart: Fachverlag für Wirtschaft und Steuern Schäffer.

Rosenstiel, L. von (2012). Einführung. In L. von Rosenstiel, E. von Hornstein & S. Augustin (Hrsg.), *Change Management Praxisfälle: Veränderungsschwerpunkte Organisation, Team, Individuum* (S. 3–2). Berlin Heidelberg: Springer.

Roth, A. & Siepmann, D. (2016). Industrie 4.0 – Ausblick. In A. Roth (Hrsg.), *Einführung und Umsetzung von Industrie 4.0. Grundlagen, Vorgehensmodell und Use Cases aus der Praxis* (S. 247–260). Berlin Heidelberg: Springer Gabler.

Roth, A. (2016). Industrie 4.0 – Hype oder Revolution? In A. Roth (Hrsg.), *Einführung und Umsetzung von Industrie 4.0. Grundlagen, Vorgehensmodell und Use Cases aus der Praxis* (S. 1–15). Berlin Heidelberg: Springer Gabler.

Royal Schiphol Group (2019). *Annual Report 2018.* Schiphol: Royal Schiphol Group.

Ruiner, C., Debbing, C., Schaper, M. & Hagemann, V. (2019). Den Wandel gemeinsam gestalten – Der Beitrag von HR in einer digitalen Arbeitswelt. *Personalführung, 3*, 38–43.

Salipante, P., Notz, W. & Bigelow, J. (1982). A Matrix Approach to Literature Reviews. *Research in Organizational Behavior, 4*, 321–348.

Sauer, S. (2017). Partizipative Forschung und Gestaltung als Antwort auf empirische und forschungspolitische Herausforderungen der Arbeitsforschung? *Industrielle Beziehungen: Zeitschrift für Arbeit, Organisation und Management, 24*(3), 253–270.

Schahinian, D. (2018). Den Wandel gestalten. *Personalwirtschaft, 3*, S. 46–49.

Schallmo, D. & Rusnjak, A. (2017). Roadmap zur Digitalen Transformation von Geschäftsmodellen. In D. Schallmo, A. Rusnjak, J. Anzengruber, T. Werani & M. Jünger (Hrsg.), *Digitale Transformation von Geschäftsmodellen. Grundlagen, Instrumente und Best Practices* (S. 1–31). Wiesbaden: Springer Gabler.

Schallmo, D. R. A. (2016). *Jetzt digital transformieren. So gelingt die erfolgreiche Digitale Transformation Ihres Geschäftsmodells.* Wiesbaden: Springer Gabler.

Schanz, G. (2000). *Personalwirtschaftslehre. Lebendige Arbeit in verhaltenswissenschaftlicher Perspektive* (3., neu bearbeitete und erweiterte Aufl.). München: Franz Vahlen.

Schauer, L., Hirschleb, A. & Zaddach, M. (2016). Der Flughafen als Smart City. *Informatik-Spektrum, 39*(2), 115–121.

Scheer, A.-W. (2016). Industrie 4.0: Von der Vision zur Implementierung. In R. Obermaier (Hrsg.), *Industrie 4.0 als unternehmerische Gestaltungsaufgabe: Betriebswirtschaftliche, technische und rechtliche Herausforderungen* (S. 35–52). Wiesbaden: Springer Gabler.

Schein, E. H. (1980). *Organisationspsychologie*. Wiesbaden: Betriebswirtschaftlicher Verlag Dr. Th. Gabler.

Scherm, E. & Pietzsch, G. (2007). *Organisation: Theorie, Gestaltung, Wandel*. München: Oldenbourg Wissenschaftsverlag.

Schiessler, B. (2013). Die Rolle der Organisationsentwicklung im Change Management. In M. Landes & E. Steiner (Hrsg.), *Psychologie der Wirtschaft* (S. 589–611). Wiesbaden: VS.

Schiphol (2020). *Your personal airport assistant*. Retrieved from https://www.schiphol.nl/en/download-the-schiphol-app [10.11.2019].

Schircks, A. D. (2017). Die Arbeitswelt 4.0 kompetent gestalten. In A. D. Schircks, R. Drenth & R. Schneider (Hrsg.), *Strategie für Industrie 4.0. Praxiswissen für Mensch und Organisation in der digitalen Transformation* (S. 1–33). Wiesbaden: Springer Gabler.

Schirmer, U. & Woydt, S. (2016). *Mitarbeiterführung* (3., aktualisierte und erweiterte Aufl.). Berlin Heidelberg: Springer Gabler.

Schneider, H. (2019). *Digitalisierung: Eine erfolgreiche Übersetzung in Maschinensprache*. Norderstedt: BoD.

Scholl, W. (2004). *Innovation und Information: Wie in Unternehmen neues Wissen produziert wird*. Göttingen: Hogrefe.

Scholl, W. (2007). Grundkonzepte der Organisation. In H. Schuler (Hrsg.), *Lehrbuch der Organisationspsychologie* (4., vollständig überarbeitete und erweiterte Aufl., S. 515–556). Bern: Hans Huber.

Schott, E. & Wick, M. (2005). Change Management. In E. Schott & C. Campana (Hrsg.), *Strategisches Projektmanagement* (S. 195–224). Berlin Heidelberg: Springer.

Schroll, W. (2017). Kollaborative Innovationsprozesse – Hackathons in Theorie und Praxis. In T. Knoll (Hrsg.), *Veranstaltungen 4.0. Konferenzen, Messen und Events im digitalen Wandel* (S. 135–154). Wiesbaden: Springer Gabler.

Schuh, G., Boos, W., Kampker, A. & Gartzen, U. (2011). Strategie. In G. Schuh & A. Kampker (Hrsg.), *Strategie und Management produzierender Unternehmen: Handbuch Produktion und Management 1* (2., vollständig neu bearbeitete und erweiterte Aufl., S. 63–131). Berlin Heidelberg: Springer.

Schulte-Zurhausen, M. (2014). *Organisation* (6., überarbeitete und aktualisierte Aufl.). München: Franz Vahlen.

Schulz, A., Baumann, S. & Wiedenmann, S. (2010). *Flughafen Management.* München: Oldenbourg Wissenschaftsverlag.

Schütze-Kreilkamp, U. (2017). Führung in digitalen Zeiten. In W. Jochmann, I. Böckenholdt & S. Diestel (Hrsg.), *HR-Exzellenz: Innovative Ansätze in Leadership und Transformation* (S. 17–32). Wiesbaden: Springer Gabler.

Schwarzmüller, T., Brosi, P. & Welpe, I. M. (2018). Führung 4.0 – Wie die Digitalisierung Führung verändert. In A. Hildebrandt & W. Landhäuser (Hrsg.), *CSR und Digitalisierung* (S. 617–628). Berlin Heidelberg: Springer Gabler.

Scully, J. A., Kirkpatrick, S. A. & Locke, E. A. (1995). Locus of knowledge as a determinant of the effects of participation on performance, affect, and perceptions. *Organizational Behavior and Human Decision Processes, 61*(3), 276–288.

Seligman, M. E. P. (1975). *Helplessness: On depression, development, and death. A series of books in psychology.* San Francisco, CA: W. H. Freeman.

Shajek, A. (2013a). Muster der Arbeitnehmerbeteiligung in Verfahrensinnovationen. In W. Scholl, K. Breitling, H. Janetzke & A. Shajek (Hrsg.), *Innovationserfolg durch aktive Mitbestimmung: Die Auswirkungen von Betriebsratsbeteiligung, Vertrauen und Arbeitnehmerpartizipation auf Prozessinnovationen* (S. 127–158). Berlin: edition sigma.

Shajek, A. (2013b). Innovativität und direkte Partizipation. In W. Scholl, K. Breitling, H. Janetzke & A. Shajek (Hrsg.), *Innovationserfolg durch aktive Mitbestimmung: Die Auswirkungen von Betriebsratsbeteiligung, Vertrauen und Arbeitnehmerpartizipation auf Prozessinnovationen* (S. 159–182). Berlin: edition sigma.

Shapiro, C. & Varian, H. R. (1999). *Information Rules: A Strategic Guide to the Network Economy.* Boston: Harvard Business School Press.

Siemens (2018, 08. März). *Siemens und Flughafen München vereinbaren strategische Partnerschaft für Digitalisierung.* Verfügbar unter https://press.siemens.com/global/de/pressemitteilung/siemens-und-flughafen-muenchen-vereinbaren-strategische-partnerschaft-fuer [02.02.2020].

Sisson, K. (2000). *Direct Participation and the Modernisation of Work Organisation.* Luxembourg: European Foundation for the Improvement of Living and Working Conditions.

Solis, B. (2017). *The Digital Change Agent's Manifesto. How the People Behind Digital Transformation Lead Change From Within.* San Francisco: altimeter.

Stegmaier, R. (2014). Management in Veränderungsprozessen. In H. Schuler & U. P. Kanning (Hrsg.), *Lehrbuch der Personalpsychologie* (3., überarbeitete und erweiterte Aufl., S. 813–845). Göttingen: Hogrefe.

Steinle, C., Eggers, B. & Ahlers, F. (2008). *Change Management: Wandlungsprozesse erfolgreich planen und umsetzen*. München: Rainer Hampp.

Steinmann, H. & Schreyögg, G. (2005). *Management: Grundlagen der Unternehmensführung; Konzepte – Funktionen – Fallstudien* (6., vollständig überarbeitete Aufl.). Wiesbaden: Springer Gabler.

Sternad, D. (2015). *Strategieentwicklung kompakt: Eine praxisorientierte Einführung*. Wiesbaden: Springer Gabler.

Steven, M. & Grandjean, L. (2018). Digitale Geschäftsmodelle für industrielle Produkt-Service-Systeme im Kontext von Industrie 4.0. In F. Keuper, M. Schomann, L. I. Sikora & R. Wassef (Hrsg.), *Disruption und Transformation Management. Digital Leadership – Digitales Mindset – Digitale Strategie* (S. 267–289). Wiesbaden: Springer Gabler.

Stoll, I. & Buhse, W. (2016). *Transformationswerk: Report 2016. Die größte bereichsübergreifende Studie zur digitalen Transformation der Wirtschaft*. Hannover, Hamburg: neuwaerts, doubleYUU.

Strauss, G. (1963). Some notes on power-equalization. In H. J. Leavitt (Ed.), *The Social Science of Organizations: Four Perspectives* (pp. 40–84). Englewood Cliffs, NJ: Prentice Hall.

Strauss, G. (1998). An Overview. In F. Heller, E. Pusic, G. Strauss & B. Wilpert (Eds.), *Organizational Participation: Myth and Reality* (pp. 8–39). Oxford: Oxford University Press.

Streich, R. (1997). Veränderungsmanagement. In M. Reiß, L. von Rosenstiel & A. Lanz (Hrsg.), *Change Management* (S. 237–254). Stuttgart: Schäffer-Poeschel.

Streicher, B. & Frey, D. (2010). Förderung des Unternehmenserfolgs und Entfaltung der Mitarbeiter durch neue Unternehmens- und Führungskulturen. In B. Badura, H. Schröder, J. Klose & K. Macco (Hrsg.), *Fehlzeiten-Report 2009. Arbeit und Psyche: Belastungen reduzieren – Wohlbefinden fördern* (S. 129–136). Berlin Heidelberg: Springer.

Streichfuss, M. (2016, October 13). *Digitalization of airports: Experience and learnings from a European perspective* [Powerpoint Präsentation]. Retrieved from https://www.rolandberger.com/fr/Publications/Digital-airports.html [06.05.2018].

Stroebe, W. (2014). Strategien zur Einstellungs- und Verhaltensänderung. In K. Jonas, W. Stroebe & M. Hewstone (Hrsg.), *Sozialpsychologie* (6., vollständig überarbeitete Aufl., S. 231–268). Berlin Heidelberg: Springer.

Sturm, A., Opterbeck, I. & Gurt, J. (2011). *Organisationspsychologie*. Wiesbaden: VS.

Summa, L. (2016). Digitale Führungsintelligenz. In L. Summa (Hrsg.), *Digitale Führungsintelligenz: „Adapt to win": Wie Führungskräfte sich und ihr Unternehmen fit für die digitale Zukunft machen* (S. 151–169). Wiesbaden: Springer Gabler.

Szabo, E. (2007). Hat denn überall der Boss das letzte Wort? Ein Streifzug durch die Forschung zum Thema Partizipation, Führung und Kultur. *OrganisationsEntwicklung, 26*(3), 4–13.

Tannenbaum, R. & Schmidt, W. H. (1958). How to choose a leadership pattern. *Harvard Business Review, 36*(2), 95–101.

Ten Hompel, M. & Henke, M. (2014). Logistik 4.0. In T. Bauernhansl, M. ten Hompel & B. Vogel-Heuser (Hrsg.), *Industrie 4.0 in Produktion, Automatisierung und Logistik* (S. 615–624). Wiesbaden: Springer Vieweg.

Thießen, F. & Gramlich, L. (2016). *Flughafenendgelte – Situation, Probleme, Änderungsvorschläge. Studie des Arbeitskreises Luftverkehr der Technischen Universität Chemnitz im Auftrag der Fraktion von BÜNDNIS 90/DIE GRÜNEN im Brandenburger Landtag.* Potsdam: Fraktion BÜNDNIS 90, DIE GRÜNEN im Brandenburger Landtag.

Thul, M. J., Zink, K. J. & Kötter, W. (2015). Partizipation und Commitment im Führungskreis. In K. J. Zink, W. Kötter, J. Longmuß & M. J. Thul (Hrsg.), *Veränderungsprozesse erfolgreich gestalten* (2., aktualisierte und erweiterte Aufl., S. 99–107). Berlin Heidelberg: Springer.

Töpfer, A. (2012). *Erfolgreich Forschen. Ein Leitfaden für Bachelor-, Master-Studierende und Doktoranden* (3., überarbeitete und erweiterte Aufl.). Wiesbaden: Springer.

Torraco, R. J. (2016). Writing Integrative Literature Reviews: Using the Past and Present to Explore the Future. *Human Resource Development Review, 15*(4), 404–428.

Trebesch, K. (2007). Die Beteiligung der Betroffenen in Veränderungsprozessen: die Unterscheidung der ideologischen und funktionalen Begründungen. *OrganisationsEntwicklung, 26*(3), 31–34.

Trübswetter, A., Zettl, A. & Glende, S. (2018). User-Centred Change – Shaping Corporate Transformation with Participatory Design Tools. *Proceedings of ISPIM Conferences*, 1–16.

Trumpfheller, M. (2006). *Strategisches Flughafenmanagement: Positionierung und Wertschöpfung von Flughafentypen.* Wiesbaden: Deutscher Universitäts-Verlag.

Ulich, E. (2005). *Arbeitspsychologie* (6., überarbeitete und erweiterte Aufl.). Stuttgart: Schäffer-Poeschel.

Upadhya, V. & Rawat, D. S. (2014). *Intelligent Airports – Your Runway To Succss.* Retrieved from https://www.wipro.com/content/dam/nexus/en/industries/engineering-and-construction/latest-thinking/intelligent-airports-your-runway-to-success.pdf [08.09.2018].

Veil, P. (1999). *Der Zeitfaktor im Change Management.* München: Rainer Hampp.

Velten, C., Janata, S., Hille, M. & Michel, J. (2015). *Digital Leader – Leadership im digitalen Zeitalter.* Kassel: Crisp Research.

Vey, K., Fandel-Meyer, T., Zipp, J. S. & Schneider, C. (2017). Learning & Development in Times of Digital Transformation: Facilitating a Culture of Change and Innovation. *International Journal of Advanced Corporate Learning, 10*(1), 22–32.

Voß, E., Wilke, P., Conrad, P. & Hucker, T. (2003). Mitarbeiterbeteiligung – Bedeutung und Bedingungsfaktoren. In E. Voß & P. Wilke (Hrsg.), *Mitarbeiterbeteiligung in deutschen Unternehmen: Auswirkungen auf Unternehmensorganisation und Arbeitsgestaltung* (S. 5–22). Wiesbaden: Deutscher Universitäts-Verlag.

Vroom, V. H. & Jago, A. G. (1991). *Flexible Führungsentscheidungen. Management der Partizipation in Organisationen.* Stuttgart: Schäffer-Poeschel.

Vroom, V. H. (1959). Some personality determinants of the effects of participation. *The Journal of Abnormal and Social Psychology, 59*(3), 322–327.

Wagner, J. A. III, Leana, C. R., Locke, E. A. & Schweiger, D. M. (1997). Cognitive and motivational frameworks in U.S. research on participation: A meta-analysis of primary effects. *Journal of Organizational Behavior, 18*(1), 49–65.

Walger, G. & Neise, R. (2008). Change Management. In S. G. Häberle (Hrsg.), *Das neue Lexikon der Betriebswirtschaftslehre: Kompendium und Nachschlagewerk – mit 200 Schwerpunktthemen, 6.000 Stichwörtern, 2.000 Literaturhinweisen sowie 1.300 Internetadressen* (S. 195–198). München: Oldenbourg Wissenschaftsverlag.

Weber, S. M. (2018). Ästhetisierung und Gestaltungsorientierung als Forschungsstrategien der Organisationspädagogik. In M. Göhlich, A. Schröer & S. M. Weber (Hrsg.), *Handbuch Organisationspädagogik* (S. 343–354). Wiesbaden: VS.

Weber, W. G. (1999). Organisationale Demokratie – Anregungen für innovative Arbeitsformen jenseits bloßer Partizipation. *Zeitschrift für Arbeitswissenschaft, 53*(4), 270–281.

Webster, J. & Watson, R. T. (2002). Analyzing the past to prepare for the future: Writing a literature review. *MIS Quarterly, 26*(2), 13–23.

Wegge, J. & Rosenstiel, L. von (2007). Führung. In H. Schuler (Hrsg.), *Lehrbuch der Organisationsentwicklung* (4., vollständig überarbeitete und erweiterte Aufl., S. 475–512). Bern: Hans Huber.

Wegge, J. (2004). *Führung von Arbeitsgruppen*. Göttingen: Hogrefe.

Weinert, A. B. (2004). *Organisations- und Personalpsychologie* (5., vollständig überarbeitete Aufl.). Weinheim: Beltz.

Weinreich, U. (2016). *Lean Digitization. Digitale Transformation durch agiles Management*. Berlin Heidelberg: Springer Gabler.

Welge, M. K. & Al-Laham, A. (2001). *Strategisches Management. Grundlagen – Prozess – Implementierung* (3., aktualisierte Auf.). Wiesbaden: Springer Gabler.

Welpe, I. M., Brosci, P. & Schwarzmüller, T. (2018). *Digital Work Design: Die Big Five für Arbeit, Führung und Organisation im digitalen Zeitalter*. Frankfurt: Campus.

Welpe, I. M., Tumasjan, A. & Theurer, C. (2015). Der Blick der Managementforschung. In T. Sattelberger, I. M. Welpe & A. Boes (Hrsg.), *Das demokratische Unternehmen. Neue Arbeits- und Führungskulturen im Zeitalter digitaler Wirtschaft* (S. 77–91). Freiburg: Haufe-Lexware.

Werther, S. & Jacobs, C. (2014). *Organisationsentwicklung – Freude am Change*. Berlin Heidelberg: Springer.

Westerman, G., Bonnet, D. & McAfee, A. (2014). *Leading digital: Turning technology into business transformation*. Boston: Harvard Business Review Press.

Wilpert, B. (1998). A View from Psychology. In F. Heller, E. Pusic, G. Strauss & B. Wilpert (Eds.), *Organizational Participation: Myth and Reality* (pp. 40–64). Oxford: Oxford University Press.

Wittmer, A. & Bieger, T. (2010). Fundamentals and Structure of Aviation Systems. In A. Wittmer, T. Bieger & R. Müller (Eds.), *Aviation Systems. Management of the Integrated Aviation Value Chain* (pp. 5–38). Berlin Heidelberg: Springer.

Wittstruck, D. & Teuteberg, F. (2010). Ein Referenzmodell für das Sustainable Supply Chain Management. *Zeitschrift für Management*, *5*(2), 141–164.

Wunderer, R. (2011). *Führung und Zusammenarbeit. Eine unternehmerische Führungslehre* (9., neu bearbeitete Aufl.). Köln: Wolters Kluwer.

Zaddach, M. (2018, 11. September). *Destination Digital: Flughäfen im digitalen Zeitalter* [Powerpoint Präsentation]. Verfügbar unter https://digitalaviation.de/sites/default/files/B%C3%BChne%201_1630-1645_Zaddach%2C%20Michael_FREIGEGEBEN.pdf [17.08.2019].

Zeichhardt, R. (2016). Digitale Transformation – Organisationen und Führung anders denken?!. *Wirtschaftspolitische Blätter, 2016*(2), 399–413.

Zeuch, A. (2017). Keine digitale Transformation ohne soziale Innovation. Über die Notwendigkeit der Unternehmensdemokratie in der Digitalwirtschaft. In A. Hildebrandt & W. Landhäußer (Hrsg.), *CSR und Digitalisierung. Der digitale Wandel als Chance und Herausforderung für Wirtschaft und Gesellschaft* (S. 721–733). Berlin Heidelberg: Springer.

Zink, K. J. (2007). *Mitarbeiterbeteiligung bei Verbesserungs- und Veränderungsprozessen: Basiswissen, Instrumente, Fallstudien*. München: Carl Hanser.

Wertschöpfungsmanagement
Value-Added Management

Herausgegeben von/ Edited by Hans-Dietrich Haasis

Band 1 Hans-Dietrich Haasis (Hrsg.): Nachhaltige Innovation in Produktion und Logistik. 2007.

Band 2 Sebastian Gabriel: Prozessorientiertes Supply Chain Risikomanagement. Eine Untersuchung am Beispiel der Construction Supply Chain für Offshore-Wind-Energie-Anlagen. 2007.

Band 3 Christian Geßner: Unternehmerische Nachhaltigkeitsstrategien. Konzeption und Evaluation. 2008.

Band 4 Hendrik Wildebrand: Kundenindividuelle Massenproduktion zur Bewältigung überkapazitätsbedingter Unternehmenskrisen. 2009.

Band 5 Annika Stelter: Siedlungsentwicklung und Energielogistik in Deutschland im Spannungsfeld von Zentralität und Dezentralität. 2009.

Band 6 Hans-Dietrich Haasis / Marco Plöger (Hrsg.): Flexible Lagersysteme. Von der Bestandshaltung zur produktionssynchronen Versorgung. 2009.

Band 7 Matthias Schmidt: Mass Customization auf dem Chinesischen Automobilmarkt. Logistische und produktionswirtschaftliche Handlungserfordernisse für Auslandswerke. 2009.

Band 8 Matthias Bastian Theubert: Steuerung der Leercontainerströme. Simultane, dezentral koordinierte Allokation verfügbarer Ressourcen auf Basis der Vickrey-Auktion. 2010.

Band 9 Sebastian Lorenz: Wissensmanagement in unternehmensübergreifenden Forschungsprojekten im internationalen Umfeld. 2010.

Vol. 10 Michael Wehrheim: The Buy or Lease Decision. An Enhanced Theoretical Model Based on Empirical Analyses with Implications for the Container Financing Decision of Shipping Lines. 2011.

Band 11 Marco Plöger: Informationsintegration in der Just-in-Sequence-Logistik. Koordinationsansätze des Lean Managements zur logistischen Prozesssynchronisation. 2011.

Band 12 Thomas Baumann: Kommunikation, Kooperation und Lernen. Ihre Bedeutung für die Wertschöpfung unter Berücksichtigung neurobiologischer Aspekte. Konkretisiert am Beispiel der Automobilindustrie. 2011.

Band 13 Kai Barwig: Entwicklung und betriebswirtschaftliche Bewertung eines Business Engineering-Ansatzes zur Übertragung und Anwendung von Selbststeuerungssystemen in der Transportlogistik. 2013.

Band 14 Falko Zimmermann: Die operative Steuerung von Cross-Docking-Centern mit Multiagentensystemen. 2015.

Band 15 Claudia Breuer: Entscheidungsunterstützung für ein operatives Supply Chain Risikomanagement. 2016.

Band 16 Andreas Carl Barz: Analyse der Auswirkungen von Additive Manufacturing auf die Gestaltung zweistufiger Supply Chains. 2019.

Band 17 Sebastian Michalsky: Projekt- und Investitionsentscheidungen zu Green Controlling in öffentlichen Unternehmen mit dezentralen Organisationsstrukturen. 2020.

Band 18 Lisa Niedermeier: Überlegungen zur partizipativen Gestaltung digitaler Transformation von Unternehmen. 2021.

www.peterlang.com

www.ingramcontent.com/pod-product-compliance
Ingram Content Group UK Ltd.
Pitfield, Milton Keynes, MK11 3LW, UK
UKHW021823290926
8980IPUK00004B/236

9 783631 842386